최신개정

다락원 중국어 마스터

박정구 · 백은희 · 마원나 · 샤오잉 공저

STEP 4

📘 다락원

들어가는 말

여러분은 어떤 이유로 중국어를 배우게 되었나요? 여러분이 중국어를 배우는 동기는 다양하겠지만, 하나의 공통된 목표를 가지고 있을 것입니다. 중국어를 재미있고 효과적으로 잘 배우고 싶다는 것.

중국어가 기타 외국어와 다른 독특한 특징은 중국어를 배우는 데 있어서 핵심적 요소이며, 가장 흥미 있는 부분입니다. 예를 들어 볼까요? 중국어는 운율 언어입니다. 성조(음의 높낮이)를 갖고 있고 강약과 템포가 살아 있는 언어라는 말입니다. 이 운율이 있는 언어를 배우는 과정은 학습자에게 큰 즐거움을 느끼게 합니다. 또한, 중국어 문장은 매우 간결합니다. 한두 개의 한자가 하나의 단어를 이루고, 문법 특징이 간결하며 시제·일치·성(性)·수(數) 등과 같은 복잡한 표현이 없습니다. 따라서 학습에 있어서도 간결하고 핵심적인 이해만을 요구합니다.

이제까지 한국 학생들이 많이 찾은 중국어 책은 중국에서 출판되고 한국에서 번역된 것이 대부분입니다. 그 책들은 대부분 중국인의 시각에서 쓰여졌기 때문에 한국 학생들의 가려운 부분을 시원하게 긁어 주지 못하는 면이 많습니다. 본 서는 한국인의 입장에서 효율적이고 흥미롭게 중국어를 배울 수 있는 구성과 체제를 갖추고, 의사소통 능력 습득이라는 외국어 학습의 목표를 최대한 실현하려 노력했습니다. 리듬감 있는 중국어의 운율을 살리는 낭독 연습과 중요한 사항을 명확하게 알려주는 팁, 간결하고 명쾌한 문법 설명 등을 적소에 배치하였고, 스토리의 구성과 내용에서도 흥미를 줄 수 있고 생동감 있는 필수 회화 표현을 넣었습니다. 또한 워크북을 따로 두어 예습과 복습을 통해 언어능력을 확고히 다질 수 있도록 했습니다.

처음 본 서 제1판이 출판된 이후 지금까지 10년 가까운 시간이 흘렀습니다. 10년이면 강산이 변한다고 했듯이 그동안 한국과 중국은 사람들의 의식뿐만 아니라, 사회·문화·경제적으로 많은 변화를 겪었습니다. 이러한 변화는 언어의 내용과 형식에 반영되기 마련이므로, 이를 최대한 반영하고 구성과 내용을 새롭게 단장하여 개정판을 출판합니다. 앞으로 본 서와 함께하는 여러분의 중국어 학습 여정이 항상 즐겁고 유쾌하길 바라고, 그 과정에서 여러분의 중국어도 끊임없는 발전이 있길 기대합니다.

이 책의 구성과 활용법

본책

단어 시작이 반이다

각 과의 새 단어를 빠짐 없이 순서대로 제시하여, 회화를 배우기 전에 더욱 효과적으로 단어를 학습할 수 있도록 했습니다.

문장 리듬을 만나다

중국어는 강약과 템포가 살아 있는 운율 언어입니다.
'문장, 리듬을 만나다'는 각 과의 주요 문장을 강세와 띄어 읽기로 중국어의 운율을 살려 리듬감 있게 낭독할 수 있도록 하는 데 초점을 두었습니다. 제1강세, 제2강세, 띄어 읽기를 통해 리듬을 느끼며 문장을 익혀 보세요.

회화 내 입에서 춤추다

자연스러운 베이징식 구어 표현과 실용 회화를 배울 수 있는 핵심 본문입니다. 본문 내용이 연상되는 삽화와 함께 학습할 수 있도록 하였고 본문 하단의 '아하! 그렇구나'에서는 난해한 표현들을 쉽게 이해할 수 있도록 주석을 제시했습니다. 또한 회화 내용을 단문으로 정리해 독해 능력과 말하기 능력을 동시에 키울 수 있도록 했습니다.

표현 날개를 달다

중급 수준의 회화에서 다루어야 할 주요 표현을 간결한 설명, 풍부한 예문과 함께 제시하여 학습자들이 쉽게 이해할 수 있도록 했습니다. 또한 배운 내용을 바로 습득할 수 있는 확인 문제들이 제시되어 있습니다.

회화 가지를 치다

각 과의 핵심이 되는 주요 문장으로 교체 연습을 할 수 있는 코너입니다. 줄기에서 여러 개의 가지가 자라듯 기본 문장과 교체 단어를 이용해 여러 표현으로 말하는 연습을 할 수 있습니다.

연습 실력이 늘다

각 과에서 배운 핵심 표현을 이해하고 연습할 수 있는 듣기·말하기·읽기·쓰기의 다양한 문제들이 제시되어 있습니다. 특히 한국인 학습자들이 많이 취약한 듣기와 말하기 기능을 집중적으로 훈련할 수 있도록 했습니다.

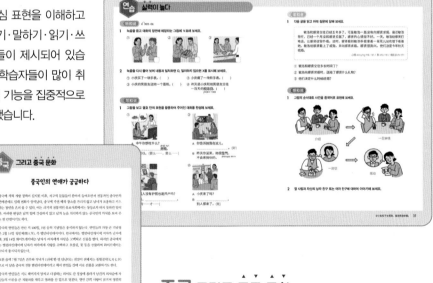

중국 그리고 중국 문화

변화하는 중국의 다양하고 생생한 이야기가 사진과 함께 제시되어 있습니다.

워크북

예습하기

수업에 들어가기 앞서 본문에서 나오는 단어를 써 보며 예습하는 코너입니다. 여러 번 쓰고 발음해 보는 연습 과정을 통해 단어를 쉽게 암기할 수 있습니다.

복습하기

배운 내용을 복습하는 코너로, 각 과에서 배운 내용을 문제 형식으로 풀어 보며 단어·듣기·어법·독해·작문 실력을 골고루 향상시킬 수 있습니다.

플러스 단어

각 과의 내용과 관련된 확장 단어를 배우는 코너입니다. 어휘량을 늘려 더 자유로운 회화 표현을 구사할 수 있습니다.

* 워크북의 정답 및 녹음 대본은 다락원 홈페이지(www.darakwon.co.kr)의 '학습자료 ▶ 중국어'에서 다운로드할 수 있습니다.

MP3 다운로드

* 녹음 해당 부분에 MP3 트랙 번호가 기재되어 있습니다.
　본책 🎧 05-03　　워크북 🎧 W-05-03

* 교재의 MP3 음원은 '다락원 홈페이지(www.darakwon.co.kr)'를 통해서 무료로 다운로드할 수 있습니다.

* 스마트폰으로 QR코드를 스캔하면 MP3 다운로드 및 실시간 재생 가능한 페이지로 바로 연결됩니다.

차례

	학습 내용	핵심 표현	중국 그리고 중국 문화

01 我有了女朋友，感觉特别幸福。 Wǒ yǒu le nǚ péngyou, gǎnjué tèbié xìngfú. 19
나 여자 친구가 생겨서 참 행복해.

• 이성 교제와 관련된 표현 • 주어의 범위 제한 표현 • '只有……才……' 구문 표현	• 要么……，要么…… • 好 • A就A(吧) • 只有……才…… • 就	• 중국인의 연애가 궁금하다

02 你想做什么样的发型？ Nǐ xiǎng zuò shénmeyàng de fàxíng? 33
어떤 헤어스타일로 하실 거예요?

• 미용과 관련된 표현 • '是不是'를 이용한 확인 표현 • '着呢'를 이용한 과장의 표현	• 显得…… • 是不是 • 不妨 • 着呢 • 要不	• 중국인의 왕성한 구매력

03 手机和电脑都坏了。 Shǒujī hé diànnǎo dōu huài le. 47
휴대전화와 컴퓨터가 모두 고장 났어.

• 고장 및 수리와 관련된 표현 • '……来……去'를 사용한 표현 • '非得……不可' 구문 표현	• ……来……去 • 有+명사+동사 • 到底 • 好不容易 • 非得……不可	• 중국에서 운전면허 따기

04 我把书包忘在出租车上了。 Wǒ bǎ shūbāo wàng zài chūzūchē shàng le. 61
책가방을 택시에 놓고 내렸어.

• 물건 분실과 관련된 표현 • '除非……，否则……' 구문 표현 • 양보를 표시하는 표현	• 동목이합사 • 连A带B • 除非……，否则…… • 倒是……，只是…… • 이중목적어문	• 중국의 공안과 경찰

다락원 중국어 마스터 시리즈의 특징

국내 최고 교수진의 다년간의 교수 경험을 바탕으로 개발된, 한국인을 위한 중국어 학습 교재의 결정체『다락원 중국어 마스터』의 최신개정판! 기존의『다락원 중국어 마스터』의 특장점은 유지하면서 시대의 흐름과 변화를 반영했고, 학습자의 눈높이에 맞춰 새단장했습니다.

특징 1   듣기와 말하기 기능을 집중적으로 훈련

『최신개정 다락원 중국어 마스터』시리즈는 변화하는 중국어 학습 환경과 학습법을 효과적으로 접목시켜, 말하기·듣기·읽기·쓰기의 네 가지 언어 기능을 통합적으로 습득할 수 있도록 구성했습니다. 특히 듣기와 말하기 기능을 집중 훈련할 수 있도록 본문 전체에 걸쳐 다양한 장치를 두었으며, 자연스러운 베이징식 구어 표현을 최대한 담아낼 수 있도록 했습니다.

특징 2   일상생활에 바로 활용할 수 있도록 실용성 강조

배운 문장을 실생활에 바로 사용할 수 있도록 실용성에 많은 비중을 두고 집필되었습니다. 즉 일상생활·학습·교제 등에 직접적으로 연관되는 내용을 중심으로 본문이 구성되었으며, 어법 설명의 예문이나 연습문제 역시 일상 회화표현 중에서 엄선했습니다. 본문의 어휘는 중국인이 많이 사용하는 빈도수를 최대한 고려하여 배치했습니다.

특징 3   한국인을 대상으로 하는, 강의에 적합한 교재로 개발

학습자들의 언어 환경이 한국어인 점을 고려하여 듣고 말하기를 충분히 반복하고 응용할 수 있는 코너를 다양하게 두었습니다. 또한 어법을 난이도에 따라 배치하고, 앞에서 학습한 어휘와 어법을 뒷과에서 반복하여 등장시킴으로써 학습자들이 무의식중에 자연스럽게 앞서 배운 내용을 복습할 수 있도록 했습니다.

다락원 중국어 마스터 시리즈의 **어법 및 표현 정리**

★ 중국어 입문부터 시작하여 고급중국어를 구사하기까지 학습자의 든든한 멘토가 되어 줄 『최신개정 다락원 중국어 마스터』! STEP 1부터~STEP 6까지 총6단계의 시리즈를 통해 배우게 될 주요 어법 및 표현을 예문과 함께 정리했습니다.

STEP 1

01과
- a o e i(-i) u ü
- b p m f d t n l
- g k h j q x
- z c s zh ch sh r

02과
- ai ao ei ou
- an en ang eng ong

03과
- ia ie iao iou(iu)
- ian in iang ing iong
- üe üan ün

04과
- ua uo uai uei(ui)
- uan uen(un) uang ueng
- er

05과
- 是자문 我是中国人。
- 개사 在 我在银行工作。
- 인칭대사 我 / 你 / 他

06과
- 중국어 숫자 표현 一 / 二 / 三……
- 양사 一个妹妹
- 有자문 我有弟弟。
- 나이를 묻는 표현 你今年几岁?
- 多+형용사 你今年多大?

07과
- 시각의 표현 2:05 → 两点五分
- 년, 월, 일, 요일 표현 今年 / 下个月 / 星期一
- 명사술어문 现在不是三点十分。
- 조사 吧 他有弟弟吧?

09과
- 런민삐 읽는 방법 2.22元 → 两块二毛二
- 정반(正反)의문문 有没有别的颜色的?
- 조동사 我要学汉语。

10과
- 시태조사 过 他没来过我家。
- 조동사 会, 想 我会做中国菜。/ 我想去中国。
- 연동문 我们一起去玩儿吧。

11과
- 겸어문 你请他打电话吧!
- 개사 给 我想给他买一本书。

12과
- 방위사 前边有一个公园。
- 존재문(有, 在, 是) 我家后边有一个银行。

13과
- 比 비교문 今天比昨天热。
- 감탄문 这件衣服真漂亮啊!
- 不用 不用客气!
- 听说 听说她很漂亮。

14과
- 선택의문문 你要这个还是那个?
- 개사 离 我家离这儿很远。
- 从A到B 我从八点到十二点上课。
- 如果 如果你来韩国, 我一定带你去。

- 或者……，或者……
  或者在家看电视，或者出去和朋友们一起玩儿。
- 有时……，有时……
  这儿的天气真奇怪，有时冷，有时热。

03과

- 什么！　看电影，哭什么！
- 可　我可没说过我喜欢你呀！
- 光　我们光谈学校生活了，没谈别的。
- 起来　看起来，你这个学期也并不轻松。
- 不管　不管刮风还是下雨，我们都要去。

04과

- 没有……那么/这么……
  我打得没有你那么好。
- 等　等他来了再说吧。
- 咱们　咱们打一场，怎么样？
- A不如B　我的汉语不如他好。
- 因此
  我跟他在一起十年了，因此很了解他的性格。

05과

- 看上去　叔叔、阿姨看上去很慈祥。
- 出来　我听出来了，他是东北人。
- ……是……，不过……
  我们外表像是像，不过性格完全不同。
- 却　我学了三年汉语，水平却不高。
- 一……，就……
  天气一冷，我就不想出去。

06과

- 双　给我拿双42号的试一试。
- 不怎么　我不怎么喜欢这种款式的。
- 打……折　原价400元，打八折，现价320元。
- 稍微　这张桌子比那张桌子稍微大一些。
- 上　为什么这么多人都会喜欢上他呢？

08과

- 谁都　谁都知道，这是垃圾食品。
- 连……都……　我连菜谱都能背下来了。
- 既然　既然你病了，就在家里休息吧。
- ……什么，……什么　你吃什么，我就吃什么。
- 起来　现在是午餐时间，人开始多起来了。

09과

- 不但不/没……，反而……
  不但没好，病情反而更加严重了。
- 再……也……
  再忙也不能不顾身体呀！
- 不然……
  最好住院，不然病情很有可能恶化。
- 对……进行……
  他对中国文化进行了十年的研究。
- 只好　外边下雨，我们只好待在家里。

10과

- 正要　真是太巧了，我正要给你打电话呢。
- 怎么也　这个箱子太重了，怎么也搬不动。
- 万一/如果
  万一他关机，我跟他联系不上，可怎么办？
- 来着
  我们昨天见的那个中国人，叫什么名字来着？
- 到时候　到时候，我们不见不散。

11과

- 偏偏
  这个时间车堵得很厉害，可他偏偏要开车去。
- 不但……，而且……
  她不但长得很漂亮，而且很聪明。
- 可……了　哎哟，这可糟了，坐过站了。
- 该　现在我们该怎么办呢？
- 就是……，也……　就是堵车，我也坐公交车。

12과

- 往　这列火车开往北京。
- 按照　按照规定一个星期就能到。
- 说不定　他发烧了，说不定明天不能来上课。
- 既……，也……　这件衣服既很漂亮，也很便宜。
- 正好　你来得正好。

13과

- 多　他已经三十多岁了。
- 不是……，就是……
  我每天不是学校就是宿舍，没去过什么地方。
- 没……什么……　今天我上街，没买什么。
- 顺便　如果顺便去趟上海，恐怕要八九天。
- 与其……，不如……
  与其在这儿等，不如去找他。

01과

- **要么……，要么……**
  我俩要么去看电影，要么去旅行，可有意思啦！

- **好**
  平时书包里放把雨伞，下雨的时候好用。

- **A就A(吧)**
  他不高兴就不高兴吧，我也没办法。

- **只有……才……**
  只有他来才能解决这个问题。

- **就**
  别人都有了自己的心上人，就我还是孤单一人。

02과

- **显得……** 他今天显得特别高兴。

- **是不是** 是不是他告诉你的？

- **不妨** 你跟我们一起去也不妨。

- **着呢** 小明新烫的发型漂亮着呢。

- **要不**
  这倒也是，天气越来越热，要不我也剪个短发？

03과

- **……来……去**
  我问来问去，不知不觉就学会修理了。

- **有+명사+동사**
  他有能力解决这个问题。

- **到底**
  你的电脑到底有什么问题？

- **好不容易**
  去了好几家书店好不容易才买到那本书。

- **非得……不可**
  以后电脑出了故障，非得找你不可啦。

04과

- **동목이합사** 我们见过一次面。

- **连A带B** 连钱包带护照都丢了。

- **除非……，否则……**
  除非他来请我，否则我不会去的。

- **倒是……，只是……**
  他倒是很善良，只是没有勇气。

- **이중목적어문** 能不能借我点儿钱？

05과

- **表示……**
  我早就想对你们的帮助表示感谢。

- **以A为B**
  在我心中早就以北京为我的第二故乡了。

- **以便**
  我们应该提前通知大家，以便大家做好准备。

- **人家**
  你让我休息一会儿吧，人家都要累死了。

- **동사+下**
  这个书包能装下这些词典。

06과

- **又** 天气预报又不是那么准。

- **从来** 这种事我从来没听说过。

- **从……起** 从下周起放暑假。

- **以防**
  从今天起我得在书包里放一把小雨伞，以防万一。

- **差点儿** 我差点儿把钱包丢了。

08과

- **기간+没／不……**
  两个月没见，你怎么发福了？

- **……也好，……也好**
  跑步也好，爬山也好，多做一些有氧运动吧。

- **……下去**
  你再这样胖下去，可不行。

- **必须**
  你必须改变一下你的饮食习惯。

- **尽量**
  晚饭不要吃得太晚，尽量少吃零食。

09과

- **竟然**
  他学习那么认真，没想到竟然没考上大学。

- **동사+着**
  说着中国菜，肚子还真有点儿饿。

- **往**
  请大家往右看，那家就是北京书店。

- **동사+成**
  云能变成雨，所以天上有云才会下雨。

- **够……的**
  今年北京的夏天可真够热的。

10과

- **비술어성 형용사**
  显示屏不小，也很薄，是新型的吧？

- **随着**
  人们的思想随着社会的变化而变化。

- **嘛**
  有手机就可以坐车，也可以买东西嘛。

- **别提……**
  拍出的照片别提多清晰了！

- **难道** 难道你想和我的距离变远吗？

11과

- **哪怕……，也……**
  哪怕没看过的人，也都知道《大长今》这个韩剧。

- **就**
  参加这次活动的人不少，光我们班就有八个。

- **上下**
  听说土耳其的收视率在95%上下。

- **在……上**
  在这个问题上，我同意他的意见。

- **值得** 汉江公园值得一去。

12과

- **肯……** 不知你是否肯去银行工作？

- **宁可A也不B**
  宁可少挣点儿去贸易公司，也不想去银行。

- **任何**
  任何事都不能强求。

- **何必……呢？**
  你肯定能找到好工作，何必这么谦虚呢？

- **只不过……罢了**
  上次只不过是运气不好罢了。

13과

- **以来**
  今年年初以来，我已经去过中国六次了。

- **再……不过了**
  那可再好不过了。

- **难得**
  难得你为我想得那么周到，真太谢谢你了。

- **……过来**
  把“福”字倒过来贴。

- **不是A，而是B**
  他说的那个人不是雨林，而是我。

STEP 5

01과

- **先……，然后……**
  你等着，我先看，然后再给你看。

- **经** 他的小说是经我翻译出版的。

- **没少** 北京市这些年可没少盖房。

- **尽管** 如果你需要，尽管拿去用吧。

02과

- **跟……相比**
  样子跟乌龙茶相比，尖尖的、怪怪的。

- **还是**
  今天有点儿热，我们还是喝冰咖啡吧。

- **동사+个+형용사/동사**
  大家不仅要“吃个饱”，还要“喝个够”。

- **不……不……也得……吧**
  这盒巧克力是女朋友给我买的，不吃不吃也得尝一口吧。

03과

- **少说也** 我戴眼镜，少说也有十年了。

- **양사(量词)의 중첩** 道道菜都精致、可口。

- **……惯** 很多韩国人都吃不惯香菜。

- **什么……不……的**
  什么时髦不时髦的，衣服能穿就行了。

04과

- **从……来看** 从这一点来看，他的看法有问题。

- **不见得** 通过血型不见得就能断定一个人的性格。

- **说不定**
  你以为他不对，但说不定他说得没错。

- **反而……**
  他见到我，不但不高兴，反而向我发脾气。

05과

- **……不得了**
  没想到，你对汉妮真的爱得不得了。

- **被……所**
  老师深深地被这些学生所感动。

- **省得** 多穿点儿衣服，省得感冒。

- **这不**
  他们俩好像吵架了，这不，他们一前一后地走着，一句话也不说。

07과

- **在……看来**
  在他看来，这件事不应该这么办。

- **在于……**
  我觉得"美"并不在于一个人的外貌。

- **长……短……**
  有些人只重视外表，每天长打扮短打扮的，却很少注重内心的修养。

- **莫非**　莫非我听错了不成？

08과

- **趁……**
  日子就订在国庆节，趁放长假正好去度蜜月。

- **……齐**
  电视、冰箱、洗衣机这"三大件"都买齐了？

- **少不了**
  结婚那天少不了彩车、酒席和摄像。

- **别说A，就(是)B也 / 都**
  我到现在一直忙工作，别说早饭，就是午饭也没顾得上吃。

09과

- **……来**　他今天走了六里来路。

- **형용사+비교 대상**　他小马玲两岁。

- **该多……啊**
  如果你不离开这儿该多好哇！

- **……吧……，……吧……**
  在家吧，一个人没意思，出去玩儿吧，外边又太冷。

10과

- **一……比一……**
  雨一阵比一阵大，我们快走吧。

- **对……来说**
  对韩国人来说，过年的时候互相拜年是必不可少的活动。

- **每**
  每到春节，我都回家乡。

- **至于……**
  他们离婚了，至于他们为什么离婚，谁也不知道。

11과

- **多+동사+비교 수량**
  我觉得中国男人比韩国男人多做不少家务。

- **再……也……**
  你再怎么劝，他也不会听的。

- **否则……**
  我们有家务一起干，否则会很容易引起家庭矛盾。

- **一来……，二来……**
  他每天放学后，都会去打工。一来是为了挣点儿钱，二来是为了开阔眼界。

STEP 6

01과

- **直**
  听了孩子说的这些话，我直想哭。

- **甚至**
  他抓紧一切时间写作，甚至连放假期间都不肯休息。

- **一旦……(就)**
  人们都认为一旦名字没起好就会影响人一生的命运。

- **于**
  青藏高原位于中国的西南部。

02과

- **所谓……**
  所谓"炎黄"就是指炎帝和黄帝。

- **好比……**
  这就好比韩国的"檀君神话"。

- **……下来**
  这是韩国自古流传下来的神话。

- **之所以……**
  他之所以跳槽，是因为跟科长合不来。

03과

- **还……呢**
  你还中国通呢，怎么连这都不知道？

- **各有各的……**
  看起来，每个国家都各有各的特色。

- **受**
  受领导宠信或重用的人叫"红人"等等。

- **则**
  说起来容易，做起来则没那么容易。

04과

- **要A有A，要B有B**
  我女朋友要外貌有外貌，要人品有人品。

- **再说**
  再说男人和女人的眼光不一样。

16

- 未必……
  男人觉得漂亮的，女人未必就喜欢。

- 不至于……
  不至于有这么多讲究吧。

05과

- 由
  京剧中的女主角都是由男人扮演的。

- 为(了)……起见
  为了保险起见，我还特意在网上订了两张票。

- 用以
  他举了几个例子，用以证明他的观点。

- 使得
  其动作之敏捷，使得观众无不为之惊叹、喝彩。

07과

- 在……下
  这篇论文是在朴教授的指导下完成的。

- ……就是了
  少林寺诵经拜佛就是了，为什么还练武术？

- 一肚子
  他一肚子火没地方发。

- ……也是……不如
  今年暑假我们俩闲着也是闲着，不如一起去少林寺看看怎么样？

08과

- 时……时……
  沙漠的气候时冷时热，变化无常。

- 直到……
  千佛洞直到1900年才被世人发现。

- 白……
  闹半天，我白说了这么多，原来是"班门弄斧"。

- 何况
  连你都知道这么多，更何况你表哥呢。

09과

- 要说
  要说他的这辆老爷车，的确不省油。

- 可见
  可见西安、洛阳、南京和北京不失为中国的"四大古都"。

- ……不过
  要说中国的历史，恐怕谁都说不过你。

- 명사구+了
  瞧你说的，这都什么时代了。

10과

- 发……
  我听别的古诗头会发晕。

- ……似的
  李白的诗的确别有风韵，听了他的诗就仿佛身临其境似的。

- A有A的……，B有B的……
  国有企业和乡镇企业大有大的难处，小有小的优势。

- 何尝
  我何尝去过那样的地方？

11과

- 才……又……
  我才学会了一点儿普通话，难道又要学广东话？

- 没什么……
  谢天谢地，普通话只有四个声调，这回我可没什么不满可言了。

- 大/小+양사
  这么一小间屋子怎么能住得下五个人？

- 不免
  今年雨下得特别多，庄稼不免受了很大影响。

17

일러두기

★ **이 책의 고유명사 표기는 다음과 같습니다.**

① 중국의 지명·건물·기관·관광 명소의 명칭 등은 중국어 발음을 한국어로 표기하는 것을 원칙으로 하였습니다. 단, 우리에게 널리 알려진 고유명사의 경우에는 한자 발음으로 표기했습니다. **예** 北京 → 베이징　兵马俑 → 병마용

② 인명의 경우, 각 나라에서 실제 읽히는 발음을 기준으로 하여 한국어로 그 발음을 표기했습니다. **예** 李正民 → 이정민　大卫 → 데이빗

★ **중국어의 품사는 다음과 같이 약자로 표기했습니다.**

명사	명	개사	개	감탄사	감	지시대사	대
동사	동	고유명사	고유	접두사	접두	어기조사	조
부사	부	형용사	형	접미사	접미	시태조사	조
수사	수	조동사	조동	인칭대사	대	구조조사	조
양사	양	접속사	접	의문대사	대		

★ **주요 등장인물**

이정민
李正民
한국인
베이징 대학교
중문과 4학년

데이빗
大卫
미국인
전직 은행원
중국 어학연수 중

김민호
金敏浩
한국인
현직 은행원
중국 파견 근무 중
이정민 고교 동창

자오량
赵亮
중국인
대학생

리우샤오칭
刘小庆
중국인
대학생

왕따밍
王大明
중국인
대학생

01

我有了女朋友，
感觉特别幸福。

나 여자 친구가 생겨서 참 행복해.

이 과의 학습 목표

1 이성 교제와 관련된 표현

2 주어의 범위 제한 표현

3 '只有……才……' 구문 표현

- 感觉 gǎnjué 몡 감각, 느낌 동 느끼다
- 幸福 xìngfú 몡 행복 혱 행복하다
- 俩 liǎ 쉬 두 사람
- 谈恋爱 tán liàn'ài 동 연애하다
- 总是 zǒngshì 閉 늘, 줄곧, 언제나
- 要么 yàome 쩹 ~하든지
- 打扮 dǎban 동 화장하다, 단장하다, 꾸미다
- 精神 jīngshen 혱 활기차다, 생기발랄하다
- 交往 jiāowǎng 동 교제하다, 왕래하다
- 意义 yìyì 몡 가치, 의의
- 感动 gǎndòng 동 감동하다
- 块 kuài 얭 개 [덩어리나 납작한 물건을 세는 단위]
- 手表 shǒubiǎo 몡 손목시계
- 每 měi 때 ~마다
- 当 dāng 갰 [어떤 일이 발생한 시간을 나타내는 데 쓰임]
- 想 xiǎng 동 생각하다
- 唉 ài 깸 [애석함을 나타냄]

- 心上人 xīnshàngrén 몡 마음에 둔 사람, 애인
- 孤单 gūdān 혱 외롭다, 쓸쓸하다
- 面前 miànqián 몡 면전, 눈앞
- 脸红 liǎnhóng 동 얼굴이 빨개지다, 부끄러워하다
- 不知所措 bù zhī suǒ cuò 쎵 어찌할 바를 모르다
- 变 biàn 동 바뀌다, 변하다
- 磕磕巴巴 kēke bābā 혱 [말을 더듬는 모양]
- 单恋 dānliàn 동 짝사랑하다
- 鼓 gǔ 동 고무하다, 북돋우다
- 勇气 yǒngqì 몡 용기
- 表白 biǎobái 동 (자신의 마음을) 나타내다
- 只有 zhǐyǒu 쩹 ~(해야)만
- 一见钟情 yí jiàn zhōngqíng 쎵 첫눈에 반하다
- 敢 gǎn 동 감히 ~하다
- 得到 dédào 동 얻다, 차지하다
- 心 xīn 몡 마음

20

문장 리듬을 만나다

제1강세, 제2강세, 띄어 읽기로 리듬을 느끼며 다음 문장을 익혀 보세요.   🎧 01-02

①

我有了 / 女朋友，// 感觉 / 特别幸福。
Wǒ yǒu le nǚ péngyou, gǎnjué tèbié xìngfú.

나 여자 친구가 생겨서 참 행복해.

②

要么去看电影，// 要么去旅行，/// 可有意思啦！
Yàome qù kàn diànyǐng, yàome qù lǚxíng, kě yǒu yìsi la!

영화 보러도 가고 여행도 가고 참 재미있어!

③

贵 / 就贵点儿吧，// 只要 / 她喜欢 / 就好。
Guì jiù guì diǎnr ba, zhǐyào tā xǐhuan jiù hǎo.

비싸면 비싸라지. 그녀가 좋아하기만 하면 돼.

④

别人 // 都有了 / 自己的心上人，/// 就我 / 还是孤单一人。
Biérén dōu yǒu le zìjǐ de xīnshàngrén, jiù wǒ háishi gūdān yì rén.

남들은 다 사랑하는 사람이 있는데 나만 아직 혼자네.

⑤

只有这样，// 别人才会 / 了解你的心。
Zhǐyǒu zhèyàng, biérén cái huì liǎojiě nǐ de xīn.

이렇게 해야만이 다른 사람이 너의 마음을 이해할 수 있어.

1 .... 🎧01-03

왕따밍 你最近怎么这么高兴？有什么好事？
Nǐ zuìjìn zěnme zhème gāoxìng? Yǒu shénme hǎoshì?

김민호 我有了女朋友，感觉特别幸福。
Wǒ yǒu le nǚ péngyou, gǎnjué tèbié xìngfú.

왕따밍 你的女朋友是不是美林？
Nǐ de nǚ péngyou shì bu shì Měilín?

我好几次看到你俩❶在一起。
Wǒ hǎo jǐ cì kàn dào nǐ liǎ zài yìqǐ.

김민호 是她，没错。没谈恋爱的时候，
Shì tā, méi cuò. Méi tán liàn'ài de shíhou,

周末总是一个人待在家里，现在呢，
zhōumò zǒngshì yí ge rén dāi zài jiā lǐ, xiànzài ne,

我俩要么去看电影，要么去旅行，可有意思啦❷！
wǒ liǎ yàome qù kàn diànyǐng, yàome qù lǚxíng, kě yǒu yìsi la!

왕따밍 你和她今天有约会？怎么打扮得这么精神！
Nǐ hé tā jīntiān yǒu yuēhuì? Zěnme dǎban de zhème jīngshen!

김민호 今天是美林的生日。我下了课，马上就去买礼物，
Jīntiān shì Měilín de shēngrì. Wǒ xià le kè, mǎshàng jiù qù mǎi lǐwù,

然后和她见面。
ránhòu hé tā jiànmiàn.

왕따밍 这是你们交往后她的第一个生日吧？
Zhè shì nǐmen jiāowǎng hòu tā de dì yī ge shēngrì ba?

应该送她一件有意义的礼物。
Yīnggāi sòng tā yí jiàn yǒu yìyì de lǐwù.

김민호 　可不是，可你说送什么礼物能让她感动呢？
Kě bú shì, kě nǐ shuō sòng shénme lǐwù néng ràng tā gǎndòng ne?

왕따밍 　送给她一块手表，好让她每当❸看表的时候，
Sòng gěi tā yí kuài shǒubiǎo, hǎo ràng tā měi dāng kàn biǎo de shíhou,

就会想起你，不过手表比较贵。
jiù huì xiǎng qǐ nǐ, búguò shǒubiǎo bǐjiào guì.

김민호 　贵就贵点儿吧，只要她喜欢就好。
Guì jiù guì diǎnr ba, zhǐyào tā xǐhuan jiù hǎo.

왕따밍 　唉，别人都有了自己的心上人，就我还是孤单一人。
Ài, biérén dōu yǒu le zìjǐ de xīnshàngrén, jiù wǒ háishi gūdān yì rén.

아하! 그렇구나!

❶ 俩: '两个人'을 줄여서 표현한 말이다.

❷ 啦: '了+啊'의 축약형이다.

❸ 当: 어떤 일이 발생한 시간을 가리키며 대개 뒤에 '时'나 '的时候'가 온다. '在'로 대체할 수 있다.

김민호 你是不是喜欢小庆？只要站在她面前你就脸红。
Nǐ shì bu shì xǐhuan Xiǎoqìng? Zhǐyào zhàn zài tā miànqián nǐ jiù liǎnhóng.

왕따밍 这是我最大的问题，只要站在我喜欢的人面前，
Zhè shì wǒ zuì dà de wèntí, zhǐyào zhàn zài wǒ xǐhuan de rén miànqián,

我就不知所措，说话也变得磕磕巴巴的。
wǒ jiù bù zhī suǒ cuò, shuō huà yě biàn de kēke bābā de.

김민호 你别总是单恋别人，要鼓起勇气表白。
Nǐ bié zǒngshì dānliàn biérén, yào gǔqǐ yǒngqì biǎobái.

只有这样，别人才会了解你的心。
Zhǐyǒu zhèyàng, biérén cái huì liǎojiě nǐ de xīn.

2 🎧 01-04

金敏浩有了女朋友，感觉特别幸福。今天是女朋友的
Jīn Mǐnhào yǒu le nǚ péngyou, gǎnjué tèbié xìngfú. Jīntiān shì nǚ péngyou de

生日，金敏浩找大明商量后，决定送给女朋友一块手表。
shēngrì, Jīn Mǐnhào zhǎo Dàmíng shāngliang hòu, juédìng sòng gěi nǚ péngyou yí kuài shǒubiǎo.

看到敏浩幸福的样子，大明非常羡慕。其实他对小庆一见
Kàn dào Mǐnhào xìngfú de yàngzi, Dàmíng fēicháng xiànmù. Qíshí tā duì Xiǎoqìng yí jiàn

钟情，但一直不敢表白。敏浩告诉大明，只有鼓起勇气表白，
zhōngqíng, dàn yìzhí bùgǎn biǎobái. Mǐnhào gàosu Dàmíng, zhǐyǒu gǔqǐ yǒngqì biǎobái,

才能得到小庆的心。
cái néng dédào Xiǎoqìng de xīn.

표현 날개를 달다

> **要么……，要么……**

'~하든지, 아니면 ~하든지'라는 뜻으로, 선택 가능한 두 가지 상황을 나열할 때 쓴다.

我俩要么去看电影，要么去旅行，可有意思啦！
Wǒ liǎ yàome qù kàn diànyǐng, yàome qù lǚxíng, kě yǒu yìsi la!

他采取"要么全都，要么全不"的立场。
Tā cǎiqǔ "yàome quándōu, yàome quánbù" de lìchǎng.

采取 cǎiqǔ (방침·태도 따위를) 취하다 | 全 quán 전부, 다 | 立场 lìchǎng 입장

'要么……，要么……'를 이용하여 그림의 상황을 표현해 보세요.

①

我每个星期天都不在家，

_____。

②

晚上你一定要跟我联系，

_____，都行。

③

从这儿到我家_____

_____，都可以。

④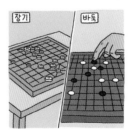

我跟爷爷在一起，_____

_____，可有意思了。

好

복문의 뒤 절에 쓰여 앞 절이 나타내는 동작의 목적을 나타낸다.

送给她一块手表，好让她每当看表的时候，就会想起你。
Sòng gěi tā yí kuài shǒubiǎo, hǎo ràng tā měi dāng kàn biǎo de shíhou, jiù huì xiǎng qǐ nǐ.

平时书包里放把雨伞，下雨的时候好用。
Píngshí shūbāo lǐ fàng bǎ yǔsǎn, xiàyǔ de shíhou hǎoyòng.

'好'가 들어갈 알맞은 위치를 찾아 보세요.

① ⓐ 给我 ⓑ 写一下你的手机号，我 ⓒ 跟你联系。

② ⓐ 我们 ⓑ 明天放一天假吧， ⓒ 让大家休息休息。

③ ⓐ 请把字写得大一点， ⓑ 让大家都 ⓒ 能看清楚。

④ ⓐ 快把这件事告诉大家吧， ⓑ 让大家也 ⓒ 高兴高兴。

A就A(吧)

'就' 앞과 뒤에 동일한 술어를 배치하면 어떠한 사실을 용인함 혹은 개의치 않음을 나타낸다.

贵就贵点儿吧，只要她喜欢就好。
Guì jiù guì diǎnr ba, zhǐyào tā xǐhuan jiù hǎo.

他不高兴就不高兴吧，我也没办法。
Tā bù gāoxìng jiù bù gāoxìng ba, wǒ yě méi bànfǎ.

'……就……(吧)'와 괄호 안의 표현으로 주어진 문장을 완성해 보세요.

① 你_____，不过不要回家太晚。(去)

② _____，总比没有衣服穿好。(大点儿)

③ _____，哭什么呀? (丢了)

26

只有······才······

'~(해야)만 ~하다'라는 뜻으로, 유일한 조건과 이에 따른 결과를 나타낸다.

只有这样，别人才会了解你的心。
Zhǐyǒu zhèyàng, biérén cái huì liǎojiě nǐ de xīn.

只有他来才能解决这个问题。
Zhǐyǒu tā lái cái néng jiějué zhè ge wèntí.

解决 jiějué 해결하다

주어진 문장을 '只有······才······'의 문장으로 바꿔 보세요.

① 他父母能理解他。 → _____
　　　　　　lǐjiě 이해하다
② 我周末有时间。 → _____

③ 你是我的好朋友。 → _____
　　　　　　rùchǎng 입장하다
④ 成年人可以入场。 → _____
　chéngniánrén 성인, 어른

就

'就'가 주어 앞에 쓰이면 주어만으로 범위가 제한됨을 나타낸다.

别人都有了自己的心上人，就我还是孤单一人。
Biérén dōu yǒu le zìjǐ de xīnshàngrén, jiù wǒ háishi gūdān yì rén.

昨天就你没来。
Zuótiān jiù nǐ méi lái.

그림을 보고 '就'를 활용하여 주어진 문장을 완성해 보세요.

①

我们都去打篮球，
_____。

②

我们都喜欢玩电脑游戏，
_____。

③

别人都没见过他的女朋友，
_____。

🎧 01-05

1 애정 표현

A 你是真心爱我吗?
Nǐ shì zhēnxīn ài wǒ ma?

B 那当然,你是我的生命。
Nà dāngrán, nǐ shì wǒ de shēngmìng.

★ 바꿔 말하기

B 全部
quánbù

最爱
zuì'ài

2 실연의 고통

A 你最近怎么无精打采的?
Nǐ zuìjìn zěnme wú jīng dǎ cǎi de?

B 我和娜贤吵架了。
Wǒ hé Nàxián chǎojià le.

★ 바꿔 말하기

B 我和娜贤分手了
wǒ hé Nàxián fēnshǒu le

娜贤有了新的男朋友
Nàxián yǒu le xīn de nán péngyou

 真心 zhēnxīn 진심으로 | 生命 shēngmìng 생명 | 全部 quánbù 전부 | 最爱 zuì'ài 좋아하는 것, 좋아하는 사람 | 无精打采 wú jīng dǎ cǎi 활기가 없다, 생기가 없다 | 吵架 chǎojià 말다툼하다 | 分手 fēnshǒu 헤어지다

3 프러포즈

A 我不知道该用什么方式向她求婚。
Wǒ bù zhīdao gāi yòng shénme fāngshì xiàng tā qiúhūn.

B <u>送给她鲜花和蛋糕吧。</u>
Sòng gěi tā xiānhuā hé dàngāo ba.

★ 바꿔 말하기

B 给她写一封情书吧
gěi tā xiě yì fēng qíngshū ba

给她一份惊喜吧
gěi tā yí fèn jīngxǐ ba

4 장점 표현하기

A 你最喜欢你男朋友的哪一方面？
Nǐ zuì xǐhuan nǐ nán péngyou de nǎ yì fāngmiàn?

B <u>他心地非常善良。</u>
Tā xīndì fēicháng shànliáng.

★ 바꿔 말하기

B 他和我有共同语言
tā hé wǒ yǒu gòngtóng yǔyán

和他在一起我感到很幸福
hé tā zài yìqǐ wǒ gǎndào hěn xìngfú

 단어 向 xiàng ~에게 | 求婚 qiúhūn 프러포즈하다 | 鲜花 xiānhuā 생화(生花) | 蛋糕 dàngāo 케이크 | 情书 qíngshū 연애편지 | 惊喜 jīngxǐ 놀라고 기쁜 일(이벤트) | 方面 fāngmiàn 부분 | 心地 xīndì 마음씨 | 共同 gòngtóng 공통의 | 语言 yǔyán 언어

실력이 늘다

听和说 🎧 01-06

1　녹음을 듣고 대화의 장면에 해당하는 그림에 V표해 보세요.

①

②

③

2　녹음을 다시 들어 보며 내용과 일치하면 O, 일치하지 않으면 X를 표시해 보세요.

① 小庆买了一块手表。(　　)

② 小庆戴了一块新手表。(　　)

③ 小庆的男朋友送她一个蛋糕。(　　)

④ 昨天是小庆和她男朋友交往
　 一百天的纪念日。(　　)
　　　　　　 jìniànrì 기념일

写和说

1　그림을 보고 괄호 안의 표현을 활용하여 주어진 대화를 완성해 보세요.

①

A 中午你想吃什么?

B ＿＿＿＿＿＿＿＿炸鸡,
　　　　　　　　zhájī 치킨
　 都可以。(要么……，要么……)

②

A 你告诉她我在这儿,

　 ＿＿＿＿＿＿＿＿＿＿。(好)

B 昨天你没来，她很生气,
　 不会来接你的。 shēngqì 화나다

③

A 外国人没有护照也能开户吗?

B 不行，＿＿＿＿＿＿＿＿。
　 (只有……才……)

④

A 小庆来了吗?

B ＿＿＿＿＿＿＿＿＿,
　 别人都来了。(就)

1　다음 글을 읽고 아래 질문에 답해 보세요.

> 　　敏浩和娜贤交往已经五年多了。可是敏浩一直没有向娜贤求婚。最近敏浩很忙，已经一个月没和娜贤见面了，娜贤的心情很不好。一天，敏浩给娜贤打电话，让娜贤往窗外看。这时，娜贤看到敏浩手里拿着一束花儿站在楼下看着她。敏浩给娜贤戴上了戒指，并向娜贤求婚。娜贤很高兴。他们决定今年秋天结婚。
>
> 心情 xīnqíng 마음, 기분 | 束 shù 다발 | 戒指 jièzhi 반지

① 敏浩和娜贤交往多长时间了？

② 敏浩向娜贤求婚时，送给了娜贤什么礼物？

③ 他们决定什么时候结婚？

想和说

1　그림의 순서대로 사건을 중국어로 표현해 보세요.

介绍

一见钟情

一封信

感动

2　옆 사람과 자신의 남자 친구 또는 여자 친구에 대하여 이야기해 보세요.

중국인의 연애가 궁금하다

중국에 개혁 개방 정책이 실시된 이후, 서구의 문물들이 쏟아져 들어오면서 전통적인 중국인의 연애관에도 일대 변화가 일어났다. 중국에 가면 때와 장소를 가리지 않고 남녀가 포옹하고 키스하는 장면을 흔히 볼 수 있다. 이는 과거의 전통적인 유교사회에서는 상상조차 하지 못하던 일이다. 이러한 현상은 남의 일에 간섭하지 않고 남의 눈을 의식하지 않는 중국인의 의식을 보여 주는 한 단면이기도 하다.

중국의 연인들은 만난 지 100일, 1년 등의 기념일은 중시하지 않는다. 연인들의 가장 큰 기념일은 2월 14일 칭런제(情人节), 즉 밸런타인데이이다. 한국에서는 밸런타인데이에 여자가 남자에게, 3월 14일 화이트데이에는 남자가 여자에게 사랑을 고백하고 선물을 한다. 하지만 중국에서는 밸런타인데이에 남자가 여자에게 사랑을 고백하고 초콜릿, 꽃 등을 선물하며 화이트데이는 그다지 중시되지 않는다.

또한 음력 7월 7일은 견우와 직녀가 1년에 한 번 만난다는 전설이 전해지는 칠월칠석(七月七夕)으로 이 날을 중국의 전통 밸런타인데이라고 해서 연인들 간에 서로 선물을 교환하기도 한다.

중국의 연인들은 서로 헤어지지 말자고 다짐하는 의미로 산 정상에 올라가 난간의 쇠사슬에 자신들의 이름을 쓴 자물쇠를 채우고 열쇠를 산 밑으로 던진다. 연인 간의 사랑이 잠겨서 영원히 열리지 않기를 바라는 의미라고 한다.

중국 윈난성의 밸런타인데이 소원 카드

你想做什么样的
发型?

어떤 헤어스타일로 하실 거예요?

1 미용과 관련된 표현

2 '是不是'를 이용한
확인 표현

3 '着呢'를 이용한
과장의 표현

- 头发 tóufa 명 머리카락

- 剪 jiǎn 동 (가위 등으로) 자르다, 깎다

- 短 duǎn 형 짧다

- 显得 xiǎnde 동 ~하게 보이다, ~인 것처럼 보이다

- 年轻 niánqīng 형 젊다, 어리다

- 故意 gùyì 부 고의로, 일부러

- 讨 tǎo 동 초래하다

- 发型 fàxíng 명 헤어스타일

- 真心话 zhēnxīnhuà 명 참말, 진실한 말

- 留 liú 동 (머리카락이나 수염을) 기르다

- 适合 shìhé 동 어울리다

- 不妨 bùfáng 부 (~하는 것도) 괜찮다

- 烫 tàng 동 (머리를) 파마하다

- 着呢 zhene 조 [형용사 뒤에 쓰여 정도를 강조함]

- 波浪 bōlàng 명 파도, 물결, (머리) 웨이브

- 卷发 juǎnfà 명 파마머리

- 吹风 chuīfēng 동 헤어드라이어로 머리를 말리다

- 管理 guǎnlǐ 동 관리하다

- 嫌 xián 동 싫어하다, 꺼리다

- 睡懒觉 shuì lǎnjiào 동 늦잠을 자다

- 顾 gù 동 주의하다, 돌보다

- 依 yī 개 ~에 따라, ~에 근거하여

- 要不 yàobù 접 그렇지 않으면

- 美发厅 měifàtīng 명 미용실

- 开业 kāiyè 동 개업하다

- 技术 jìshù 명 기술

- 美发师 měifàshī 명 미용사

- 另外 lìngwài 부 그밖에, 따로

- 刘海 liúhǎi 명 앞머리

- 洗头 xǐtóu 동 머리를 감다

- 遇到 yùdào 동 만나다, 마주치다

- 改变 gǎibiàn 동 바꾸다, 변하다, 고치다

리듬을 만나다

제1강세, 제2강세, 띄어 읽기로 리듬을 느끼며 다음 문장을 익혀 보세요. 🎧 02-02

①

你可 / 真会说话， /// 是不是 // 故意 / 在讨我 / 开心?

Nǐ kě zhēn huì shuōhuà, shì bu shì gùyì zài tǎo wǒ kāixīn?

너 정말 말 잘하는구나. 일부러 내 비위 맞추려는 거 아냐?

②

现在的发型 // 比你 / 留长发的时候 / 更适合你。

Xiànzài de fàxíng bǐ nǐ liú chángfà de shíhou gèng shìhé nǐ.

지금 헤어스타일이 네가 머리 길 때보다 너한테 더 어울려.

③

不妨 // 像我一样 / 换个发型， /// 怎么样?

Bùfáng xiàng wǒ yíyàng huàn ge fàxíng, zěnmeyàng?

나처럼 헤어스타일을 좀 바꿔 보는 게 어때?

④

这倒也是， /// 要不 // 我也 / 剪个短发?

Zhè dào yě shì, yàobù wǒ yě jiǎn ge duǎnfà?

그건 그래. 아니면 나도 머리를 잘라 볼까?

⑤

从你的发型 / 能看出 // 那家 / 美发厅的技术 / 不错。

Cóng nǐ de fàxíng néng kàn chū nà jiā měifàtīng de jìshù búcuò.

네 헤어스타일을 보니까 그 미용실 기술이 좋은 것 같다.

1 🎧 02-03

이정민 | 你把头发剪短啦! 显得比以前年轻多了。
Nǐ bǎ tóufa jiǎn duǎn la! Xiǎnde bǐ yǐqián niánqīng duō le.

리우샤오칭 | 你可真会说话，是不是故意在讨我开心?
Nǐ kě zhēn huì shuōhuà, shì bu shì gùyì zài tǎo wǒ kāixīn?

我可是觉得这发型不怎么好。
Wǒ kěshì juéde zhè fàxíng bù zěnme hǎo.

이정민 | 我说的是真心话，现在的发型比你留长发的时候
Wǒ shuō de shì zhēnxīnhuà, xiànzài de fàxíng bǐ nǐ liú chángfà de shíhou

更适合你，看起来也很可爱。
gèng shìhé nǐ, kàn qǐlai yě hěn kě'ài.

리우샤오칭 | 你也一直留长发，不妨像我一样换个发型❶，怎么样?
Nǐ yě yìzhí liú chángfà, bùfáng xiàng wǒ yíyàng huàn ge fàxíng, zěnmeyàng?

이정민 | 小明新烫的发型漂亮着呢，
Xiǎomíng xīn tàng de fàxíng piàoliang zhene,

不如我也像她那样烫个大波浪卷发，怎么样?
bùrú wǒ yě xiàng tā nàyàng tàng ge dà bōlàng juǎnfà, zěnmeyàng?

你觉得适不适合我?
Nǐ juéde shì bu shìhé wǒ?

리우샤오칭 | 烫卷发的话，洗头后要吹风、要管理，你不嫌麻烦?
Tàng juǎnfà dehuà, xǐtóu hòu yào chuīfēng、yào guǎnlǐ, nǐ bù xián máfan?

이정민 | 你不说我还真忘了，我每天睡懒觉，
Nǐ bù shuō wǒ hái zhēn wàng le, wǒ měitiān shuì lǎnjiào,

早上哪有时间顾头发啊!
zǎoshang nǎ yǒu shíjiān gù tóufa a!

리우샤오칭 **依我看，你也挺适合剪短发，**
Yī wǒ kàn, nǐ yě tǐng shìhé jiǎn duǎnfà,

再说天气也越来越热了。
zài shuō tiānqì yě yuèláiyuè rè le.

이정민 **这倒也是❷，要不我也剪个短发？**
Zhè dào yě shì, yàobù wǒ yě jiǎn ge duǎnfà?

리우샤오칭 **我剪发的那家美发厅刚开业，正在打折，**
Wǒ jiǎnfà de nà jiā měifàtīng gāng kāiyè, zhèngzài dǎzhé,

要不你去那儿试试？
yàobù nǐ qù nàr shìshi?

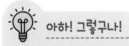 **아하! 그렇구나!**

- ❶ **换个发型**: 동사와 목적어 사이에 '个'가 들어가면 가벼운 어감을 나타낸다. 또 다른 예로 '写个字' '吃个饭' 등 이 있다.
- ❷ **这倒也是**: 다른 사람 말에 설득되어 동의를 나타낼 때 자주 쓰는 표현으로, '그건 그래' '그렇긴 하네'라는 뜻을 나타 낸다.

이정민　从你的发型能看出那家美发厅的技术不错，
Cóng nǐ de fàxíng néng kàn chū nà jiā měifàtīng de jìshù búcuò,

明天我就去。
míngtiān wǒ jiù qù.

· · · · · · · ·

미용사　您想做什么样的发型？
Nín xiǎng zuò shénmeyàng de fàxíng?

이정민　我留长发留腻了，想把头发剪短。
Wǒ liú chángfà liú nì le, xiǎng bǎ tóufa jiǎn duǎn.

另外，刘海不要剪得太短。
Lìngwài, liúhǎi búyào jiǎn de tài duǎn.

미용사　好的，我知道啦。那现在我先给您洗头。
Hǎo de, wǒ zhīdao la. Nà xiànzài wǒ xiān gěi nín xǐtóu.

2　· 🎧 02-04

李正民在路上遇到了刘小庆，看到小庆把头发剪短后，
Lǐ Zhèngmín zài lùshang yùdào le Liú Xiǎoqìng, kàn dào Xiǎoqìng bǎ tóufa jiǎn duǎn hòu,

又年轻又可爱，正民也想改变一下自己的发型，其实正民
yòu niánqīng yòu kě'ài, Zhèngmín yě xiǎng gǎibiàn yíxià zìjǐ de fàxíng, qíshí Zhèngmín

早就留腻了长发。因为小庆的头发剪得很漂亮，还打了折，
zǎojiù liú nì le chángfà. Yīnwèi Xiǎoqìng de tóufa jiǎn de hěn piàoliang, hái dǎ le zhé,

所以正民决定第二天就去小庆去的那家美发厅剪个短发。
suǒyǐ Zhèngmín juédìng dì èr tiān jiù qù Xiǎoqìng qù de nà jiā měifàtīng jiǎn ge duǎnfà.

표현 날개를 달다

显得……

'~해 보인다'라는 뜻이다. 술어 앞에 쓰여 어떤 상황이 드러남을 나타낸다.

你把头发剪短啦！显得比以前年轻多了。
Nǐ bǎ tóufa jiǎn duǎn la! Xiǎnde bǐ yǐqián niánqīng duō le.

他今天显得特别高兴。
Tā jīntiān xiǎnde tèbié gāoxìng.

그림을 보고 '显得……'를 활용하여 주어진 문장을 완성해 보세요.

①

你穿这件衣服，_____。

②

戴上眼镜，_____。

③

不知道是为什么，_____。

자신이 짐작한 사실을 상대방에게 확인하기 위하여 물어볼 때 쓴다. 주어나 술어의 앞, 또는 문장의 끝에 위치한다.

你可真会说话，是不是故意在讨我开心？
Nǐ kě zhēn huì shuōhuà, shì bu shì gùyì zài tǎo wǒ kāixīn?

是不是他告诉你的？
Shì bu shì tā gàosu nǐ de?

你把我忘了，是不是？
Nǐ bǎ wǒ wàng le, shì bu shì?

‘是不是’가 들어갈 알맞은 위치를 찾아 보세요.

① ⓐ 最近 ⓑ 没看到他们在一起， ⓒ 分手了？

② ⓐ 听说 ⓑ 你要出国 ⓒ ？

③ ⓐ 你们不打算 ⓑ 去 ⓒ 旅行？

‘~하는 것도 무방하다’라는 뜻으로, 동사 앞에 오거나 ‘동사+也不妨’의 형식으로 쓰인다.

你也一直留长发，不妨像我一样换个发型，怎么样？
Nǐ yě yìzhí liú chángfà, bùfáng xiàng wǒ yíyàng huàn ge fàxíng, zěnmeyàng?

你跟我们一起去也不妨。
Nǐ gēn wǒmen yìqǐ qù yě bùfáng.

주어진 문장을 ‘不妨’을 포함한 문장으로 바꾸어 보세요.

① 每天都吃中国菜，今天换换口味吧。

→ _____

yuànyì ~하기를 바라다
② 如果你愿意，可以试试。

→ _____

③ 我们叫他过来，听听他的意见吧。

→ _____

着呢

정도가 매우 심함을 과장되게 표현할 때 쓴다. 형용사 뒤에 쓰이며, 앞에는 정도를 나타내는 부사가 올 수 없다.

小明新烫的发型漂亮着呢。 (○)
Xiǎomíng xīn tàng de fàxíng piàoliang zhene.

小明新烫的发型很漂亮着呢。 (×)

我的那份工作累着呢。 (○)
Wǒ de nà fèn gōngzuò lèi zhene.

我的那份工作非常累着呢。 (×)

주어진 문장을 '着呢'를 포함한 문장으로 바꾸어 보세요.

① 他家离这儿很远。 → _____

② 外边冷得要命。 → _____
　　　　 yàomìng 심하다

③ 我刚吃完饭，肚子可饱了。 → _____

④ 她做的菜真好吃。 → _____

要不

'아니면'이라는 뜻으로, 만일 앞에서 말한 상황이 아니라면 뒤의 상황이 출현할 수 있음을 나타낸다.

这倒也是，天气越来越热，要不我也剪个短发？
Zhè dào yě shì, tiānqì yuèláiyuè rè, yàobù wǒ yě jiǎn ge duǎnfà?

他的电话怎么打不通呢，要不我们去他家找他吧。
Tā de diànhuà zěnme dǎ bù tōng ne, yàobù wǒmen qù tā jiā zhǎo tā ba.

'要不'와 괄호 안의 표현으로 주어진 문장을 완성해 보세요.

① 只听别人的话哪行，_____? (去见见他)

② 你得多穿点儿，_____。(感冒)

③ 我今天没有时间，_____。(下周去)

회화 가지를 치다

1 머리 하기

A 您想要哪种发型?
Nín xiǎng yào nǎ zhǒng fàxíng?

B 我想烫头。
Wǒ xiǎng tàngtóu.

★ 바꿔 말하기

B 把头发染一染
bǎ tóufa rǎn yi rǎn

剪最时髦的发型
jiǎn zuì shímáo de fàxíng

2 헤어스타일 바꾸기

A 我想换个发型，您觉得哪种发型比较适合我?
Wǒ xiǎng huàn ge fàxíng, nín juéde nǎ zhǒng fàxíng bǐjiào shìhé wǒ?

B 把你的卷发拉直吧。
Bǎ nǐ de juǎnfà lā zhí ba.

★ 바꿔 말하기

B 剪短发怎么样?
Jiǎn duǎnfà zěnmeyàng?

把头发梳起来怎么样?
Bǎ tóufa shū qǐlai zěnmeyàng?

 단어

染 rǎn 염색하다 | 拉直 lā zhí 스트레이트 펌을 하다 | 梳起来 shū qǐlai (머리를) 빗어서 묶다

42

3 **머리 만지기**

A 你是怎么弄的头发？真好看。
　　Nǐ shì zěnme nòng de tóufa? Zhēn hǎokàn.

B 我把刘海定型了。
　　Wǒ bǎ liúhǎi dìngxíng le.

★ 바꿔 말하기

B 吹风了
　　chuīfēng le

　　擦发蜡了
　　cā fàlà le

4 **커트 스타일**

A 您想要什么样的发型？
　　Nín xiǎng yào shénmeyàng de fàxíng?

B 刘海别剪得太短。
　　Liúhǎi bié jiǎn de tài duǎn.

★ 바꿔 말하기

B 剪出层次来
　　jiǎn chū céngcì lái

　　剃平头
　　tì píngtóu

 弄 nòng 하다, 만들다 | 定型 dìngxíng 형태를 고정하다 | 擦 cā 바르다, 칠하다 | 发蜡 fàlà 헤어왁스 | 层次 céngcì 층 | 剃 tì (머리, 수염 등을) 깎다 | 平头 píngtóu 스포츠머리, 상고머리

실력이 늘다

听和说 🎧 02-06

1 녹음을 듣고 대화의 장면에 해당하는 그림에 V표해 보세요.

①  ②  ③

2 녹음을 다시 들어 보며 내용과 일치하면 O, 일치하지 않으면 X를 표시해 보세요.

① 娜贤想换个发型。( ) ② 娜贤第一次烫发。( )

③ 娜贤对自己的发型很满意。( ) ④ 娜贤的朋友不喜欢她的发型。( )

写和说

1 그림을 보고 괄호 안의 표현을 활용하여 주어진 대화를 완성해 보세요.

①

A 你觉得我新买的
　这套衣服怎么样？

B 不错，＿＿＿＿＿＿＿＿＿＿。(显得)

②

A 国庆节我想去旅游，你说去哪儿好呢？

B 北方你差不多都去过了，这次
＿＿＿＿＿＿＿＿＿＿，怎么样？(不妨)

③

A 你要去哈尔滨？那儿冬天
＿＿＿＿＿＿＿＿＿＿。(着呢)

B 没关系，我不怕冷。

④

A 你一个人去？
＿＿＿＿＿＿＿＿＿＿吧。(要不)

B 你跟我一起去，我就放心多了。
fàngxīn 안심하다

1 다음 글을 읽고 아래 질문에 답해 보세요.

> 娜贤留腻了长发，想换个发型。但是她不知道哪种发型适合自己。看到烫发的朋友，她想烫发；看到剪短发的朋友，她又想剪短发。最后她决定去美发厅听听美发师怎么说。美发师觉得娜贤是瓜子脸，适合烫大波浪卷发。所以娜贤烫了个大波浪卷发。烫完头，娜贤对她的新发型很满意。
>
> *瓜子脸 guāzǐliǎn* 계란형 얼굴, 갸름한 얼굴

① 娜贤以前是什么发型？

② 娜贤换了怎样的发型？

③ 美发师为什么让娜贤做这种发型？

1 그림의 순서대로 사건을 중국어로 표현해 보세요.

2 자신의 헤어스타일에 대하여 옆 사람과 이야기해 보세요.

중국인의 왕성한 구매력

중국은 개혁 개방 이후 고도의 경제성장을 이루면서 중국인들의 구매력도 놀라운 속도로 성장했다. 세계은행이 2019년 각국의 구매력 기준 GDP를 산출한 결과 경제 규모가 가장 큰 나라는 중국이고 2위가 미국이다. 구매력으로 볼 때 중국은 이미 미국을 넘어선 것이다.

중국인의 왕성한 구매력은 전 세계에 영향을 미쳐 유명 관광지마다 여행객의 주류는 중국인이 되었고, 쇼핑의 규모도 어마어마하다. 해마다 1억 명이 넘는 중국인이 해외여행을 가는데, 명품 쇼핑이 해외여행의 가장 중요한 목적이 되었으며 이제 해외 명품 매장에서 중국인은 최고의 고객이라고 할 수 있다. 해외에서 중국 여행객의 평균 소비액은 이미 세계 최고 수준이다. 특히 중국인은 이미 현금 없는 스마트폰 결제가 일상화되면서 주요 관광 국가에서도 중국인 고객의 편의를 제공하기 위해 스마트폰 결제가 가능해졌다.

온라인 구매가 활성화되면서 중국 국내를 넘어 전 세계의 온라인 시장에서도 중국인이 가장 중요한 고객이 되었다. 중국에서 충분한 구매력을 가진 인구가 폭발적으로 증가함을 보여 주는 사례가 있다. 중국에서 11월 11일은 '광군제(光棍节)'라고 하는데 이날 대대적으로 할인 행사가 진행된다. 2020년 광군제 하루 동안 전자 상거래 업체 알리바바(阿里巴巴)의 매출액이 한화로 수십조 원에 이르러 전 세계를 놀라게 했다.

주요 고객이 중국인인 우리나라의 한 대형 면세점

대대적으로 할인이 진행되는 11월 11일 광군제

03

手机和电脑
都坏了。

휴대전화와 컴퓨터가 모두 고장 났어.

이 과의 학습 목표

1
고장 및 수리와 관련 된 표현

2
'……来……去'를 사용한 표현

3
'非得……不可' 구문 표현

- **电子邮件** diànzǐ yóujiàn
  명 이메일(E-mail)

- **短信** duǎnxìn 명 문자메시지

- **回信** huíxìn 명 답장 동 답장하다

- **别提** biétí 동 말하지(도) 마라

- **坏** huài 동 고장 나다, 망가지다

- **修理** xiūlǐ 동 수리하다

- **维修店** wéixiūdiàn 명 수리점

- **好不容易** hǎobùróngyì
  부 가까스로, 겨우
  = 好容易 hǎoróngyì

- **零件** língjiàn 명 부속품

- **到底** dàodǐ 부 도대체

- **反应** fǎnyìng 명 반응

- **困难** kùnnan 형 곤란하다, 어렵다

- **哎哟** āiyō 감 아이고, 어이쿠, 어머나

- **染** rǎn 동 감염되다

- **病毒** bìngdú 명 바이러스

- **杀毒** shādú 동 (컴퓨터) 바이러스를 없애다

- **软件** ruǎnjiàn 명 소프트웨어

- **消除** xiāochú 동 없애다, 제거하다

- **故障** gùzhàng 명 고장

- **非得······不可** fēiděi······bùkě
  ~하지 않으면 안 된다

- **后来** hòulái 부 그 뒤에, 그 후

- **不知不觉** bù zhī bù jué
  성 자기도 모르는 사이에, 부지불식간에

- **重新** chóngxīn 부 다시

- **启动** qǐdòng 동 부팅하다

- **升级** shēngjí 동 업그레이드하다

- **请客** qǐngkè 동 한턱내다, 대접하다

- **赶紧** gǎnjǐn 부 재빨리, 얼른

제1강세, 제2강세, 띄어 읽기로 리듬을 느끼며 다음 문장을 익혀 보세요.　🎧 03-02

1

跑了 / 好几个地方 /// 好不容易 // 才找到了 / 一家维修店。

Pǎo le hǎo jǐ ge dìfang hǎobùróngyì cái zhǎo dào le yì jiā wéixiūdiàn.

여러 곳을 찾아 다니다가 겨우 수리점 하나를 찾았어.

2

电脑的反应 / 太慢， // 而且上网 / 也很困难。

Diànnǎo de fǎnyìng tài màn, érqiě shàngwǎng yě hěn kùnnan.

컴퓨터의 반응이 너무 느리고 인터넷 접속도 어려워.

3

我找过 / 几个人， /// 可 / 都不知道 // 问题 / 出在哪儿。

Wǒ zhǎo guo jǐ ge rén, kě dōu bù zhīdao wèntí chū zài nǎr.

내가 몇 사람에게 물어도 다들 문제가 무엇인지 몰랐어.

4

以后 // 电脑 / 出了故障， /// 非得找你 / 不可啦。

Yǐhòu diànnǎo chū le gùzhàng, fēiděi zhǎo nǐ bùkě la.

다음에 컴퓨터가 고장 나면 꼭 너를 찾아야겠어.

5

问来问去， /// 不知不觉 // 就学会 / 修理了。

Wèn lái wèn qù, bù zhī bù jué jiù xué huì xiūlǐ le.

이러저리 물어보다 보니 나도 모르게 고치는 방법을 익히게 되었지.

1 ⋯⋯⋯⋯⋯⋯⋯⋯⋯⋯⋯⋯⋯⋯⋯⋯⋯⋯⋯⋯⋯⋯⋯⋯⋯⋯ 🎧 03-03

자오량　我早上又给你发电子邮件又给你发短信，
Wǒ zǎoshang yòu gěi nǐ fā diànzǐ yóujiàn yòu gěi nǐ fā duǎnxìn,

你怎么不给我回信呢?
nǐ zěnme bù gěi wǒ huíxìn ne?

리우샤오칭　别提了，手机和电脑都坏了，为了修理，
Biétí le, shǒujī hé diànnǎo dōu huài le, wèile xiūlǐ,

这个维修店那个维修店的❶跑来跑去，都没时间吃饭。
zhè ge wéixiūdiàn nà ge wéixiūdiàn de pǎo lái pǎo qù, dōu méi shíjiān chīfàn.

자오량　今天是星期日，维修店不关门?
Jīntiān shì xīngqīrì, wéixiūdiàn bù guānmén?

리우샤오칭　跑了好几个地方好不容易才找到了一家手机维修店，
Pǎo le hǎo jǐ ge dìfang hǎobùróngyì cái zhǎo dào le yì jiā shǒujī wéixiūdiàn,

可是因为没有零件，明天才能修。
kěshì yīnwèi méiyǒu língjiàn, míngtiān cái néng xiū.

자오량　你的电脑到底有什么问题? 怎么总坏呢?
Nǐ de diànnǎo dàodǐ yǒu shénme wèntí? Zěnme zǒng huài ne?

要不，我帮你看看?
Yàobù, wǒ bāng nǐ kànkan?

리우샤오칭　你看，电脑的反应太慢，而且上网也很困难。
Nǐ kàn, diànnǎo de fǎnyìng tài màn, érqiě shàngwǎng yě hěn kùnnan.

자오량　我看看，哎哟，你的电脑染上病毒了，
Wǒ kànkan, āiyō, nǐ de diànnǎo rǎn shang bìngdú le,

必须马上用杀毒软件消除病毒。
bìxū mǎshàng yòng shādú ruǎnjiàn xiāochú bìngdú.

리우샤오칭   我找过几个人，可都不知道问题出在哪儿。
Wǒ zhǎo guo jǐ ge rén, kě dōu bù zhīdao wèntí chū zài nǎr.

你一看就知道，以后电脑出了故障，
Nǐ yí kàn jiù zhīdao, yǐhòu diànnǎo chū le gùzhàng,

非得找你不可啦。
fēiděi zhǎo nǐ bùkě la.

자오량   我也是刚开始电脑总出故障，问这儿问那儿❷的，
Wǒ yě shì gāng kāishǐ diànnǎo zǒng chū gùzhàng, wèn zhèr wèn nàr de,

后来问来问去，不知不觉就学会修理了。
hòulái wèn lái wèn qù, bù zhī bù jué jiù xué huì xiūlǐ le.

 아하! 그렇구나!

❶ 的: 병렬한 어구의 뒤에 쓰여 '~등'의 의미로 쓰인다.

❷ ……这儿……那儿: '여러 곳을 ~하다'라는 뜻이다. 이때, '这儿'과 '那儿'은 특정한 장소를 가리키지 않는다.

리우샤오칭　真了不起！这么快就修好了？
Zhēn liǎobuqǐ! Zhème kuài jiù xiū hǎo le?

자오량　现在重新启动一下吧。
Xiànzài chóngxīn qǐdòng yíxià ba.

以后要注意经常杀毒，并给杀毒软件升级。
Yǐhòu yào zhùyì jīngcháng shādú, bìng gěi shādú ruǎnjiàn shēngjí.

리우샤오칭　知道了，太谢谢你了。我们走吧，今天晚上我请客。
Zhīdao le, tài xièxie nǐ le. Wǒmen zǒu ba, jīntiān wǎnshang wǒ qǐngkè.

자오량　OK! 以后如果你的电脑出了故障，
OK! Yǐhòu rúguǒ nǐ de diànnǎo chū le gùzhàng,

我可要赶紧跑来修呀！
wǒ kě yào gǎnjǐn pǎo lái xiū ya!

2 ·· 🎧 03-04

小庆的手机和电脑都坏了。她跑了好几个地方才找到
Xiǎoqìng de shǒujī hé diànnǎo dōu huài le. Tā pǎo le hǎo jǐ ge dìfang cái zhǎo dào

一家手机维修店，可因为是周日，没零件，星期一才能修好。
yì jiā shǒujī wéixiūdiàn, kě yīnwèi shì zhōurì, méi língjiàn, xīngqīyī cái néng xiū hǎo.

她的电脑呢？找了好几个人也不知道问题在哪里，小庆很
Tā de diànnǎo ne? Zhǎo le hǎo jǐ ge rén yě bù zhīdao wèntí zài nǎlǐ, Xiǎoqìng hěn

着急。这时，赵亮来了，他很容易地为小庆修好了电脑，
zháojí. Zhè shí, Zhào Liàng lái le, tā hěn róngyì de wèi Xiǎoqìng xiū hǎo le diànnǎo,

小庆非常高兴。
Xiǎoqìng fēicháng gāoxìng.

표현 날개를 달다

……来……去

'이리저리 ~하다'라는 뜻으로 쓰여, 같은 동작을 여러 번 반복함을 나타낸다.

我问来问去，不知不觉就学会修理了。
Wǒ wèn lái wèn qù, bù zhī bù jué jiù xué huì xiūlǐ le.

他们想来想去，也想不出个好办法来。
Tāmen xiǎng lái xiǎng qù, yě xiǎng bù chū ge hǎo bànfǎ lái.

그림을 보고 '……来……去'와 괄호 안의 동사를 활용하여 문장을 완성해 보세요.

①

孩子们在操场上_____。(跑)

②

我_____，也找不出问题来。(看)

③

他_____，还是没说到这一点。(说)

有+명사+동사

'~할 ~가 있다'라는 뜻이다. 부정은 '有' 대신에 '没(有)'를 사용하며, '有' 뒤에는 '时间' '能力' '办法' '理由' 등의 명사가 쓰인다.

我这个维修店那个维修店的跑来跑去，都没时间吃饭。
Wǒ zhè ge wéixiūdiàn nà ge wéixiūdiàn de pǎo lái pǎo qù, dōu méi shíjiān chīfàn.

他有能力解决这个问题。
Tā yǒu nénglì jiějué zhè ge wèntí.

能力 nénglì 능력, 역량

박스 안의 표현 중 알맞은 하나를 넣어 주어진 문장을 완성해 보세요.

时间	办法	理由

① 别着急，我有_____买到火车票。

② 今天你有_____陪我看电影吗？

③ 我没_____不上班。

到底

의문문에 '도대체'라는 뜻으로 쓰여 추궁하는 듯한 어감을 나타낸다. 의문 형식은 항상 '到底'의 뒤에 온다.

你的电脑到底有什么问题？
Nǐ de diànnǎo dàodǐ yǒu shénme wèntí?

你们到底是中学生还是大学生？
Nǐmen dàodǐ shì zhōngxuéshēng háishi dàxuéshēng?

'到底'가 들어갈 알맞은 위치를 찾아 보세요.

① ⓐ 是你去 ⓑ 还是 ⓒ 他去？

② 这句话 ⓐ 是 ⓑ 谁 ⓒ 说的？

③ 你 ⓐ 在哪儿 ⓑ 见的 ⓒ 朋友？

好不容易

'가까스로'라는 뜻으로 동사 앞에 쓰여 어렵게 목적을 달성했음을 나타낸다.

跑了好几个地方好不容易才找到了一家手机维修店。
Pǎo le hǎo jǐ ge dìfang hǎobùróngyì cái zhǎo dào le yì jiā shǒujī wéixiūdiàn.

去了好几家书店好不容易才买到那本书。
Qù le hǎo jǐ jiā shūdiàn hǎobùróngyì cái mǎi dào nà běn shū.

그림을 보고 '好不容易'를 활용하여 주어진 문장을 완성해 보세요.

①

他考了好几次，_____
_____。

②

bàntiān 한참 동안
我找了半天，_____
_____。

③

我们等了很久_____
_____。

非得……不可

'반드시 ~해야 한다'라는 뜻이다. '不可'는 생략되기도 한다.

以后电脑出了故障，非得找你不可啦。
Yǐhòu diànnǎo chū le gùzhàng, fēiděi zhǎo nǐ bùkě la.

要想考上大学，非得努力学习不可。
Yào xiǎng kǎoshàng dàxué, fēiděi nǔlì xuéxí bùkě.

주어진 문장의 밑줄 친 부분을 '非得……不可'를 사용한 표현으로 바꾸어 보세요.

① 要想解决这个问题，<u>应该去问老师</u>。

→ _____。

② 为了能买到那本书，<u>不得不去那家书店</u>。

→ _____。

③ 你要想见到他，<u>一定要去他的办公室</u>。

→ _____。

1 **자전거 수리**

A 我的自行车坏了。
Wǒ de zìxíngchē huài le.

B <u>快去修车铺修一修吧</u>。
Kuài qù xiūchēpù xiū yi xiū ba.

★ 바꿔 말하기

B 我给你看看
wǒ gěi nǐ kànkan

干脆买辆新的吧
gāncuì mǎi liàng xīn de ba

2 **인터넷 서비스**

A 请问，怎么突然不能上网了？
Qǐngwèn, zěnme tūrán bù néng shàngwǎng le?

B 对不起，<u>网络出了问题，我们正在维修</u>。
Duìbuqǐ, wǎngluò chū le wèntí, wǒmen zhèngzài wéixiū.

★ 바꿔 말하기

B 恐怕是您的电脑出了故障
kǒngpà shì nín de diànnǎo chū le gùzhàng

明天早上我们会上门维修的
míngtiān zǎoshang wǒmen huì shàngmén wéixiū de

 修车铺 xiūchēpù 자전거 수리점 ┃ 干脆 gāncuì 아예, 차라리 ┃ 网络 wǎngluò 네트워크 ┃ 上门 shàngmén 방문하다

3 애프터서비스(AS)

A 能不能接受免费的售后服务?
　　Néng bu néng jiēshòu miǎnfèi de shòuhòu fúwù?

B 对不起，已经过了保修期。
　　Duìbuqǐ, yǐjīng guò le bǎoxiūqī.

★ 바꿔 말하기

B 对不起，因为这是组装的，不行
　　duìbuqǐ, yīnwèi zhè shì zǔzhuāng de, bùxíng

　　请给我看一下质量保证书
　　qǐng gěi wǒ kàn yíxià zhìliàng bǎozhèngshū

4 수리 완료 확인

A 我的手机修好了吗?
　　Wǒ de shǒujī xiū hǎo le ma?

B 是的，已经修好了。
　　Shì de, yǐjīng xiū hǎo le.

★ 바꿔 말하기

B 对不起，还得再等两天
　　duìbuqǐ, hái děi zài děng liǎng tiān

　　对不起，最重要的部分出了问题，修不了
　　duìbuqǐ, zuì zhòngyào de bùfen chū le wèntí, xiū bu liǎo

단어 接受 jiēshòu 받다 | 免费 miǎnfèi 무상으로 하다 | 售后服务 shòuhòu fúwù 애프터서비스 | 保修期 bǎoxiūqī 보증수리 기간 | 组装 zǔzhuāng (부품을) 조립하다 | 保证书 bǎozhèngshū 보증서 | 部分 bùfen 부분

연습 실력이 늘다

听和说 🎧 03-06

1 녹음을 듣고 대화의 장면에 해당하는 그림에 V표해 보세요.

① 　② 　③

2 녹음을 다시 들어 보며 내용과 일치하면 O, 일치하지 않으면 X를 표시해 보세요.

① 女的的电脑坏了。(　　)　② 修理电脑需要五天的时间。(　　)
　　　　　　　　　　　　　　　 xūyào 필요로 하다
③ 女的交了维修费。(　　)　④ 女的买电脑还不到一个月。(　　)

写和说

1 그림을 보고 괄호 안의 표현을 활용하여 주어진 대화를 완성해 보세요.

①

A 你的手机还没找到吗？
B 是的，我_____，
　还是找不到。(……来……去)

②

A 都十点了，
　他_____到？(到底)
B 别着急，他一会儿就到。

③

A 你有没有
　_____? (时间)
B 对不起，我今天太忙了。

④

A 我很忙，不能去参加会议了。
B 今天的会议很重要，
　_____。
(非得……不可)

读和说

1　다음 글을 읽고 아래 질문에 답해 보세요.

> 　　小庆和赵亮约好明天上午一起骑车去景山公园玩儿。可是小庆晚上才发现自己的自行车坏了。她跑了好几家自行车修车铺，好不容易才找到一家没有关门的。可是维修店的师傅说，因为现在没有小庆自行车的那种零件，几天后才能修理。没办法，小庆只好给赵亮打电话。赵亮说他有两辆自行车，小庆的自行车修好以前，小庆可以骑他的自行车。
>
> 发现 fāxiàn 발견하다 ┃ 师傅 shīfu 그 일에 숙달한 사람

① 小庆明天有什么打算？

② 小庆的自行车为什么今天不能修理？

③ 赵亮怎么帮助的小庆？

想和说

1　그림의 순서대로 사건을 중국어로 표현해 보세요.

2　집 안의 전자 제품이 고장 났다고 가정하고, 어떻게 해결할 것인지 옆 사람과 대화를 나누어 보세요.

중국에서 운전면허 따기

한국의 2종 면허에 해당하는 소형차 면허를 따려면 중국에서는 만 18세 이상이면 가능하다. 교정시력이 1.0 이상이고, 키가 1.5미터 이상이며, 적록색맹이 아니면 누구나 면허 시험에 응시할 수 있다. 그러나 중국에서 운전면허를 따는 것은 한국에서보다 어렵다. 우선 운전면허 취득을 위한 의무 교육을 최소 60시간 받아야 하므로 큰 부담이 된다. 또한 운전면허 시험의 과락 점수도 상당히 높아서 소형차 면허를 따려면 필기시험은 100점 만점에 90점 이상을 받아야 하며, 주행 시험은 80점 이상을 받아야 한다.

필기시험은 교통법률, 도로 교통 신호, 안전 운행, 교통 예절, 운전 조작에 대한 지식 등을 평가한다. 주행 시험은 기본적인 차량 운행에 대한 이해부터 주차하기, 언덕길 멈추었다 가기와 같은 시험장 안에서의 테스트가 있고, 실제 도로에서 교통 표지 보기, 교통 신호 준수하기, 차선 바꾸기, 추월하기 등을 정확하게 수행할 수 있는지 역시 측정한다.

중국에서는 국제 운전면허증을 사용할 수 없다. 그러나 만일 자국에서 발급 받은 운전면허증이 있을 경우 필기시험만 응시해서 통과하면 중국의 운전면허증을 취득할 수 있다. 현재 한국어로 된 필기시험 문제도 제공하고 있으며 문제은행식으로 출제하기 때문에 기출문제만 공부하면 어렵지 않게 합격할 수 있다.

①

②

①, ② 중국의 도로와 이정표

04

我把书包忘在
出租车上了。

책가방을 택시에 놓고 내렸어.

1 물건 분실과 관련된
표현

2 '除非……, 否则……'
구문 표현

3 양보를 표시하는
표현

- 出事 chūshì 동 사고가 발생하다

- 煞白 shàbái 형 (병·공포·분노 등으로) 창백하다

- 匆匆忙忙 cōngcōng mángmáng 형 매우 바쁘다

- 连······带······ lián······dài······ 개 ~랑 ~도, ~랑 ~랑 모두

- 车费 chēfèi 명 차비

- 超过 chāoguò 동 초과하다, 넘다

- 收据 shōujù 명 영수증

- 有用 yǒuyòng 동 쓸모가 있다

- 车牌号 chēpáihào 명 차량 번호

- 赶 gǎn 동 서두르다

- 打车 dǎchē 동 택시를 타다

- 除非 chúfēi 접 오직 ~하여야 (비로소)

- 否则 fǒuzé 접 만약 그렇지 않으면

- 丢失 diūshī 동 잃어버리다

- 倒是 dàoshi 부 ~하기는 한데[양보를 표시]

- 犯罪 fànzuì 동 죄를 저지르다

- 行为 xíngwéi 명 행위

- 事例 shìlì 명 사례, 실례

- 派出所 pàichūsuǒ 명 파출소

- 报警 bàojǐng 동 (경찰에) 신고하다

- 路费 lùfèi 명 교통비

제1강세, 제2강세, 띄어 읽기로 리듬을 느끼며 다음 문장을 익혀 보세요. 🎧 04-02

1

我 // 匆匆忙忙地 / 下车， /// 把书包 // 忘在了 / 出租车上。

Wǒ cōngcōng mángmáng de xià chē, bǎ shūbāo wàng zài le chūzūchē shàng.

황급히 차에서 내리느라 책가방을 택시에 놓고 내렸어.

2

刚才 // 我只顾 / 往教室里赶， /// 忘了 / 要收据了。

Gāngcái wǒ zhǐ gù wǎng jiàoshì lǐ gǎn, wàng le yào shōujù le.

방금 교실로 급히 올 생각만 하느라 영수증 받는 걸 잊었어.

3

除非 // 有收据， /// 否则 // 很难找到 / 丢失的物品。

Chúfēi yǒu shōujù, fǒuzé hěn nán zhǎo dào diūshī de wùpǐn.

영수증이 있어야지 안 그러면 분실한 물건을 찾기 어려워.

4

钱 // 倒是没多少， /// 只是 / 没了护照 // 真让人着急。

Qián dàoshi méi duōshǎo, zhǐshì méi le hùzhào zhēn ràng rén zháojí.

돈은 얼마 없는데 여권을 잃어버려서 걱정이야.

5

我看 /// 你最好 // 还是赶紧 / 去派出所 / 报警吧。

Wǒ kàn nǐ zuìhǎo háishi gǎnjǐn qù pàichūsuǒ bàojǐng ba.

내가 보기에는 얼른 파출소에 가서 신고하는 게 좋겠어.

🎧 04-03

1

데이빗 **糟了，这可怎么办呢？**
Zāo le, zhè kě zěnme bàn ne?

이정민 **出什么事了？你的脸色怎么煞白煞白❶的？**
Chū shénme shì le? Nǐ de liǎnsè zěnme shàbái shàbái de?

데이빗 **刚才我匆匆忙忙地下车，把书包忘在了出租车上。**
Gāngcái wǒ cōngcōng mángmáng de xià chē, bǎ shūbāo wàng zài le chūzūchē shàng.

连钱包带护照都丢了。
Lián qiánbāo dài hùzhào dōu diū le.

이정민 **你付车费的时候没从钱包里拿钱吗？**
Nǐ fù chēfèi de shíhou méi cóng qiánbāo lǐ ná qián ma?

데이빗 **从我家到学校，每次都不超过25元。**
Cóng wǒ jiā dào xuéxiào, měicì dōu bù chāoguò èrshíwǔ yuán.

为了快点儿下车，我把钱提前准备好，放在口袋里了。
Wèile kuài diǎnr xià chē, wǒ bǎ qián tíqián zhǔnbèi hǎo, fàng zài kǒudài lǐ le.

이정민 **那司机没给你收据吗？**
Nà sījī méi gěi nǐ shōujù ma?

데이빗 **要收据有什么用？**
Yào shōujù yǒu shénme yòng?

이정민 **收据上有车牌号和联系电话。上次我朋友因为有收据，**
Shōujù shàng yǒu chēpáihào hé liánxì diànhuà. Shàngcì wǒ péngyou yīnwèi yǒu shōujù,

才找到了忘在车上的照相机。
cái zhǎo dào le wàng zài chē shàng de zhàoxiàngjī.

데이빗 **刚才我只顾往教室里赶，忘了要收据了。**
Gāngcái wǒ zhǐ gù wǎng jiàoshì lǐ gǎn, wàng le yào shōujù le.

이정민 打车时，除非有收据，否则很难找到丢失的物品。
Dǎ chē shí, chúfēi yǒu shōujù, fǒuzé hěn nán zhǎo dào diūshī de wùpǐn.

钱包里钱多吗？
Qiánbāo lǐ qián duō ma?

데이빗 钱倒是没多少，只是没了护照真让人着急。
Qián dàoshi méi duōshǎo, zhǐshì méi le hùzhào zhēn ràng rén zháojí.

이정민 利用别人丢失的护照进行犯罪行为的事例不少，
Lìyòng biérén diūshī de hùzhào jìnxíng fànzuì xíngwéi de shìlì bù shǎo,

我看你最好还是赶紧去派出所报警吧。
wǒ kàn nǐ zuìhǎo háishi gǎnjǐn qù pàichūsuǒ bàojǐng ba.

데이빗 唉，下次坐出租我可一定要注意拿好自己的物品。
Ài, xiàcì zuò chūzū wǒ kě yídìng yào zhùyì ná hǎo zìjǐ de wùpǐn.

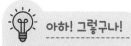 아하! 그렇구나!

❶ 煞白煞白: 정도가 심함을 나타내는 '煞'가 '白'와 결합된 복합형용사 '煞白'는 ABAB형식(煞白煞白)으로 중첩한다.

이정민 是啊，而且可别忘了要收据。
Shì a, érqiě kě bié wàng le yào shōujù.

你现在连回家的车费也没有了吧？
Nǐ xiànzài lián huí jiā de chēfèi yě méiyǒu le ba?

데이빗 是啊，我能不能借你点儿钱？
Shì a, wǒ néng bu néng jiè nǐ diǎnr qián?

이정민 没问题。那现在我们赶快去派出所报警吧。
Méi wèntí. Nà xiànzài wǒmen gǎnkuài qù pàichūsuǒ bàojǐng ba.

---

2 🎧 04-04

大卫早上因为赶时间把钱包和护照忘在❷了出租车上，
Dàwèi zǎoshang yīnwèi gǎn shíjiān bǎ qiánbāo hé hùzhào wàng zài le chūzūchē shàng,

他很着急，不知道该怎么办。正民告诉他如果有出租车的
tā hěn zháojí, bù zhīdao gāi zěnme bàn. Zhèngmín gàosu tā rúguǒ yǒu chūzūchē de

收据，有可能找到丢失的物品。可是大卫为了能快点儿去
shōujù, yǒu kěnéng zhǎo dào diūshī de wùpǐn. Kěshì Dàwèi wèile néng kuài diǎnr qù

教室，没要收据。没办法，正民借给大卫回家的路费，并陪大卫
jiàoshì, méi yào shōujù. Méi bànfǎ, Zhèngmín jiè gěi Dàwèi huíjiā de lùfèi, bìng péi Dàwèi

一起去派出所报警。
yìqǐ qù pàichūsuǒ bàojǐng.

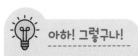 아하! 그렇구나!

❷ 동사+在 : '동사+在' 구문에서 '了'는 '在'의 앞이 아니라 뒤에 온다.

동목이합사

의미상 하나의 단어로서 내부 구조가 동사와 목적어로 이루어져 있는 단어를 동목이합사(动宾离合词)라고 한다. 동목이합사는 단어의 구조가 느슨하여 동사와 목적어 사이에 동태조사, 목적어, 수량사, 수식어 등의 성분이 들어갈 수 있다.

出什么事了?
Chū shénme shì le?

我们见过一次面。
Wǒmen jiàn guo yí cì miàn.

동목이합사의 특징에 유념하여 괄호 안의 표현을 넣어 주어진 문장을 바꿔 보세요.

① 她跟一个医生结婚，还生了两个孩子。 → _____ (了)

② 他帮忙。 → _____ (了，我，不少)

③ 我每星期天都睡觉。 → _____ (懒)

连A带B

A와 B가 모두 포함됨을 나타낸다. A와 B에는 명사나 동사가 올 수 있다.

连钱包带护照都丢了。
Lián qiánbāo dài hùzhào dōu diū le.

连剪发带烫发，一共才花了二十块。
Lián jiǎnfà dài tàngfà, yígòng cái huā le èrshí kuài.

그림을 보고 '连……带……'를 활용하여 주어진 문장을 완성해 보세요.

①

_____
都掉进水里了。
diào 빠지다, 떨어지다

②

_____
都不见了。

③

_____
都感冒了。

'除非' 뒤에는 유일한 조건이 제시되고 '否则' 뒤에는 그 유일한 조건이 없을 때 나타나는 결과가 제시된다.

打车时，除非有收据，否则很难找到丢失的物品。
Dǎ chē shí, chúfēi yǒu shōujù, fǒuzé hěn nán zhǎo dào diūshī de wùpǐn.

除非他来请我，否则我不会去的。
Chúfēi tā lái qǐng wǒ, fǒuzé wǒ bú huì qù de.

주어진 문장을 '除非……，否则……'의 문장으로 바꾸어 보세요.

① 父母同意，我才能去留学。

→ _____

② 他只有生病，才会不来。

→ _____

③ 如果你不去，他不会去。

→ _____

④ 只要我想做，就没有做不到的。

→ _____

'~하기는 하지만, 단지 ~'라는 뜻으로서 양보를 나타낸다. '倒是' 뒤의 내용을 긍정하면서 '只是' 뒤의 내용을 강조할 때 쓰인다.

钱倒是没多少，只是没了护照真让人着急。
Qián dàoshi méi duōshǎo, zhǐshì méi le hùzhào zhēn ràng rén zháojí.

他倒是很善良，只是没有勇气。
Tā dàoshi hěn shànliáng, zhǐshì méiyǒu yǒngqì.

주어진 문장을 '倒是……，只是……'의 문장으로 바꾸어 보세요.

jīngyàn 경험　fēngfù 풍부하다
① 他看的书不少是不少，可是经验不太丰富。

→ _____

② 天晴是晴，可是有点冷。

→ _____

③ 这台电脑性能不错是不错，可是价格太贵了。

→ _____

이중목적어문

하나의 동사 뒤에 두 개의 목적어가 오는 문장을 '이중목적어문'이라고 한다. '~에게 ~을 주다'
라는 의미를 포함하는 동사가 주로 이중목적어문에 쓰인다.

你能不能借我点儿钱?
Nǐ néng bu néng jiè wǒ diǎnr qián?

我告诉你一个消息。
Wǒ gàosu nǐ yí ge xiāoxi.

'~에게서 ~를 얻다'라는 의미를 포함하는 동사도 이중목적어를 가질 수 있다.

我能不能借你点儿钱?
Wǒ néng bu néng jiè nǐ diǎnr qián?

他欠我五百块。
Tā qiàn wǒ wǔbǎi kuài.

欠 qiàn 빚지다

주어진 문장을 이중목적어문으로 바꾸어 보세요.

① 我从他那儿拿了一张纸。

→ _____

② 我给他送了一本书。

→ _____

③ 他从银行偷了一百万元。

→ _____

회화 가지를 치다

1 여권 분실

A 我的护照好像掉在路上了。
Wǒ de hùzhào hǎoxiàng diào zài lùshang le.

B 快去派出所报警吧。
Kuài qù pàichūsuǒ bàojǐng ba.

★ 바꿔 말하기

B 快去领事馆申报吧
kuài qù lǐngshìguǎn shēnbào ba

你好好儿想想掉在哪儿了
nǐ hǎohāor xiǎngxiang diào zài nǎr le

2 지갑 분실

A 我的钱包不见了。
Wǒ de qiánbāo bú jiàn le.

B 是不是放在家里了?
Shì bu shì fàng zài jiā lǐ le?

★ 바꿔 말하기

B 不会是被偷了吧
bú huì shì bèi tōu le ba

这不, 掉在地上了
zhè bù, diào zài dìshàng le

단어 好像 hǎoxiàng 마치 ~인 것 같다 | 领事馆 lǐngshìguǎn 영사관 | 申报 shēnbào (세관 등의 행정 관청에) 신고하다

3 사건 처리

A 我的现金卡丢了，该怎么办呢?
Wǒ de xiànjīnkǎ diū le, gāi zěnme bàn ne?

B 快去银行申报。
Kuài qù yínháng shēnbào.

★ 바꿔 말하기

A 我出车祸了
wǒ chū chēhuò le

有人受伤了
yǒu rén shòushāng le

B 快叫警察
kuài jiào jǐngchá

快叫救护车
kuài jiào jiùhùchē

4 긴급 상황

A 出什么事啦?
Chū shénme shì la?

B 车胎爆了。
Chētāi bào le.

★ 바꿔 말하기

B 着火了
zháohuǒ le

停电了
tíngdiàn le

현금카 xiànjīnkǎ 현금 인출 카드 | 车祸 chēhuò 교통사고 | 受伤 shòushāng 상처를 입다, 부상을 당하다 | 救护车 jiùhùchē 구급차 | 车胎 chētāi 타이어 | 着火 zháohuǒ 불이 나다 | 停电 tíngdiàn 정전되다

연습 **실력이 늘다**

听和说 🎧 04-06

1 녹음을 듣고 대화의 이전 장면으로 알맞은 그림에 V표해 보세요.

① 　② 　③

2 녹음을 다시 들어 보며 내용과 일치하면 O, 일치하지 않으면 X를 표시해 보세요.

① 正民跟朋友们照相了。(　　)　② 正民在教室里照相了。(　　)

③ 正民把照相机放在家里了。(　　)　④ 正民找到了自己的照相机。(　　)

写和说

1 그림을 보고 괄호 안의 표현을 활용하여 주어진 대화를 완성해 보세요.

①

qí mǎ 말을 타다

A 刚才他还在这儿骑马呢，
怎么突然不见了？

B 我也不知道，我从洗手间回来后，

他＿＿＿＿＿＿＿＿＿。(连……带……)

②

A 这双鞋很漂亮，你买一双吧。

B 太贵了，＿＿＿＿＿＿＿＿＿。

(除非……，否则……)

③

A 你会做中国菜吗？

B 会＿＿＿＿＿＿＿＿＿＿＿。

(倒是……，只是……)

④

A 我＿＿＿＿＿＿＿＿＿？(借)

B 可以，你拿去用吧。

读和说

1 다음 글을 읽고 아래 질문에 답해 보세요.

> 今天我很早就来到了教室。来到教室以后，我看到书桌上有一本书。这是一本汉语口语书。书上写着"李正民"三个字。我不认识李正民这个人，但好像听大卫说过他这个学期上口语课。我给大卫打电话，问他认不认识李正民。大卫说他和正民是好朋友。所以，今天下学后，我和大卫见面，让他把书给李正民。

① 书桌上有一本什么书?

② 大卫和正民是什么关系?

③ 我怎么能把书送到正民的手里?

想和说

1 그림의 순서대로 사건을 중국어로 표현해 보세요.

2 물건을 잃어버린 경험에 대하여 옆 사람과 이야기해 보세요.

중국의 공안과 경찰

중국에서는 경찰을 가리키는 말로 '경찰(警察)'과 '공안(公安)'이라는 두 개의 호칭이 있다. '공안'이란 명칭은 국민당과 공산당이 대립하던 1939년에 국민당의 경찰 조직과 구분하기 위해 공산당이 각 지역에 공안국(公安局)과 보안처(保安处)를 설치하면서부터 사용되었고, 1949년 중화인민공화국이 건국된 이후에도 공안이라는 명칭을 계속 사용해 왔다. 그러나 개혁 개방 이후에 해당 기관의 직무가 조정되고 국제적 접촉이 빈번해지면서 '경찰'이라는 용어가 점차 많이 사용되기 시작했고, 1995년 마침내 인민경찰법(人民警察法)이 반포됨으로써 경찰이란 법률적 용어가 공식적으로 사용되게 되었다.

해당 법률의 제2조 제2항에 '인민경찰(人民警察)은 공안기관(公安机关), 국가안전기관(国家安全机关), 감옥(监狱), 노동교양관리기관(劳动教养管理机关)의 인민경찰 및 인민법원(人民法院), 인민검찰원(人民检察院)의 사법경찰(司法警察)을 포함한다'라고 명시하였다. 즉, 공안기관의 모든 인원이 인민경찰임을 알 수 있다. 이미 '공안'이란 말이 공식적으로 경찰을 지칭하는 말은 아니지만 아직 그대로 사용되고 있는 것은 과거의 습관 때문이며, 경찰이라고 부르는 것이 더 정확하다고 할 수 있다.

경찰은 '무장경찰(武装警察)'과 '인민경찰(人民警察)'로 구분된다. 무장경찰은 국가보안의 의무를 가지고 국무원(国务院), 중앙군사위원회(中央军事委员会)의 관할하에 있다. 인민경찰은 치안, 교통, 소방, 출입국 업무 등을 맡는다.

공안이라는 호칭은 과거에 불친절하고 강압적이라는 이미지가 있어서 요즘은 경찰이라는 호칭을 주로 사용한다. 그러나 여전히 경찰차의 앞면에는 '警察'라고 쓰여 있고 옆면에는 '公安'이라고 쓰여 있다.

①, ② 중국의 경찰

05

今天没准备什么，
请大家随意。

오늘 별로 준비한 것은 없지만
모두들 많이 드세요.

1 손님 초대와 관련된
표현

2 '以A为B'를 사용한
표현

3 '동사+下'를 사용한
표현

- 邀请 yāoqǐng 통초청하다

- 真心 zhēnxīn 명진심

- 祝贺 zhùhè 통축하하다

- 荣升 róngshēng
  통직위가 올라가다, 진급하다

- 科长 kēzhǎng 명과장

- 帮助 bāngzhù 명도움 통돕다

- 表示 biǎoshì 통나타내다, 표시하다

- 感谢 gǎnxiè 통고맙(게 여기)다

- 随意 suíyì 통(자기) 생각대로 하다,
  뜻대로 하다, 원하는 대로 하다

- 故乡 gùxiāng 명고향

- 方面 fāngmiàn 명방면, 부분

- 对话 duìhuà 통대화하다

- 自学 zìxué 통독학하다

- 结交 jiéjiāo 통사귀다, 교제하다

- 以便 yǐbiàn 접~(하기에 편리)하도록,
  ~하기 위하여

- 提高 tígāo 통향상시키다, 높이다

- 人家 rénjia 대남, 다른 사람(들)

- 文化 wénhuà 명문화

- 差异 chāyì 명차이, 다른 점

- 饮食 yǐnshí 명음식

- 待客 dàikè 통손님을 대접하다

- 礼仪 lǐyí 명예절

- 引起 yǐnqǐ 통불러일으키다, 야기하다

- 误会 wùhuì 명오해

- 接受 jiēshòu 통받아들이다

- 回请 huíqǐng 통(접대를 받은 후, 초대한 사
  람을) 답례로 초대하다

- 嗯 ǹg 감응, 예

- 干吗 gànmá 대왜, 어째서, 무엇 때문에

- 礼轻情意重 lǐ qīng qíngyì zhòng
  성선물은 변변치 않지만 성의는 깊다

- 赚钱 zhuànqián 통돈을 벌다

- 习惯 xíguàn 통익숙해지다 명습관

- 升 shēng 통진급하다, 승진하다

제1강세, 제2강세, 띄어 읽기로 리듬을 느끼며 다음 문장을 익혀 보세요. 🎧 05-02

1

谢谢 / 你的邀请， // 真心 / 祝贺你 / 荣升科长。

Xièxie nǐ de yāoqǐng, zhēnxīn zhùhè nǐ róngshēng kēzhǎng.

초대해 줘서 고마워, 과장으로 승진한 것을 진심으로 축하해.

2

其实 /// 我早就 / 想对你们的帮助 // 表示感谢。

Qíshí wǒ zǎojiù xiǎng duì nǐmen de bāngzhù biǎoshì gǎnxiè.

실은 내가 진작부터 너희들의 도움에 감사를 표하고 싶었어.

3

在我心中 /// 早就 // 以北京 / 为我的 / 第二故乡了。

Zài wǒ xīnzhōng zǎojiù yǐ Běijīng wéi wǒ de dì èr gùxiāng le.

내 마음에는 이미 베이징이 내 제2의 고향인 걸.

4

我 // 结交 / 中国朋友， /// 以便 / 提高 / 口语水平。

Wǒ jiéjiāo Zhōngguó péngyou, yǐbiàn tígāo kǒuyǔ shuǐpíng.

나는 내 회화 수준을 높이기 위해 중국 친구를 사귀었어.

5

你们 / 都是学生， // 哪儿有钱啊?

Nǐmen dōu shì xuésheng, nǎr yǒu qián a?

너희들 모두 학생인데, 무슨 돈이 있어?

1 ⋯⋯⋯⋯⋯⋯⋯⋯⋯⋯⋯⋯⋯⋯⋯⋯⋯⋯⋯⋯⋯⋯⋯⋯⋯⋯⋯⋯⋯⋯⋯⋯⋯ 🎧 05-03

왕따밍　谢谢你的邀请，真心祝贺你荣升科长。
Xièxie nǐ de yāoqǐng, zhēnxīn zhùhè nǐ róngshēng kēzhǎng.

김민호　谢谢，其实我早就想对你们的帮助表示感谢，
Xièxie, qíshí wǒ zǎojiù xiǎng duì nǐmen de bāngzhù biǎoshì gǎnxiè,

可是一直没机会。今天没准备什么❶，请大家随意。
kěshì yìzhí méi jīhuì. Jīntiān méi zhǔnbèi shénme, qǐng dàjiā suíyì.

왕따밍　现在你已经适应这儿的生活了吧?
Xiànzài nǐ yǐjīng shìyìng zhèr de shēnghuó le ba?

김민호　那当然，在我心中早就以北京为我的第二故乡了。
Nà dāngrán, zài wǒ xīn zhōng zǎojiù yǐ Běijīng wéi wǒ de dì èr gùxiāng le.

왕따밍　刚来中国的时候，你认为哪方面困难最大?
Gāng lái Zhōngguó de shíhou, nǐ rènwéi nǎ fāngmiàn kùnnan zuì dà?

김민호　当然是和中国人对话啦，因此我一边自学汉语，
Dāngrán shì hé Zhōngguórén duìhuà la, yīncǐ wǒ yìbiān zìxué Hànyǔ,

一边结交中国朋友，以便提高我的口语水平。
yìbiān jiéjiāo Zhōngguó péngyou, yǐbiàn tígāo wǒ de kǒuyǔ shuǐpíng.

왕따밍　人家都说中国文化和韩国文化有很大差异，
Rénjia dōu shuō Zhōngguó wénhuà hé Hánguó wénhuà yǒu hěn dà chāyì,

是真的吗?
shì zhēn de ma?

김민호　是的，中国的饮食文化、酒文化和待客礼仪等
Shì de, Zhōngguó de yǐnshí wénhuà、jiǔ wénhuà hé dàikè lǐyí děng

很多方面都和韩国不同，因此很容易引起误会。
hěn duō fāngmiàn dōu hé Hánguó bùtóng, yīncǐ hěn róngyì yǐnqǐ wùhuì.

왕따밍 你知道中国人去别人家做客会带礼物，
Nǐ zhīdao Zhōngguórén qù biérén jiā zuò kè huì dài lǐwù,

在接受别人的邀请后会进行回请吗？
zài jiēshòu biérén de yāoqǐng hòu huì jìnxíng huíqǐng ma?

김민호 嗯，我听说过。
Ǹg, wǒ tīngshuō guo.

왕따밍 所以我们今天也为你准备了一件小礼物。
Suǒyǐ wǒmen jīntiān yě wèi nǐ zhǔnbèi le yí jiàn xiǎo lǐwù.

김민호 干吗❷这么客气，你们都是学生，哪儿有钱啊？
Gànmá zhème kèqi, nǐmen dōu shì xuésheng, nǎr yǒu qián a?

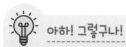 아하! 그렇구나!

❶ 没……什么: '특별히 ~한 것이 없다'라는 뜻을 나타낸다. '什么'가 쓰였지만 의문의 뜻을 나타내지 않는다.

❷ 干吗: 구어에서 술어의 앞에 놓여 이유를 묻는 표현으로 '무엇 때문에'라는 뜻으로 쓰인다.

왕따밍 这是中国的礼仪，礼轻情意重，请收下。
Zhè shì Zhōngguó de lǐyí, lǐ qīng qíngyì zhòng, qǐng shōu xià.

等我们赚钱以后，一定回请你。
Děng wǒmen zhuànqián yǐhòu, yídìng huíqǐng nǐ.

김민호 有你这句话就够了。来，为我们的友谊干杯！
Yǒu nǐ zhè jù huà jiù gòu le. Lái, wèi wǒmen de yǒuyì gānbēi!

2 ⌒ 05-04

敏浩来中国很长时间了，已经习惯了这里的生活。为了
Mǐnhào lái Zhōngguó hěn cháng shíjiān le, yǐjīng xíguàn le zhèlǐ de shēnghuó. Wèile

对中国朋友们的帮助表示感谢，他早就想请大家一起吃饭，
duì Zhōngguó péngyoumen de bāngzhù biǎoshì gǎnxiè, tā zǎojiù xiǎng qǐng dàjiā yìqǐ chīfàn,

可是一直没有机会。这次，敏浩升为科长，他借这次机会请
kěshì yìzhí méiyǒu jīhuì. Zhè cì, Mǐnhào shēng wéi kēzhǎng, tā jiè zhè cì jīhuì qǐng

中国朋友们来自己家做客。按照中国的礼仪，中国朋友们
Zhōngguó péngyoumen lái zìjǐ jiā zuò kè. Ànzhào Zhōngguó de lǐyí, Zhōngguó péngyoumen

给他准备了一件小礼物。
gěi tā zhǔnbèi le yí jiàn xiǎo lǐwù.

표현 날개를 달다

表示……

동사 '表示'는 주로 뒤에 '感谢' '祝贺' '反对' 등과 같은 쌍음절 동사가 목적어로 온다. 앞에는 개사 '对'나 '向'이 와서 동작의 대상이 되는 행위나 사람을 나타낸다.

我早就想对你们的帮助表示感谢。
Wǒ zǎojiù xiǎng duì nǐmen de bāngzhù biǎoshì gǎnxiè.

我向他表示祝贺，他不好意思地说："谢谢您。"
Wǒ xiàng tā biǎoshì zhùhè, tā bùhǎoyìsi de shuō: "Xièxie nín."

그림을 보고 '表示'를 활용하여 주어진 문장을 완성해 보세요.

①

我＿＿＿＿＿＿＿您的关心和支持＿＿＿＿＿＿＿＿＿＿＿＿。

zhīchí 지지하다
guānxīn 관심(을 기울이다)

②

他得了第一名，我＿＿＿＿＿＿他＿＿＿＿＿＿＿＿＿＿。

③

父母＿＿＿＿＿＿我参加这次比赛＿＿＿＿＿＿＿＿＿＿。

以A为B

'以A为B'는 'A를 B로 여기다'라는 뜻이다.

在我心中早就以北京为我的第二故乡了。
Zài wǒ xīn zhōng zǎojiù yǐ Běijīng wéi wǒ de dì èr gùxiāng le.

学生应该以学为主，不应该以玩儿为主。
Xuésheng yīnggāi yǐ xué wéi zhǔ, bù yīnggāi yǐ wánr wéi zhǔ.

主 zhǔ 가장 주요한, 가장 기본적인

'以……为……'와 괄호 안의 표현으로 주어진 문장을 완성해 보세요.

① 这所大学_____，新盖了很多教学楼。(图书馆，中心)

② 这本小说是_____写成的。(他的故事，主要内容)

③ 很多家庭都_____。(孩子，中心)
　　　jiātíng 가정

以便

'~(하기에 편리)하도록' '~하기 위하여'라는 뜻으로 두 개의 술어나 두 개의 절 사이에 쓰여 앞의 행위가 뒤의 행위에 도움이 됨을 나타낸다.

结交中国朋友，以便提高我的口语水平。
Jiéjiāo Zhōngguó péngyou, yǐbiàn tígāo wǒ de kǒuyǔ shuǐpíng.

我们应该提前通知大家，以便大家做好准备。
Wǒmen yīnggāi tíqián tōngzhī dàjiā, yǐbiàn dàjiā zuò hǎo zhǔnbèi.

通知 tōngzhī 통지하다, 알리다

'以便'이 들어갈 알맞은 위치를 찾아 보세요.

① ⓐ 准备 ⓑ 点零钱，ⓒ 上车买票。

② 请你 ⓐ 留下你的手机号码，ⓑ 随时 ⓒ 和你联系。

③ 你最好 ⓐ 带点儿钱，ⓑ 需要时 ⓒ 使用。

3인칭 대사로서 '남'이라는 뜻으로 해석된다. 때로는 화자 자신을 지칭하기도 하는데, 주로 여성들이 많이 사용한다.

人家都说中国文化和韩国文化有很大差异。
Rénjia dōu shuō Zhōngguó wénhuà hé Hánguó wénhuà yǒu hěn dà chāyì.

你让我休息一会儿吧，人家都要累死了。
Nǐ ràng wǒ xiūxi yíhuìr ba, rénjia dōu yào lèi sǐ le.

주어진 문장을 '人家'를 사용한 문장으로 바꾸어 보세요.

① 你看王明多聪明，才三岁就会写字了。

    → _____。

② 你怎么把他的书拿来了，快送回去。

    → _____。

③ 我早就到了，你怎么现在才来啊？

    → _____。

방향보어 '下'는 아래로의 방향 이동을 나타낼 뿐만 아니라, 확장된 의미로서 고정, 수용, 분리 등의 뜻도 나타낸다.

这是中国的礼仪，礼轻情意重，请收下。
Zhè shì Zhōngguó de lǐyí, lǐ qīng qíngyì zhòng, qǐng shōu xià.

这个书包能装下这些词典。
Zhè ge shūbāo néng zhuāng xià zhèxiē cídiǎn.

他一进家门就脱下外衣，坐在沙发上看起书来。
Tā yí jìn jiāmén jiù tuōxià wàiyī, zuò zài shāfā shàng kàn qǐ shū lái.

脱下 tuōxià 벗다

박스 안의 표현 중 알맞은 하나를 넣어 주어진 문장을 완성해 보세요.

装下	摘下	留下
	zhāixià (모자 따위를) 벗다	

① 那件事给我们_____了深刻的印象。
                                  yìnxiàng 인상 / shēnkè 깊다

② 这个箱子很大，能_____这些衣服。

③ 屋里这么热，我看你还是快_____帽子吧。

🎧 05-05

1 감사하기

A 谢谢你的热情款待。
Xièxie nǐ de rèqíng kuǎndài.

B 你太客气了。
Nǐ tài kèqi le.

★ 바꿔 말하기

A 谢谢你来看我
xièxie nǐ lái kàn wǒ

谢谢你的祝福
xièxie nǐ de zhùfú

2 축하하기

A 恭喜你升为科长。
Gōngxǐ nǐ shēng wéi kēzhǎng.

B 谢谢。
Xièxie.

★ 바꿔 말하기

A 祝你新婚快乐
zhù nǐ xīnhūn kuàilè

祝贺你成为一名大学生
zhùhè nǐ chéngwéi yì míng dàxuéshēng

热情 rèqíng 친절하다 | 款待 kuǎndài 환대하다, 극진히 대접하다 | 祝福 zhùfú 축복하다 | 恭喜 gōngxǐ 축하하다 | 新婚 xīnhūn 신혼 | 成为 chéngwéi ~이 되다

③ 대접하기

A 今晚我请客。
Jīnwǎn wǒ qǐngkè.

B 不胜感激。
Búshèng gǎnjī.

★ 바꿔 말하기

A 今天我请你看电影
jīntiān wǒ qǐng nǐ kàn diànyǐng

今天我请你喝一杯
jīntiān wǒ qǐng nǐ hē yì bēi

④ 권하기

A 要不要抽一支？
Yào bu yào chōu yì zhī?

B 我戒烟已经有一年了。
Wǒ jièyān yǐjīng yǒu yì nián le.

★ 바꿔 말하기

A 来一杯   B 对不起，我不会喝酒
lái yì bēi   duìbuqǐ, wǒ bú huì hē jiǔ

再吃一点儿   不了，太饱了
zài chī yìdiǎnr   bù le, tài bǎo le

 今晚 jīnwǎn 오늘 밤[저녁] | 不胜 búshèng (주로 감정적인 면에서) 매우, 아주 | 感激 gǎnjī 감격하다, 고마움을 느끼다 | 支 zhī 자루,
개피 | 戒烟 jièyān 담배를 끊다

听和说 🎧 05-06

1 녹음을 듣고 이후에 예상되는 상황이 <u>아닌</u> 그림에 V표해 보세요.

①

②

③

2 녹음을 다시 들어 보며 내용과 일치하면 O, 일치하지 않으면 X를 표시해 보세요.

① 男的升为科长了。(　　)　　② 女的请男的吃饭。(　　)

③ 他们一边吃饭，一边喝酒。(　　)　　④ 他们吃完饭，一起去喝咖啡。(　　)

写和说

1 그림을 보고 괄호 안의 표현을 활용하여 주어진 대화를 완성해 보세요.

①

A 我对＿＿＿＿＿＿＿＿＿＿。(表示)

B 别客气。我没帮你什么。

②

A 你已经＿＿＿＿＿＿＿吧？(适应)

B 我还没完全适应这儿的生活。

③

A 今天我们为你

＿＿＿＿＿＿＿＿＿＿。(准备)

B 干吗这么客气？

④

A 这里面太热了，

还是＿＿＿＿＿＿＿＿吧。(下)

B 好的。

读和说

1 다음 글을 읽고 아래 질문에 답해 보세요.

> 　　敏浩来中国已经三年了。刚到中国的时候，他不会说汉语，也不太适应这里的生活。他的中国朋友李明给了他很多帮助。现在敏浩已经适应这里的生活了，汉语也说得很好。为了感谢李明给自己的帮助，今天敏浩请李明吃晚饭。李明送给敏浩一盒中国茶。敏浩知道李明喜欢看韩国电影，所以他说这个周末请李明看韩国电影。李明很高兴。

① 敏浩刚到中国的时候怎么样？

② 今天敏浩为什么请李明吃饭？

③ 这个周末敏浩和李明打算做什么？

想和说

1 그림의 순서대로 사건을 중국어로 표현해 보세요.

2 옆 사람과 감사와 축하를 나타내는 표현을 사용해 대화해 보세요.

중국 대외경제의 관문, 경제특구

중국은 1979년 개혁 개방 정책을 실시한 이후 광둥성의 선전(深圳), 주하이(珠海), 샤먼(厦门), 산터우(汕头) 등 4개 지역을 경제특구(经济特区)로 지정하였다. 1988년에는 하이난섬(海南岛)을, 2010년에는 신장위구르 지역의 호르고스(霍尔果斯)와 카스(喀什)를 추가하여 현재 7개 지역이 경제특구로 지정되어 있다. 이들 경제특구는 대외경제활동에 유리한 연해(沿海) 지역에 위치하고 있는 경제자유구역이다.

이곳은 외국의 자본과 기술을 도입하기 위하여 기업의 수출입 관세가 면제되고 외국 자본의 직접 투자가 가능하다. 또한, 국외 송금이 자유롭고 출입국 수속을 간소화하는 등 외국 기업의 투자 유치를 위한 다양한 혜택이 있다.

외국 자본에 대해 폐쇄적이었던 중국 경제 체제에 외국의 기술과 자본, 그리고 국제 시장 가격을 접목시키는 일은 중국 체제의 제반 분야에 엄청난 파급 효과를 가져 오는 정책 변화이다.

따라서 중국은 정책의 성공적 추진을 위해서는 실험적 접근 방법을 고려하지 않을 수 없었으며, 이와 같은 상황에서 채택된 정책이 '경제특구'를 세우는 것이었다. 즉, 경제 체제 개혁을 경제특구 안에서 우선적으로 시행하고 그 경험을 바탕으로 다른 지방으로 확대 시행하기 위한 경제체제 개혁의 실험장인 것이다. 이와 같은 실용적인 접근 방법에 의해 중국의 개혁 개방은 심각한 사회적 저항 없이 자연스러운 순서에 의해 진행될 수 있었다.

①, ② 중국 경제특구인 선전과 하이난

06

沙尘暴越来越频繁。

황사가 갈수록 잦아지네.

이 과의 학습 목표

1 날씨와 관련된 표현

2 부정문에 쓰인 '又'의 용법

3 시간상의 기점을 나타내는 표현

- 成 chéng 동 ~이 되다, ~(으)로 변하다

- 落汤鸡 luòtāngjī
  명 물에 빠진 생쥐[온몸이 푹 젖은 사람을 비유]

- 准 zhǔn 형 정확하다, 틀림없다

- 肯定 kěndìng 부 확실히, 틀림없이

- 以防万一 yǐ fáng wànyī
  성 만일에 대비하기 위하여

- 沙尘暴 shāchénbào 명 황사

- 被迫 bèipò 동 어쩔 수 없이 ~하다

- 延期 yánqī 동 늦추다, 연기하다

- 暴雨 bàoyǔ 명 폭우

- 取消 qǔxiāo 동 취소하다

- 全球变暖 quánqiú biàn nuǎn
  명 지구 온난화

- 沙漠化 shāmòhuà 동 사막화되다

- 不断 búduàn 부 계속해서, 끊임없이

- 加速 jiāsù 동 가속하다

- 频繁 pínfán 형 잦다, 빈번하다

- 伸 shēn 동 내밀다

- 五指 wǔzhǐ 명 다섯 손가락

- 口罩 kǒuzhào 명 마스크

- 墨镜 mòjìng 명 선글라스

- 围 wéi 동 에워싸다, 둘러싸다

- 头巾 tóujīn 명 스카프, 두건

- 帽沿儿 màoyánr 명 모자의 테[모자의 앞
  또는 둘레에 돌출된 부분을 말함]

- 差点儿 chàdiǎnr 부 하마터면, 자칫하면

- 撞 zhuàng 동 부딪치다

- 电线杆 diànxiàngān 명 전신주, 전봇대

- 含有 hányǒu 동 함유하다, 포함하다

- 重金属 zhòngjīnshǔ 명 중금속

- 户外 hùwài 명 집 밖, 야외

- 活动 huódòng 명 활동

- 感染 gǎnrǎn 동 감염되다

- 呼吸道 hūxīdào 명 호흡 기관, 호흡기

- 疾病 jíbìng 명 질병

- 淋 lín 동 (비를) 맞다, (비에) 젖다

제1강세, 제2강세, 띄어 읽기로 리듬을 느끼며 다음 문장을 익혀 보세요. 🎧 06-02

1

早上 // 天气 / 那么好， /// 谁能 / 想到 / 会下雨。

Zǎoshang tiānqì nàme hǎo, shéi néng xiǎng dào huì xiàyǔ.

아침에 날씨가 그렇게 좋았는데 누가 비 올 줄 알았나.

2

天气预报 // 又不是 / 那么准。

Tiānqì yùbào yòu bú shì nàme zhǔn.

일기예보가 그렇게 정확한 것도 아니잖아.

3

我奶奶的 / 天气预报 /// 可是 // 从来 / 没错过。

Wǒ nǎinai de tiānqì yùbào kěshì cónglái méi cuò guo.

우리 할머니의 일기예보는 여태 틀린 적이 없어.

4

从今天起 /// 我得 // 在书包里 / 放一把 / 小雨伞。

Cóng jīntiān qǐ wǒ děi zài shūbāo lǐ fàng yì bǎ xiǎo yǔsǎn.

오늘부터 책가방에 작은 우산을 하나 넣어 다녀야겠어.

5

中国的 / 沙尘暴 // 比韩国 / 可厉害得多。

Zhōngguó de shāchénbào bǐ Hánguó kě lìhai de duō.

중국의 황사는 한국의 황사보다 더 대단해.

① ·· 🎧 06-03

자오량
你没带雨伞？怎么成了个落汤鸡？
Nǐ méi dài yǔsǎn? Zěnme chéng le ge luòtāngjī?

김민호
早上天气那么好，谁能想到会下雨。
Zǎoshang tiānqì nàme hǎo, shéi néng xiǎng dào huì xiàyǔ.

자오량
你没看天气预报吗？预报上说今天有雨。
Nǐ méi kàn tiānqì yùbào ma? Yùbào shang shuō jīntiān yǒu yǔ.

김민호
天气预报又不是那么准。
Tiānqì yùbào yòu bú shì nàme zhǔn.

자오량
这倒也是。不过，我奶奶的天气预报可是从来没错过，
Zhè dào yě shì. Búguò, wǒ nǎinai de tiānqì yùbào kěshì cónglái méi cuò guo,

只要她腿一疼，肯定下雨。
zhǐyào tā tuǐ yì téng, kěndìng xiàyǔ.

김민호
从今天起我得在书包里放一把小雨伞，以防万一。
Cóng jīntiān qǐ wǒ děi zài shūbāo lǐ fàng yì bǎ xiǎo yǔsǎn, yǐ fáng wànyī.

자오량
哦，你听说了没有？
Ò, nǐ tīngshuō le méiyǒu?

因为明天有沙尘暴，所以足球比赛被迫延期了。
Yīnwèi míngtiān yǒu shāchénbào, suǒyǐ zúqiú bǐsài bèipò yánqī le.

김민호
什么？上次就是因为暴雨，比赛被取消了，
Shénme? Shàngcì jiùshì yīnwèi bàoyǔ, bǐsài bèi qǔxiāo le,

怎么这次又延期？
zěnme zhè cì yòu yánqī?

자오량 没办法，由于全球变暖，中国的沙漠化不断加速，
Méi bànfǎ, yóuyú quánqiú biàn nuǎn, Zhōngguó de shāmòhuà búduàn jiāsù,

沙尘暴也越来越频繁。
shāchénbào yě yuèláiyuè pínfán.

김민호 中国的沙尘暴比韩国可厉害得多，
Zhōngguó de shāchénbào bǐ Hánguó kě lìhai de duō,

简直是伸手不见五指❶。
jiǎnzhí shì shēnshǒu bújiàn wǔzhǐ.

자오량 遇到沙尘暴天气，出去的时候一定要戴口罩、
Yùdào shāchénbào tiānqì, chūqù de shíhou yídìng yào dài kǒuzhào、

墨镜，围头巾。
mòjìng, wéi tóujīn.

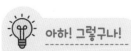 아하! 그렇구나!

❶ 伸手不见五指: '(손을 내밀어도 손가락이 보이지 않을 정도로) 한 치 앞도 안 보인다'라는 뜻이다.

김민호 别提了，上次我就是因为戴着墨镜和有帽沿儿的帽子
Biétí le, shàngcì wǒ jiùshì yīnwèi dài zhe mòjìng hé yǒu màoyánr de màozi

骑车，差点儿撞到了电线杆上。
qí chē, chàdiǎnr zhuàng dào le diànxiàngān shàng.

자오량 由于沙尘暴中含有重金属，
Yóuyú shāchénbào zhōng hányǒu zhòngjīnshǔ,

所以明天最好不要进行户外活动，以防感染呼吸道疾病。
suǒyǐ míngtiān zuìhǎo búyào jìnxíng hùwài huódòng, yǐ fáng gǎnrǎn hūxīdào jíbìng.

2

今天金敏浩没带雨伞，被雨淋成了落汤鸡，所以他说
Jīntiān Jīn Mǐnhào méi dài yǔsǎn, bèi yǔ lín chéng le luòtāngjī, suǒyǐ tā shuō

以后要在书包里放一把雨伞，以防万一。明天因为有沙尘暴，
yǐhòu yào zài shūbāo lǐ fàng yì bǎ yǔsǎn, yǐ fáng wànyī. Míngtiān yīnwèi yǒu shāchénbào,

赵亮和敏浩参加的足球比赛被迫延期了。因为沙尘暴中含有
Zhào Liàng hé Mǐnhào cānjiā de zúqiú bǐsài bèipò yánqī le. Yīnwèi shāchénbào zhōng hányǒu

重金属，所以有沙尘暴的时候最好不要进行户外活动，以防
zhòngjīnshǔ, suǒyǐ yǒu shāchénbào de shíhou zuìhǎo búyào jìnxíng hùwài huódòng, yǐ fáng

感染呼吸道疾病。
gǎnrǎn hūxīdào jíbìng.

표현 날개를 달다

又

부정문에 쓰여 사실이 이미 그러함을 강조한다. 이 경우 '又'에 반복의 의미는 없다.

天气预报又不是那么准。
Tiānqì yùbào yòu bú shì nàme zhǔn.

他又不是你的孩子，不要管得太多。
Tā yòu bú shì nǐ de háizi, búyào guǎn de tài duō.

管 guǎn 간섭하다, 관여하다

'又'가 들어갈 알맞은 위치를 찾아 보세요.

① ⓐ 学校离这儿 ⓑ 不远，咱们 ⓒ 走着去吧。

② ⓐ 他不会知道， ⓑ 我 ⓒ 没告诉他。

③ ⓐ 他 ⓑ 不会吃人， ⓒ 你怕什么？

④ ⓐ 你的成绩 ⓑ 不是 ⓒ 很好，能考得上北大吗？

从来

과거부터 지금까지 줄곧 그러했음을 나타내며 주로 부정문에 쓰인다.

我奶奶的天气预报可是从来没错过。
Wǒ nǎinai de tiānqì yùbào kěshì cónglái méi cuò guo.

这种事我从来没听说过。
Zhè zhǒng shì wǒ cónglái méi tīngshuō guo.

'从来'와 괄호 안의 단어로 주어진 문장을 완성해 보세요.

① 我＿＿＿＿＿＿＿＿＿＿＿＿＿他。(爱)

② 这么大的雪，我＿＿＿＿＿＿＿＿＿＿＿＿。(见)

③ 我跟爷爷下棋，＿＿＿＿＿＿＿＿＿＿＿＿。(输)

④ 我的屋子＿＿＿＿＿＿＿＿＿＿＿＿＿。(就，干净)

从……起

시간상의 기점을 나타내며 '从'은 생략할 수 있다.

从今天起我得在书包里放一把小雨伞。
Cóng jīntiān qǐ wǒ děi zài shūbāo lǐ fàng yì bǎ xiǎo yǔsǎn.

从下周起放暑假。
Cóng xiàzhōu qǐ fàng shǔjià.

下周 xiàzhōu 다음 주

그림을 보고 '从……起'를 활용하여 주어진 문장을 완성해 보세요.

① _____,

我家就一直做买卖。
mǎimai 장사

② _____,

我每天早上去便利店打工。

③ _____,

我就爱上了他。

以防

복문의 뒤 절에 쓰여 바라지 않는 일이 발생하지 않도록 앞 절의 행동을 함을 나타낸다.

从今天起我得在书包里放一把小雨伞，以防万一。
Cóng jīntiān qǐ wǒ děi zài shūbāo lǐ fàng yì bǎ xiǎo yǔsǎn, yǐ fáng wànyī.

明天最好不要进行户外活动，以防感染呼吸道疾病。
Míngtiān zuìhǎo búyào jìnxíng hùwài huódòng, yǐ fáng gǎnrǎn hūxīdào jíbìng.

'以防'을 포함한 문장으로 바꾸어 보세요.

① 你把钱放到书包里吧，否则容易丢失。 → _____。

② 运动前一定要做准备活动，否则容易受伤。 → _____。

③ 你应该早点儿回家，我怕你父母担心。 → _____。

④ 你要经常杀毒，不然电脑会染上病毒。 → _____。

差点儿

거의 실현될 뻔하다가 실현되지 않아 다행임을 나타내는 경우에 사용된다.

我戴着墨镜和有帽沿儿的帽子骑车，差点儿撞到了电线杆上。
Wǒ dài zhe mòjìng hé yǒu màoyánr de màozi qí chē, chàdiǎnr zhuàng dào le diànxiàngān shàng.

我差点儿把钱包丢了。
Wǒ chàdiǎnr bǎ qiánbāo diū le.

거의 실현되지 않을 뻔하다가 결국 실현되어 다행임을 나타내는 경우에도 사용된다.

我的高考成绩不太好，差点儿没考上大学。
Wǒ de gāokǎo chéngjì bú tài hǎo, chàdiǎnr méi kǎoshàng dàxué.

我买书的时候，只剩下一本了，差点儿没买到。
Wǒ mǎi shū de shíhou, zhǐ shèngxià yì běn le, chàdiǎnr méi mǎi dào.

'差点儿'과 괄호 안의 단어를 이용하여 그림의 상황을 표현해 보세요.

①

杯子_____。(摔碎)
shuāisuì 깨뜨리다

②

我_____。(摔倒)

③

我来得很晚，_____他。(能见到)

🎧 06-05

1 날씨

A 明天天气怎么样?
Míngtiān tiānqì zěnmeyàng?

B 明天刮大风。
Míngtiān guā dàfēng.

★ 바꿔 말하기

B 有台风
yǒu táifēng

阴转晴
yīn zhuǎn qíng

2 기후

A 哈尔滨的气候怎么样?
Hā'ěrbīn de qìhòu zěnmeyàng?

B 哈尔滨的冬天冷得不得了。
Hā'ěrbīn de dōngtiān lěng de bù déliǎo.

★ 바꿔 말하기

A 海南岛
Hǎinándǎo

B 海南岛的夏天热得要命
Hǎinándǎo de xiàtiān rè de yàomìng

上海
Shànghǎi

上海的雨季潮得厉害
Shànghǎi de yǔjì cháo de lìhai

단어 台风 táifēng 태풍 | 阴 yīn 흐리다 | 转 zhuǎn 바뀌다, 달라지다 | 晴 qíng 말끔히 개다 | 气候 qìhòu 기후 | 不得了 bù déliǎo (정도가) 매우 심하다 | 要命 yàomìng ['형용사/동사+得' 뒤에 쓰여 어떤 정도가 극에 달함을 나타냄] | 雨季 yǔjì 우기, 장마철 | 潮 cháo 축축하다, 눅눅하다

3 강우

A 雨下得真大啊！
Yǔ xià de zhēn dà a!

B 别忘了现在可是雨季啊。
Bié wàng le xiànzài kěshì yǔjì a.

★ 바꿔 말하기

B 是阵雨，一会儿就停
shì zhènyǔ, yíhuìr jiù tíng

又打雷又打闪，吓死人了
yòu dǎléi yòu dǎshǎn, xiàsǐ rén le

4 기상 예보

A 今天的风力有多少？
Jīntiān de fēnglì yǒu duōshao?

B 风力七到八级。
Fēnglì qī dào bā jí.

★ 바꿔 말하기

A 雨有多大　　　　　　B 降雨量在十毫米左右
yǔ yǒu duō dà　　　　　jiàngyǔliàng zài shí háomǐ zuǒyòu

气温有多高　　　　　　零下三摄氏度至零上二摄氏度
qìwēn yǒu duō gāo　　　língxià sān shèshìdù zhì língshàng èr shèshìdù

단어 阵雨 zhènyǔ 소나기 | 打雷 dǎléi 천둥이 치다 | 打闪 dǎshǎn 번개가 치다 | 吓 xià 놀래다, 놀라게 하다 | 风力 fēnglì 풍력 |
级 jí 등급, 급 | 降雨量 jiàngyǔliàng 강우량 | 毫米 háomǐ 밀리미터(㎜) | 至 zhì ~까지 도달하다 | 摄氏度 shèshìdù 섭씨온도
(℃) | 零上 língshàng 영상, 영도 이상

연습 실력이 늘다

听和说 🎧 06-06

1 녹음을 듣고 대화의 배경으로 알맞은 그림에 V표해 보세요.

① 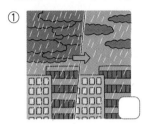　② 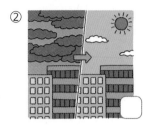　③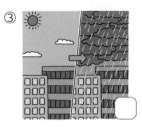

2 녹음을 다시 들어 보며 내용과 일치하면 O, 일치하지 않으면 X를 표시해 보세요.

① 现在下的是阵雨。（　　　）　　② 两个人都带雨伞了。（　　　）

③ 天气预报说今天雨转晴。（　　　）　④ 两个人正在回家的路上。（　　　）

写和说

1 그림을 보고 괄호 안의 표현을 활용하여 주어진 대화를 완성해 보세요.

①

A 老师还没来，
今天会不会停课啊？

B 不会吧，他＿＿＿＿＿＿＿＿＿。(从来)

②

A 你戒烟有多长时间了？

B ＿＿＿＿＿＿＿＿＿＿＿＿，
我就再没抽过。(从……起)

③

A 外面很冷，你得多穿点儿衣服，
＿＿＿＿＿＿＿＿＿＿。(以防)

B 别担心，我不怕冷，不会感冒的。

④

A 你的脸色怎么煞白煞白的？

B 刚才我过马路的时候，
＿＿＿＿＿＿＿＿＿＿。(差点儿)

读和说

1 다음 글을 읽고 아래 질문에 답해 보세요.

> 今天有沙尘暴。敏浩和娜贤本来打算一起去公园玩儿，但现在不得不取消计划，一起去看电影。他们觉得有沙尘暴的时候，在电影院看电影比在外面玩儿要好得多。但在去电影院的路上，因为沙尘暴太厉害，他们俩的嗓子都有些疼。在韩国有沙尘暴的时候，人们吃猪肉。所以，他们决定看完电影一起去吃糖醋猪肉。
>
> 猪肉 zhūròu 돼지고기

① 敏浩和娜贤本来打算做什么？

② 他们为什么去看电影了呢？

③ 他们看完电影以后做什么？

想和说

1 그림의 순서대로 사건을 중국어로 표현해 보세요.

下班，下雨

借，雨伞

雨停

忘，地铁

2 옆 사람과 오늘의 날씨에 대하여 이야기해 보세요.

동서 문화의 통로, 비단길

실크로드(Silk Road), 즉 비단길은 고대 아시아 대륙을 동서로 관통하던 주요 도로였다. 기원전 119년 한무제(汉武帝) 때 장건(张骞)이 두 차례의 서역(西域) 원정(远征)을 간 후에 개발된 길이다. 동으로 창안(长安: 지금의 시안(西安))으로부터 서역에 이르기까지 중국과 서방을 잇는 길로서 중국의 비단이 유럽에 전해지던 길이라고 해서 붙여진 이름이다. 비단길이란 명칭은 1877년 독일의 지리학자 리히트호펜(F. Von Richthofen)이 그의 저서에서 독일어로 '비단길'이라 처음 쓰면서 사용되기 시작했다. 1910년에 독일의 역사학자 알버트 헤르만(A. Hermann)은 그의 저서에서 새롭게 발견한 고고자료를 바탕으로 소위 '비단길'이 지중해 연안과 소아시아 지역까지 이르렀음을 밝혔다.

중국학자들은 5000년 전에 이미 중국에서 비단을 사용한 것으로 추론하고 있다. 중국 삼황오제(三皇五帝)의 전설에도 이미 비단을 사용한 고사가 등장한다. 아득한 옛날, 황제(皇帝)의 부인 누조(嫘祖)가 실수로 누에고치를 물이 담긴 찻잔에 빠뜨렸는데, 고치에서 가느다란 실이 계속 풀어져 나오게 되었다는 것이다. 이는 양잠업의 시초로 받들어졌고, 그 비법이 외부로 전해지는 것을 금할 만큼 비단은 귀한 물건으로 여겨졌다.

유럽에서 비단은 황금에 버금가는 귀한 물건이었다. 비단의 구입을 위해서 로마의 황금이 외부로 많이 유출되었다는 말이 나올 정도였다. 그러나 비단길은 중국의 비단만 전해지던 길은 아니었다. 비단길은 유리 제품, 도자기, 화약, 나침반 등의 다양한 산물을 교류하던 길이었다. 또한 그 길은 물질적 교류뿐만 아니라 정신적, 문화적 교류가 있었던 길이다.

불교, 이슬람교 등의 종교가 중국에 전해질 때도 이 비단길을 경유하였다. 그러한 흔적은 비단길이 지나는 투루판(土鲁番), 둔황(敦煌) 등 여러 곳에 유적과 유물로 남아 있다.

①, ② 비단길의 이동수단이었던 낙타와 비단길의 일부 모습

07

복습 I

🎧 07-01

1 이성 교제

1 我有了女朋友，感觉特别幸福。

Wǒ yǒu le nǚ péngyou, gǎnjué tèbié xìngfú.

2 别人都有了自己的心上人，就我还是孤单一人。

Biérén dōu yǒu le zìjǐ de xīnshàngrén, jiù wǒ háishi gūdān yì rén.

3 只要站在我喜欢的人面前，我就不知所措。

Zhǐyào zhàn zài wǒ xǐhuan de rén miànqián, wǒ jiù bù zhī suǒ cuò.

4 只有这样，别人才会了解你的心。

Zhǐyǒu zhèyàng, biérén cái huì liǎojiě nǐ de xīn.

2 미용실

1 你把头发剪短啦! 显得比以前年轻多了。

Nǐ bǎ tóufa jiǎn duǎn la! Xiǎnde bǐ yǐqián niánqīng duō le.

2 现在的发型比你留长发的时候更适合你。

Xiànzài de fàxíng bǐ nǐ liú chángfà de shíhou gèng shìhé nǐ.

3 不如我也像她那样烫个大波浪卷发，怎么样?

Bùrú wǒ yě xiàng tā nàyàng tàng ge dà bōlàng juǎnfà, zěnmeyàng?

4 刘海不要剪得太短。

Liúhǎi búyào jiǎn de tài duǎn.

3 고장

1 为了修理，这个维修店那个维修店的跑来跑去，都没时间吃饭。

Wèile xiūlǐ, zhè ge wéixiūdiàn nà ge wéixiūdiàn de pǎo lái pǎo qù, dōu méi shíjiān chīfàn.

2 电脑的反应太慢，而且上网也很困难。

Diànnǎo de fǎnyìng tài màn, érqiě shàngwǎng yě hěn kùnnan.

3 你的电脑染上病毒了，必须马上用杀毒软件消除病毒。

Nǐ de diànnǎo rǎn shang bìngdú le, bìxū mǎshàng yòng shādú ruǎnjiàn xiāochú bìngdú.

4 你一看就知道，以后电脑出了故障，非得找你不可啦。

Nǐ yí kàn jiù zhīdao, yǐhòu diànnǎo chū le gùzhàng, fēiděi zhǎo nǐ bù kě la.

④ 분실

1 刚才我匆匆忙忙地下车，把书包忘在了出租车上。
Gāngcái wǒ cōngcōng mángmáng de xià chē, bǎ shūbāo wàng zài le chūzūchē shàng.

2 打车时，除非有收据，否则很难找到丢失的物品。
Dǎ chē shí, chúfēi yǒu shōujù, fǒuzé hěn nán zhǎo dào diūshī de wùpǐn.

3 坐出租可一定要注意拿好自己的物品。
Zuò chūzū kě yídìng yào zhùyì ná hǎo zìjǐ de wùpǐn.

4 那现在我们赶快去派出所报警吧。
Nà xiànzài wǒmen gǎnkuài qù pàichūsuǒ bàojǐng ba.

⑤ 초대

1 今天没准备什么，请大家随意。
Jīntiān méi zhǔnbèi shénme, qǐng dàjiā suíyì.

2 谢谢你的邀请，真心祝贺你荣升科长。
Xièxie nǐ de yāoqǐng, zhēnxīn zhùhè nǐ róngshēng kēzhǎng.

3 中国人去别人家做客会带礼物，在接受别人的邀请后会进行回请。
Zhōngguórén qù biérén jiā zuò kè huì dài lǐwù, zài jiēshòu biérén de yāoqǐng hòu huì jìnxíng huíqǐng.

4 这是中国的礼仪，礼轻情意重，请收下。
Zhè shì Zhōngguó de lǐyí, lǐ qīng qíngyì zhòng, qǐng shōuxià.

⑥ 기후

1 我奶奶的天气预报可是从来没错过，只要她腿一疼，肯定下雨。
Wǒ nǎinai de tiānqì yùbào kěshì cónglái méi cuò guo, zhǐyào tā tuǐ yì téng, kěndìng xiàyǔ.

2 由于全球变暖，中国的沙漠化不断加速，沙尘暴也越来越频繁。
Yóuyú quánqiú biàn nuǎn, Zhōngguó de shāmòhuà búduàn jiāsù, shāchénbào yě yuèláiyuè pínfán.

3 中国的沙尘暴比韩国可厉害得多，简直是伸手不见五指。
Zhōngguó de shāchénbào bǐ Hánguó kě lìhai de duō, jiǎnzhí shì shēnshǒu bújiàn wǔzhǐ.

4 由于沙尘暴中含有重金属，所以明天最好不要进行户外活动。
Yóuyú shāchénbào zhōng hányǒu zhòngjīnshǔ, suǒyǐ míngtiān zuìhǎo búyào jìnxíng hùwài huódòng.

그림 속 등장인물들의 행동 및 대화를 보고 다음 문제를 풀어 보세요.

1 말풍선 속 등장인물들의 대화를 중국어로 바꾸어 쓰고 말해 보세요.

A ( )

B ( )

C ( )

D ( )

E ( )

F ( )

G ( )

H ( )

2 다음 문장이 그림과 일치하는지 O, X로 표시해 보세요.

① 明天是A的生日。( )

② C听天气预报说明天有雨。( )

③ D现在戴着口罩。( )

④ F劝E剪发。( )

⑤ 早上G给H发过短信。( )

⑥ H的手机出故障了。( )

1 밑줄에 들어갈 알맞은 표현을 찾아 보세요.

❶ 要学好外语，＿＿＿＿＿＿出国不可吗？

　　ⓐ 除了　　　　　　ⓑ 非得

　　ⓒ 不过　　　　　　ⓓ 不如

❷ 妈！今天就我们俩在家，＿＿＿＿＿＿我们出去吃一顿，怎么样？

　　ⓐ 即使　　ⓑ 与其　　ⓒ 既然　　ⓓ 要不

❸ 他＿＿＿＿＿＿长得很帅，只是太内向了。

　　ⓐ 如果　　ⓑ 不但　　ⓒ 倒是　　ⓓ 因为

❹ 原来钱包掉在地上了，＿＿＿＿＿＿丢了。

　　ⓐ 难免　　　　　　ⓑ 难怪

　　ⓒ 差不多　　　　　ⓓ 差点儿

❺ 我追了她好长时间，＿＿＿＿＿＿才得到了她的心。

　　ⓐ 到底　　　　　　ⓑ 只好

　　ⓒ 一会儿　　　　　ⓓ 好不容易

핵심 정리

① 非得……不可 ~하지 않으면 안 된다, ~해야만 한다 ['不可' 대신 '不行'이 와서 호응할 수도 있음]

② 即使 설령 ~하더라도 [뒤 절의 '也'와 호응함]

与其 (~하기 보다는) 차라리 ['与其 A不如B(A하는 것이 B하는 것만 못하다)'의 형식으로 자주 쓰임]

既然 이왕 ~한 이상 ['就' '那么' 등과 호응하여 쓰임]

要不 그렇지 않으면

③ 倒是 ~하기는 한데 [양보를 표시함]

④ 难免 피하기 어렵다

难怪 어쩐지

⑤ 只好 부득이, 할 수 없이

2 괄호 안의 단어가 들어갈 알맞은 위치를 찾아 보세요.

❶ ⓐ 小庆一个人出国了，ⓑ 别人 ⓒ 都 ⓓ 没出国。(就)

❷ 你 ⓐ 告诉我 ⓑ 明天来几个人，ⓒ 我 ⓓ 准备。(好)

❸ 只有 ⓐ 你 ⓑ 去请他，ⓒ 他 ⓓ 会来。(才)

❹ ⓐ 我 ⓑ 没看过 ⓒ 他 ⓓ 喝酒。(从来)

❺ ⓐ 下午有雨，我们 ⓑ 在家喝杯咖啡休息休息，ⓒ 不要出去了 ⓓ 。(不妨)

핵심 정리

① 就 겨우, 단지

② 好 ~하도록 [뒤 절에 쓰여 앞 절에서 언급한 동작의 목적을 표시함]

③ 只有……才…… ~해야만 ~이다

④ 从来没…… 여지껏 ~한 적이 없다

⑤ 不妨 무방하다, 괜찮다

3 밑줄 친 부분과 같은 의미의 단어를 찾아 보세요.

❶ 明天<u>要么</u>你来我家，<u>要么</u>我去你家，我们总得见个面。

ⓐ 或者　　ⓑ 一边　　ⓒ 有时　　ⓓ 即使

❷ <u>从</u>下周<u>起</u>，我们放假。

ⓐ 起来　　ⓑ 开始　　ⓒ 决定　　ⓓ 为止

❸ 这幅画<u>简直</u>像真的一样。

ⓐ 一直　　ⓑ 恐怕　　ⓒ 完全　　ⓓ 偏偏

❹ <u>打车</u>时，可别忘了要收据。

ⓐ 开车　　　　　　ⓑ 骑车

ⓒ 坐出租车　　　　ⓓ 坐公交车

❺ 今天的作业<u>难着呢</u>。

ⓐ 不太难　　　　　ⓑ 挺难的

ⓒ 不知道难不难　　ⓓ 一点儿也不难

4 다음 글에는 틀린 곳이 세 군데 있습니다.
찾아서 바르게 고쳐 보세요.

　　小庆的手机和电脑都坏了。她跑了好几个地方才找了一家手机维修店，可因为是周日没零件，星期一就能修好。她的电脑呢？找了好几个人也不知道问题在哪里，小庆很着急。这时，赵亮来了，他很容易地为小庆修了电脑，小庆非常高兴。

중국의 통일, 문자 개혁으로부터

진시황(秦始皇)이 문자를 통일했다는 것은 역사 시간에 이미 배워서 잘 알고 있을 것이다. 다양한 형식으로 표기되어 온 한자를 통일한 것은 하나의 강력한 통일 국가를 이루기 위해서는 꼭 필요한 일이었을 것이다.

20세기에 일어난 또 한 번의 문자 개혁은 중화인민공화국 정부가 간체자(简体字)를 공포하고, 한자 가로쓰기를 실시하며, 한어병음방안(汉语拼音方案)을 발표한 것이 중요한 내용이라 할 수 있다. 이에 대해서 청말(清末)부터 여러 의견과 시안이 제기되었지만, 1956년에야 중국 정부의 주도하에 515개의 간체자와 54개의 간화편방(简化偏旁)을 제시한 '한자간화방안(汉字简化方案)'이 공포되었다. 1964년에는 2235개의 간화자를 수록한 '간화자총표(简化字总表)'가 공포되었다. 한자 가로쓰기에 대해서는 1956년에 공문, 잡지, 서적에 대해서 이를 운용하도록 하였다. 또한 1954년에 설립한 문자개혁위원회(文字改革委员会)가 이듬해 2월 '병음방안위원회(拼音方案委员会)'를 구성하여 알파벳 자모를 사용한 한어병음방안을 발표, 여러 차례 수정과 심의를 거쳐 1958년에 전국인민대표대회(全国人民代表大会)에서 공포하였다.

중국어의 공식 명칭도 바뀌어 왔다. 청말에는 '관화(官话)'를 '국어(国语)'로 개칭하였고, 중화인민공화국 수립 이후 1955년에는 전국문자개혁회의(全国文字改革会议)에서 '국어'를 '보통화(普通话)'로 개칭하며 보통화에 대한 정의를 확정하였다. 당시에는 '북방어를 기초방언으로 하고 베이징의 발음을 표준으로 삼는 민족 공통어'라고 정의하였는데, 그 후에 '모범이 되는 백화문 저작을 어법 규범으로 삼는다'라는 조항을 부가하였다.

문자를 통일한 진시황의 상

1958년 중국 정부는 문자 개혁을 세 가지 임무로 귀납했다. 첫째, 한자의 간화, 둘째, 보통화의 보급, 셋째 한어병음방안의 제정과 확대가 그것이다. 이는 중국 정부가 끊임없이 추진해 오고 있는 정책으로서, 이제 그 목표의 상당 부분을 달성했다고 볼 수 있을 것이다.

08

我开始去健身房
锻炼身体了。

나는 운동하러 헬스클럽에 다니기 시작했어.

이 과의 학습 목표

1 건강과 관련된 표현

2 '……也好，……也好' 구문 표현

3 '……下去'를 사용한 표현

- 嘿 hēi 〔감〕어이, 자, 이봐!

- 发福 fāfú 〔동〕살이 찌다

- 好像 hǎoxiàng 〔부〕마치 ~인 것 같다

- 似的 shìde 〔조〕~와 같다, ~와 비슷하다

- 认 rèn 〔동〕알다, 인식하다

- 规律 guīlǜ 〔명〕규율, 규칙

- 坚持 jiānchí 〔동〕(어떤 태도나 주장 등을) 견지
  하다, 고수하다

- 减肥 jiǎnféi 〔동〕살을 빼다, 체중을 줄이다

- 跑步 pǎobù 〔동〕달리다

- 有氧运动 yǒuyǎng yùndòng
  〔명〕유산소 운동

- 效果 xiàoguǒ 〔명〕효과

- 健身房 jiànshēnfáng 〔명〕헬스클럽

- 明显 míngxiǎn 〔형〕뚜렷하다, 분명하다

- 健康 jiànkāng 〔형〕건강하다

- 十分 shífēn 〔부〕매우, 대단히, 충분히

- 重要 zhòngyào 〔형〕중요하다

- 尽量 jǐnliàng 〔부〕가능한 한, 되도록

- 零食 língshí 〔명〕간식, 군것질

- 向 xiàng 〔개〕~에게, ~을 향하여

- 戒烟 jièyān 〔동〕담배를 끊다

- 一举两得 yì jǔ liǎng dé
  〔성〕일거양득, 일석이조

- 山顶 shāndǐng 〔명〕산꼭대기, 산 정상

- 强度 qiángdù 〔명〕강도

- 趁热打铁 chèn rè dǎ tiě
  〔성〕쇠는 달았을 때 두들겨야 한다 [유리한 시기나 조
  건을 포착하여 신속히 일을 마칠 때를 비유함]

- 实施 shíshī 〔동〕실시하다

- 山脚 shānjiǎo 〔명〕산기슭

- 不仅 bùjǐn 〔접〕~일 뿐만 아니라

- 调整 tiáozhěng 〔동〕조정하다

- 作息 zuòxī 〔동〕일하고 휴식하다

제1강세, 제2강세, 띄어 읽기로 리듬을 느끼며 다음 문장을 익혀 보세요. 🎧 08-02

❶

你 // 怎么 / 瘦了这么多， /// 好像 / 换了个人 / 似的。

Nǐ zěnme shòu le zhème duō, hǎoxiàng huàn le ge rén shìde.

너 왜 이렇게 살이 많이 빠졌어? 다른 사람이 된 것 같잖아.

❷

多做 / 一些 / 有氧运动， // 效果 / 会比较好。

Duō zuò yìxiē yǒuyǎng yùndòng, xiàoguǒ huì bǐjiào hǎo.

유산소 운동을 많이 하면 효과가 좋아.

❸

其实 /// 我从上个月起 // 就开始 / 去健身房 / 锻炼身体了。

Qíshí wǒ cóng shàng ge yuè qǐ jiù kāishǐ qù jiànshēnfáng duànliàn shēntǐ le.

사실 나 지난달부터 운동하러 헬스클럽에 다니기 시작했어.

❹

晚饭 / 不要吃得太晚， // 尽量 / 少吃零食。

Wǎnfàn bú yào chī de tài wǎn, jǐnliàng shǎo chī língshí.

저녁은 너무 늦게 먹지 말고, 간식은 되도록 적게 먹도록 해.

❺

这可是 // 说起来 / 容易， /// 做起来 / 难啊！

Zhè kěshì shuō qǐlai róngyì, zuò qǐlai nán a!

그건 말하기는 쉽지만 실천하기는 어려운데!

1 ··· 🎧 08-03

리우샤오칭 嘿，大卫，两个月没见，你怎么发福了？
Hēi, Dàwèi, liǎng ge yuè méi jiàn, nǐ zěnme fāfú le?

데이빗 原来是小庆啊，你也来爬山？两个月没见，你怎么瘦了
Yuánlái shì Xiǎoqìng a, nǐ yě lái páshān? Liǎng ge yuè méi jiàn, nǐ zěnme shòu le

这么多，好像换了个人似的，我都认不出来了。
zhème duō, hǎoxiàng huàn le ge rén shìde, wǒ dōu rèn bu chūlai le.

리우샤오칭 这两个月，我除了生活变得有规律了以外，
Zhè liǎng ge yuè, wǒ chú le shēnghuó biàn de yǒu guīlǜ le yǐwài,

还坚持锻炼身体，所以瘦了不少❶。
hái jiānchí duànliàn shēntǐ, suǒyǐ shòu le bù shǎo.

데이빗 真羡慕你，我可是越来越胖，得减肥了。
Zhēn xiànmù nǐ, wǒ kěshì yuèláiyuè pàng, děi jiǎnféi le.

你说做什么运动比较好呢？
Nǐ shuō zuò shénme yùndòng bǐjiào hǎo ne?

리우샤오칭 每天跑步也好，爬山也好，多做一些有氧运动，
Měitiān pǎobù yě hǎo, páshān yě hǎo, duō zuò yìxiē yǒuyǎng yùndòng,

效果会比较好。
xiàoguǒ huì bǐjiào hǎo.

데이빗 其实我从上个月起就开始去健身房锻炼身体了，
Qíshí wǒ cóng shàng ge yuè qǐ jiù kāishǐ qù jiànshēnfáng duànliàn shēntǐ le,

可是没能坚持下去，所以效果不太明显。
kěshì méi néng jiānchí xiàqu, suǒyǐ xiàoguǒ bú tài míngxiǎn.

리우샤오칭 我觉得要想健康，生活有规律是十分重要的②，
Wǒ juéde yào xiǎng jiànkāng, shēnghuó yǒu guīlǜ shì shífēn zhòngyào de,

而且你必须改变一下你的饮食习惯：
érqiě nǐ bìxū gǎibiàn yíxià nǐ de yǐnshí xíguàn:

晚饭不要吃得太晚，尽量少吃零食。
wǎnfàn búyào chī de tài wǎn, jǐnliàng shǎo chī língshí.

데이빗 这可是说起来容易，做起来难啊！
Zhè kěshì shuō qǐlai róngyì, zuò qǐlai nán a!

你能不能带我一起锻炼？
Nǐ néng bu néng dài wǒ yìqǐ duànliàn?

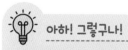 아하! 그렇구나!

❶ 瘦了不少: '형용사+了+수량'은 수량만큼 변화가 일어났음을 나타낸다. 살이 약간 빠졌으면 '瘦了一点儿'이라고 한다.

❷ 是十分重要的: '是+형용사술어+的'의 형식은 이치를 밝히고 상대방이 사실을 신뢰하도록 확인하는 기능을 한다.

리우샤오칭 一起锻炼好是好，不过你得向我保证先戒烟。
Yìqǐ duànliàn hǎo shì hǎo, búguò nǐ děi xiàng wǒ bǎozhèng xiān jièyān.

데이빗 没问题，借这个机会既戒烟又减肥，一举两得。
Méi wèntí, jiè zhè ge jīhuì jì jièyān yòu jiǎnféi, yì jǔ liǎng dé.

리우샤오칭 那我们一起爬到那个山顶上去吧。
Nà wǒmen yìqǐ pá dào nà ge shāndǐng shang qù ba.

데이빗 第一天就爬到山顶啊，
Dì yī tiān jiù pá dào shāndǐng a,

运动的强度是不是有点儿太大啦？
yùndòng de qiángdù shì bu shì yǒu diǎnr tài dà la?

리우샤오칭 大什么？我们趁热打铁，从今天起就开始实施我们的
Dà shénme? Wǒmen chèn rè dǎ tiě, cóng jīntiān qǐ jiù kāishǐ shíshī wǒmen de

运动计划吧。
yùndòng jìhuà ba.

2 .... 🎧 08-04

今天在山脚下，大卫遇到了小庆。两个月没见，小庆
Jīntiān zài shānjiǎo xià, Dàwèi yùdào le Xiǎoqìng. Liǎng ge yuè méi jiàn, Xiǎoqìng

瘦了很多，可大卫却胖了不少。原来小庆为了自己的健康，
shòu le hěn duō, kě Dàwèi què pàng le bù shǎo. Yuánlái Xiǎoqìng wèile zìjǐ de jiànkāng,

不仅调整了作息时间，还一直坚持锻炼身体。为了减肥，
bùjǐn tiáozhěng le zuòxī shíjiān, hái yìzhí jiānchí duànliàn shēntǐ. Wèile jiǎnféi,

大卫决定戒烟并跟小庆一起锻炼身体。
Dàwèi juédìng jièyān bìng gēn Xiǎoqìng yìqǐ duànliàn shēntǐ.

기간+没/不……

일정 기간 어떤 행위를 하지 않았음을 나타낼 때는 기간을 나타내는 표현을 부정사 '没'나 '不'의 앞에 놓는다.

两个月没见，你怎么发福了？
Liǎng ge yuè méi jiàn, nǐ zěnme fāfú le?

你一年没回国，不想家吗？
Nǐ yì nián méi huíguó, bù xiǎng jiā ma?

你去哪儿了？怎么整天都不在家。
Nǐ qù nǎr le? Zěnme zhěngtiān dōu bú zài jiā.

주어진 단어를 어순에 맞게 배열하여 문장을 완성해 보세요.

① 我 [没看 / 电视 / 一个星期] 了。

→ _____

② 我 [你弟弟 / 没见到 / 很久] 了。

→ _____

③ 他 [没跟我联系 / 一个月 / 都] 了。

→ _____

……也好，……也好

'~이든지 ~이든지'라는 뜻으로, 두 가지 이상의 상황을 병렬해 그중 무엇이든 괜찮다는 의미를 나타낸다.

跑步也好，爬山也好，多做一些有氧运动吧。
Pǎobù yě hǎo, páshān yě hǎo, duō zuò yìxiē yǒuyǎng yùndòng ba.

一块也好，五块也好，十块也好，给他一点儿钱就好。
Yí kuài yě hǎo, wǔ kuài yě hǎo, shí kuài yě hǎo, gěi tā yì diǎnr qián jiù hǎo.

'……也好，……也好'와 괄호 안의 표현으로 주어진 문장을 완성해 보세요.

① _____，我们没有别的办法，只能这么做。(对，错)

② _____，大家都必须参加今天的活动。(愿意，不愿意)

③ _____，我都会努力学习的。(过去，现在，将来)

　　　　　　　　　　　　　　　　　　　　　　　　jiānglái 미래, 장래

·····下去

동사의 뒤에 복합방향보어 '下去'가 놓이면, 구체적인 이동뿐만 아니라 동작의 진행이나 상태의 지속을 나타낸다.

没能坚持下去，所以效果不太明显。
Méi néng jiānchí xiàqu, suǒyǐ xiàoguǒ bú tài míngxiǎn.

你再这样胖下去，可不行。
Nǐ zài zhèyàng pàng xiàqu, kě bùxíng.

'下去'가 들어갈 알맞은 위치를 찾아 보세요.

① 这样 ⓐ 继续做 ⓑ ，一定会有 ⓒ 好结果的。
　　　　　jìxù 계속(하다)

② 他歌唱 ⓐ 得真好 ⓑ ，能让他继续唱 ⓒ 吗?

③ 你要注意 ⓐ 身体，这样瘦 ⓑ ，连工作也不好找 ⓒ 。

必须

'必须'는 의무를 나타내는 부사로, 동사의 앞에 놓여 '반드시 ~해야 한다'라는 뜻으로 쓰인다.

你必须改变一下你的饮食习惯。
Nǐ bìxū gǎibiàn yíxià nǐ de yǐnshí xíguàn.

不管做什么事，必须靠自己，不能靠别人。
Bùguǎn zuò shénme shì, bìxū kào zìjǐ, bù néng kào biérén.

靠 kào 기대다, 의지하다

주어진 문장을 '必须'를 사용한 문장으로 바꾸어 보세요.

① 你是学生，一定要努力学习。

　　→ _____ 。

② 要处理这件事，得向张老师请教。
　　chǔlǐ 처리하다

　　→ _____ 。

③ 我是他最好的朋友，不能不帮助他。

　　→ _____ 。

尽量

'가능한 한 최대한 노력해서 ~하다'라는 뜻으로 쓰인다.

晚饭不要吃得太晚，尽量少吃零食。
Wǎnfàn búyào chī de tài wǎn, jǐnliàng shǎo chī língshí.

去中国以前，你应该尽量提高你的汉语水平。
Qù Zhōngguó yǐqián, nǐ yīnggāi jǐnliàng tígāo nǐ de Hànyǔ shuǐpíng.

그림을 보고 '尽量'을 활용하여 주어진 문장을 완성해 보세요.

①

还要走很长的路，＿＿＿＿＿＿＿＿＿＿＿＿＿＿＿点儿。

②

要想提高汉语水平，＿＿＿＿＿＿＿＿＿＿＿＿＿＿＿。

③

为了身体健康，＿＿＿＿＿＿＿＿＿＿＿＿＿＿＿。

회화 · 가지를 치다

1 운동 습관

A 你最近做什么运动?
Nǐ zuìjìn zuò shénme yùndòng?

B 我每天练瑜伽。
Wǒ měitiān liàn yújiā.

★ 바꿔 말하기

B 隔一天晨跑一次
gé yì tiān chénpǎo yí cì

一个星期去两次健身房
yí ge xīngqī qù liǎng cì jiànshēnfáng

2 신체 변화

A 你好像胖了。
Nǐ hǎoxiàng pàng le.

B 我得减肥了。
Wǒ děi jiǎnféi le.

★ 바꿔 말하기

A 瘦了
shòu le

比以前更健康了
bǐ yǐqián gèng jiànkāng le

B 每天吃素
měitiān chīsù

每天锻炼身体
měitiān duànliàn shēntǐ

 단어

练 liàn 연습하다, 단련하다 | 瑜伽 yújiā 요가 | 隔 gé 간격을[거리를] 두다 | 晨跑 chénpǎo 아침 조깅을 하다 | 吃素 chīsù 채식하다

3 **건강 검진**

A 体检的结果怎么样?
Tǐjiǎn de jiéguǒ zěnmeyàng?

B 完全正常。
Wánquán zhèngcháng.

★ 바꿔 말하기

B 血脂高
xuèzhī gāo

血压有点儿高
xuèyā yǒudiǎnr gāo

4 **식사 습관**

A 你比较注重饮食吧?
Nǐ bǐjiào zhùzhòng yǐnshí ba?

B 是的，我按时吃饭。
Shì de, wǒ ànshí chīfàn.

★ 바꿔 말하기

B 吃素，不吃荤
chīsù, bù chīhūn

很少吃油腻的
hěn shǎo chī yóunì de

단어 体检 tǐjiǎn 신체검사, 건강 검진 | 正常 zhèngcháng 정상이다 | 血脂 xuèzhī 콜레스테롤 | 血压 xuèyā 혈압 | 注重 zhùzhòng 중시하다 | 按时 ànshí 제때에, 제시간에 | 吃荤 chīhūn 육식하다 | 油腻 yóunì 기름지다, 느끼하다

연습 실력이 늘다

听和说 🎧 08-06

1 지난 일주일 동안 여자의 상황에 맞는 그림에 ∨표해 보세요.

①

②

③

2 녹음을 다시 들어 보며 내용과 일치하면 O, 일치하지 않으면 X를 표시해 보세요.

① 女的瘦了很多。（　　　）

② 女的减肥了。（　　　）

③ 女的身体好多了，
所以她从今天开始锻炼身体。（　　　）

④ 他们明天早上九点见面。（　　　）

写和说

1 그림을 보고 괄호 안의 표현을 활용하여 주어진 대화를 완성해 보세요.

①

A 你最近看没看电影？

B 没看。我已经一个月

＿＿＿＿＿＿＿＿＿＿。(没)

②

A 你身体怎么一下子变得这么棒？

B 我每天＿＿＿＿＿＿＿＿＿＿。(锻炼)

③

A 我感冒了。

B 要想治感冒，

＿＿＿＿＿＿＿＿＿＿。(尽量)

④

A 她看上去真的很年轻。

B 可不是，
谁都＿＿＿＿＿＿＿＿＿＿。(看不出)

1 다음 글을 읽고 아래 질문에 답해 보세요.

> 　　大卫一年没有锻炼身体，而且每天都抽很多烟。不仅身体越来越不好，而且胖了很多，很多朋友都认不出来他了。所以大卫决定从这个周末开始戒烟、锻炼身体。他给敏浩打电话想和敏浩一起去健身房，可敏浩说他更喜欢户外运动，所以他们说好从这个周末开始一起去爬山。

① 大卫为什么身体越来越不好？

② 大卫和敏浩说好周末一起做什么？

③ 大卫决定从什么时候开始戒烟？

想和说

1 그림의 순서대로 사건을 중국어로 표현해 보세요.

零食

胖

认不出来

减肥

2 건강을 유지하기 위해 어떻게 하는 것이 좋은지 옆 사람과 대화해 보세요.

중국인의 여가 생활이 궁금하다

중국에는 곳곳에 잘 정비된 크고 작은 공원들이 있는데, 이곳에서는 다양한 여가 활동을 즐기는 사람들을 흔히 볼 수 있다. 아침에는 주로 체조나 검도, 기공, 태극권(太极拳) 등을 즐긴다. 태극권은 중국에서 가장 오래되고 대중적인 신체 수련법으로 많은 이들의 사랑을 받고 있다. 저녁에는 남녀노소 구분 없이 공원이나 광장에서 함께 어울려 사교춤을 추는 모습을 흔히 볼 수 있는데, 이를 광창우(广场舞)라고 한다. 야외에서 음악에 맞추어 왈츠, 탱고, 룸바 등을 즐기는 모습은 우리에게는 낯설고 신기한 모습이다. 중국에서 사교춤은 레저 스포츠로 정착되어 남녀노소가 개방된 공간에서 즐기는 운동이다. 학교에서도 정규적으로 배울 수 있고 대학교 내에서도 종종 무도회가 개최된다.

공원 곳곳에는 노래를 부르거나 전통 악기를 연주하거나 자신만의 독특한 신체 수련을 하는 등 남의 눈을 의식하지 않은 채 즐기고 있는 사람들의 모습도 쉽게 볼 수 있다. 또한 노인들이 공원에 모여 앉아 마작을 즐기는 모습도 볼 수 있다. 이와 같이 주중, 주말을 가리지 않고 아침, 저녁 시간을 이용하여 개방된 공간에서 체력을 단련하고 여가를 즐기는 모습에서 건전하고 여유롭게 삶을 즐기는 중국인의 생활 철학을 엿볼 수 있다.

중국인들이 좋아하는 스포츠 종목으로는 농구, 축구, 탁구 등이 있다. 특히 탁구는 국가를 상징하는 구기 종목으로 '궈치우(国球)'라고 하는데, 중국의 탁구 실력은 전 세계가 인정하고 있다.

①

②

①, ② 공원에서 사교춤을 추고, 마작을 즐기는 사람들

09

听说你正在上
烹饪学习班?

요리 학원에 다니고 있다면서?

이 과의 학습 목표

1 요리와 관련된 표현

2 '동사+着'를 이용한 표현

3 '够……的' 구문 표현

- 烹饪 pēngrèn 동 요리하다, 조리하다
- 学习班 xuéxíbān 명 학습반
- 需要 xūyào 동 필요하다
- 厨具 chújù 명 주방 도구
- 炒勺 chǎosháo 명 프라이팬
- 蒸锅 zhēngguō 명 찜솥, 찜통
- 菜刀 càidāo 명 식칼, 부엌칼
- 几乎 jīhū 부 거의
- 油 yóu 명 기름
- 煮 zhǔ 동 삶다, 끓이다, 익히다
- 炖 dùn 동 (고기 등을) 푹 고다, 푹 삶다
- 做法 zuòfǎ 명 만드는 방법
- 作料 zuóliao 명 양념, 조미료
- 盐 yán 명 소금
- 酱油 jiàngyóu 명 간장
- 糖 táng 명 설탕, 사탕
- 辣椒 làjiāo 명 고추
- 葱 cōng 명 파
- 姜 jiāng 명 생강

- 蒜 suàn 명 마늘
- 超市 chāoshì 명 슈퍼마켓
- 发现 fāxiàn 동 발견하다
- 竟然 jìngrán 부 뜻밖에도, 놀랍게도
- 醋 cù 명 식초
- 炸酱面 zhájiàngmiàn 명 자장면
- 简单 jiǎndān 형 간단하다
- 倒入 dàorù 동 부어 넣다
- 锅 guō 명 솥, 냄비
- 切 qiē 동 (칼로) 자르다, 썰다
- 丁 dīng 명 (고기, 야채 등을 네모지게 썬) 도막, 덩이
- 猪肉 zhūròu 명 돼지고기
- 干黄酱 gānhuángjiàng 명 춘장
- 对于 duìyú 개 ~에 대해(서)
- 够 gòu 부 제법, 꽤, 충분히
- 称得上 chēng de shàng 동 ~라고 할 만하다
- 专家 zhuānjiā 명 전문가
- 方法 fāngfǎ 명 방법

제1강세, 제2강세, 띄어 읽기로 리듬을 느끼며 다음 문장을 익혀 보세요.　🎧 09-02

1

听说 // 你正在上 / 烹饪 / 学习班?

Tīngshuō nǐ zhèngzài shàng pēngrèn xuéxíbān?

요리 학원에 다니고 있다면서?

2

有些作料 // 好像 / 跟韩国的 / 不太一样。

Yǒuxiē zuóliao hǎoxiàng gēn Hánguó de bú tài yíyàng.

어떤 양념은 한국 것과 좀 다른 것 같아.

3

回家以后 / 才发现 // 买的 / 竟然是醋。

Huíjiā yǐhòu cái fāxiàn mǎi de jìngrán shì cù.

집에 돌아와서야 (내가) 산 것이 식초라는 것을 알았어.

4

说着 / 中国菜, /// 肚子 // 还真 / 有点儿饿。

Shuō zhe Zhōngguó cài, dùzi hái zhēn yǒudiǎnr è.

중국 요리 얘기를 하니까 정말 배가 좀 고파진다.

5

对于中国菜 // 你知道的 // 可真 / 够多的。

Duìyú Zhōngguó cài nǐ zhīdao de kě zhēn gòu duō de.

너 중국 요리에 대해 아는 것이 정말 많구나.

1 .... 🎧 09-03

이정민: 听说你正在上烹饪学习班？学了多长时间了？
Tīngshuō nǐ zhèngzài shàng pēngrèn xuéxíbān? Xué le duōcháng shíjiān le?

데이빗: 差不多有一年了。学做中国菜真是越学越有意思。
Chàbuduō yǒu yì nián le. Xué zuò Zhōngguó cài zhēn shì yuè xué yuè yǒu yìsi.

이정민: 我也一直想学做中国菜，不知道都需要哪些厨具？
Wǒ yě yìzhí xiǎng xué zuò Zhōngguó cài, bù zhīdao dōu xūyào nǎxiē chújù?

데이빗: 其实厨具没有那么多，只要有炒勺、蒸锅和菜刀就行。
Qíshí chújù méiyǒu nàme duō, zhǐyào yǒu chǎosháo、zhēngguō hé càidāo jiù xíng.

이정민: 人们都说中国菜几乎都是用油炸的，是真的吗？
Rénmen dōu shuō Zhōngguó cài jīhū dōu shì yòng yóu zhá de, shì zhēn de ma?

데이빗: 并不是这样，中国菜有炸、炒、蒸、煮、炖等多种做法。
Bìng bú shì zhèyàng, Zhōngguó cài yǒu zhá、chǎo、zhēng、zhǔ、dùn děng duō zhǒng zuòfǎ.

이정민: 那常用的作料都有哪些呢？
Nà cháng yòng de zuóliao dōu yǒu nǎxiē ne?

데이빗: 油、盐、酱油、糖、辣椒、葱、姜、蒜等等。
Yóu、yán、jiàngyóu、táng、làjiāo、cōng、jiāng、suàn děngděng.

이정민: 作料可真不少，而且有些作料好像跟韩国的不太
Zuóliao kě zhēn bùshǎo, érqiě yǒuxiē zuóliao hǎoxiàng gēn Hánguó de bú tài
一样。上次我去超市买酱油，可回家以后才发现
yíyàng. Shàngcì wǒ qù chāoshì mǎi jiàngyóu, kě huíjiā yǐhòu cái fāxiàn
买的竟然是醋。
mǎi de jìngrán shì cù.

데이빗: 是的，跟韩国不一样，中国人吃的醋是黑色的。
Shì de, gēn Hánguó bù yíyàng, Zhōngguórén chī de cù shì hēisè de.

이정민　说着中国菜，肚子还真有点儿饿。
　　　　Shuō zhe Zhōngguó cài, dùzi hái zhēn yǒudiǎnr è.

　　　　你会做炸酱面吗? 我今天想吃炸酱面。
　　　　Nǐ huì zuò zhájiàngmiàn ma? Wǒ jīntiān xiǎng chī zhájiàngmiàn.

데이빗　那现在就给你做。其实炸酱面的做法很简单:
　　　　Nà xiànzài jiù gěi nǐ zuò. Qíshí zhájiàngmiàn de zuòfǎ hěn jiǎndān:

　　　　先往锅里倒入油，然后把葱、姜放在锅里
　　　　xiān wǎng guō lǐ dàorù yóu, ránhòu bǎ cōng、jiāng fàng zài guō lǐ

　　　　稍微炒一炒，最后把切成丁的猪肉和准备好的
　　　　shāowēi chǎo yi chǎo, zuìhòu bǎ qiē chéng dīng de zhūròu hé zhǔnbèi hǎo de

　　　　干黄酱放到锅里炒熟❶，就行了。
　　　　gānhuángjiàng fàng dào guō lǐ chǎo shú, jiù xíng le.

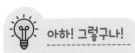

❶ 炒熟: 결과보어가 붙은 형식으로 '볶아서 익힌다'라는 뜻이다.

이정민 没想到，对于中国菜你知道的可真够多的，
Méi xiǎngdào, duìyú Zhōngguó cài nǐ zhīdao de kě zhēn gòu duō de,

称得上是专家水平。
chēng de shàng shì zhuānjiā shuǐpíng.

2 .... 🎧09-04

大卫上烹饪学习班差不多一年了，听说正民也很想
Dàwèi shàng pēngrèn xuéxíbān chàbuduō yì nián le, tīngshuō Zhèngmín yě hěn xiǎng

学做中国菜，大卫给正民介绍了做中国菜的厨具——
xué zuò Zhōngguó cài, Dàwèi gěi Zhèngmín jièshào le zuò Zhōngguó cài de chújù ——

炒勺、蒸锅和菜刀，还告诉了正民做中国菜的常用作料——
chǎosháo, zhēngguō hé càidāo, hái gàosu le Zhèngmín zuò Zhōngguó cài de chángyòng zuóliao ——

油、盐、酱油、糖、辣椒、葱、姜、蒜，最后他还教了正民
yóu, yán, jiàngyóu, táng, làjiāo, cōng, jiāng, suàn, zuìhòu tā hái jiāo le Zhèngmín

做中国炸酱面的方法。
zuò Zhōngguó zhájiàngmiàn de fāngfǎ.

竟然

'뜻밖에도'라는 뜻으로, 생각지 못한 일의 발생을 나타낼 때 쓰는 부사이다.

我去超市买酱油，可回家后才发现买的竟然是醋。
Wǒ qù chāoshì mǎi jiàngyóu, kě huíjiā hòu cái fāxiàn mǎi de jìngrán shì cù.

他学习那么认真，没想到竟然没考上大学。
Tā xuéxí nàme rènzhēn, méi xiǎngdào jìngrán méi kǎoshàng dàxué.

'竟然'이 들어갈 알맞은 위치를 찾아 보세요.

① ⓐ 没想到我们 ⓑ 在这儿 ⓒ 见面了。

② ⓐ 没想到，你 ⓑ 答应了 ⓒ 他们的要求。
yāoqiú 요구(하다)

③ 这么多的作业，你 ⓐ 不到一个小时 ⓑ 就 ⓒ 写完了。

동사+着

'동사+着'의 형식이 다른 동사구나 절의 앞에 쓰이는 경우, '동사+着'의 동작이 지속되는 상황에서 다른 동작이나 상황이 발생함을 나타낸다.

说着中国菜，肚子还真有点儿饿。
Shuō zhe Zhōngguó cài, dùzi hái zhēn yǒudiǎnr è.

这么多人看着他，他紧张了起来。
Zhème duō rén kàn zhe tā, tā jǐnzhāng le qǐlai.

그림을 보고 '동사+着'를 활용하여 주어진 문장을 완성해 보세요.

①

她_____孩子们
高兴的样子，笑了起来。

②

我正_____，
孩子的哭声把我吵醒了。

③

拉 lā
끌다, 당기다

妈妈_____
我的手，舍不得我离开。

往……

'~으로'라는 뜻으로 쓰여 동작이 향하는 방향을 나타낸다.

先往锅里倒入油，然后把葱、姜放在锅里炒一炒。
Xiān wǎng guō lǐ dàorù yóu, ránhòu bǎ cōng、jiāng fàng zài guō lǐ chǎo yi chǎo.

请大家往右看，那家就是北京书店。
Qǐng dàjiā wǎng yòu kàn, nà jiā jiù shì Běijīng Shūdiàn.

주어진 단어를 어순에 맞게 배열하여 문장을 완성해 보세요.

① 他 [往前 / 拉了拉 / 把椅子]。

→ _____。

② 人往高处走，[低处 / 流 / 水 / 往]。

→ _____。

③ [一直 / 从这里 / 走 / 往东] 就是天安门。

→ _____。

동사+成

동사 뒤에 '成'이 쓰이면 그 뒤에는 동작의 결과로 생겨난 대상인 목적어가 온다.

把切成丁的猪肉和准备好的干黄酱放到锅里。
Bǎ qiē chéng dīng de zhūròu hé zhǔnbèi hǎo de gānhuángjiàng fàng dào guō lǐ.

云能变成雨，所以天上有云才会下雨。
Yún néng biàn chéng yǔ, suǒyǐ tiānshàng yǒu yún cái huì xiàyǔ.

云 yún 구름

박스 안의 표현 중 알맞은 하나를 넣어 주어진 문장을 완성해 보세요.

改　　　　写　　　　兑换

① 爸爸要去银行把美金_____成人民币。

② 上海的一家电影院去年_____成了音乐厅。

③ 这个故事可以_____成一本小说。
gùshi 옛부터 전해오는 이야기

够……的

'够'는 형용사를 수식하여 정도를 강조한다. 뒤에는 조사 '的'가 와서 호응하는 경우가 많다.

对于中国菜你知道的可真够多的。
Duìyú Zhōngguó cài nǐ zhīdao de kě zhēn gòu duō de.

今年北京的夏天可真够热的。
Jīnnián Běijīng de xiàtiān kě zhēn gòu rè de.

그림을 보고 '够……的'를 활용하여 주어진 문장을 완성해 보세요.

①

她个子一米八五，真＿＿＿＿＿＿＿＿＿＿＿＿＿＿。

②

这件衣服现在打三折，才300元，＿＿＿＿＿＿＿＿＿＿＿＿＿吧？

③

听天气预报说今天零下15度，真＿＿＿＿＿＿＿＿＿＿＿＿。

🎧 09-05

1 요리 방법

A 红烧肉怎么做?
Hóngshāoròu zěnme zuò?

B 用砂锅炖。
Yòng shāguō dùn.

★ 바꿔 말하기

A 叉烧肉
chāshāoròu

麻婆豆腐
mápódòufu

B 烤箱烤
kǎoxiāng kǎo

炒勺炒
chǎosháo chǎo

2 양념하기

A 这道菜不够咸。
Zhè dào cài búgòu xián.

B 放点儿盐吧。
Fàng diǎnr yán ba.

★ 바꿔 말하기

A 甜
tián

酸
suān

B 糖
táng

醋
cù

 단어 红烧肉 hóngshāoròu 돼지고기를 살짝 볶은 다음 간장을 넣어 다시 익힌 요리 | 砂锅 shāguō 질그릇 | 叉烧肉 chāshāoròu 꼬챙이에 꿰어 구운 고기 | 烤箱 kǎoxiāng 오븐 | 烤 kǎo (불에) 굽다 | 咸 xián 짜다 | 甜 tián 달다 | 酸 suān 시다

3 모양 내기

A 这块肉怎么切?
Zhè kuài ròu zěnme qiē?

B 把它切成片。
Bǎ tā qiē chéng piàn.

★ 바꿔 말하기

A 这个土豆
zhè ge tǔdòu

这根萝卜
zhè gēn luóbo

B 丝
sī

丁
dīng

4 먹는 방법

A 饺子怎么吃更好吃?
Jiǎozi zěnme chī gèng hǎochī?

B 蘸醋吃。
Zhàn cù chī.

★ 바꿔 말하기

A 烤鸭
kǎoyā

面条
miàntiáo

B 用荷叶饼卷着
yòng héyèbǐng juǎn zhe

就蒜
jiù suàn

 片 piàn (평평하고 얇은) 판, 편 | 土豆 tǔdòu 감자 | 丝 sī 길쭉하고 가늘게 썬 채소나 과일 | 根 gēn 가늘고 긴 것을 세는 데 쓰임 | 萝卜 luóbo 무 | 饺子 jiǎozi 만두 | 蘸 zhàn (액체, 가루, 풀 등에) 찍다, 묻히다 | 荷叶饼 héyèbǐng 밀가루 전병 | 卷 juǎn 말다, 감다 | 就 jiù 곁들여 먹다

실력이 늘다

听和说 🎧 09-06

1 녹음을 듣고 이후에 예상되는 상황에 V표해 보세요.

①

②

③

2 녹음을 다시 들어 보며 내용과 일치하면 O, 일치하지 않으면 X를 표시해 보세요.

① 男的喜欢吃中国菜。（   ）　　② 女的会做中国菜。（   ）

③ 男的正在上烹饪学习班。（   ）　④ 今天女的带男的去中国饭馆吃饭。（   ）

写和说

1 그림을 보고 괄호 안의 표현을 활용하여 주어진 대화를 완성해 보세요.

①

A 吃饭了吗?

B 我们＿＿＿＿＿＿＿＿。（着）

②

A 好久不见。

B 赵亮，没想到＿＿＿＿＿＿＿＿。（竟然）

③

A 请把美金＿＿＿＿＿＿＿＿＿。（成）

B 好的。今天的汇率是一美元对
人民币六块五。

④

A 他身高一米九二，
＿＿＿＿＿＿＿＿＿。（真够……的）

B 可不是嘛！

1 다음 글을 읽고 아래 질문에 답해 보세요.

> 　　正民来中国以前没吃过中国菜，只是听说中国菜油很多。到中国以后，正民才发现中国菜的种类很多，很多菜都非常好吃。下个月正民的韩国朋友们来中国，他们要在正民家住一个星期。为了让朋友们能吃到好吃的中国菜，正民正在上烹饪学习班。想着朋友们看到自己做中国菜时惊讶的样子，正民笑了。
>
> 种类 zhǒnglèi 종류 ｜ 惊讶 jīngyà 놀라다

　① 正民来中国以前，觉得中国菜怎么样？

　② 正民来中国以后，觉得中国菜怎么样？

　③ 正民为什么上烹饪学习班？

想和说

1 그림의 순서대로 사건을 중국어로 표현해 보세요.

2 중국 요리의 이름과 그 특징에 대해서 옆 사람과 대화를 나눠 보세요.

베이징 최대의 번화가, 왕푸징

베이징의 왕푸징(王府井)은 상하이의 난징루(南京路)와 더불어 중국 쇼핑 문화의 중심지이다. 베이징에서 가장 번화한 이곳은 자금성 동쪽에 있으며, 남으로 창안제(长安街)에서 북으로 중국 미술관(中国美术馆)까지 약 1km에 달한다. 왕푸(王府)란 왕족들이 살던 대저택을 말하는데, 그곳에 우물이 있었다고 해서 '왕푸징'이라는 이름이 붙여졌다고 한다.

왕푸징은 청나라 때부터 베이징의 중심 저잣거리였다. 신중국 이후 외국인 유치를 목적으로 재정비하고 조성한 거리로서 외국인들에게 관광 명소로 꼽히고 있다. 프랑스의 샹젤리제 거리와 자매결연을 맺은 후 만들어진 유럽식 노천 카페와 노천 맥주바는 또 다른 운치를 자아낸다. 또한 거리 양편에는 중국 최초의 백화점인 베이징바이훠따로우(北京百货大楼), 11개 동이 지하에서 연결된 거대한 쇼핑몰인 동팡신티엔띠(东方新天地) 등의 대형 백화점 및 쇼핑센터와 해외 유명 브랜드 매장, 호텔 등이 밀집해 있다. 이곳은 수많은 쇼핑객들로 늘 활기가 넘친다.

왕푸징은 차량 통행을 제한하여 도보로 자유롭게 거닐 수 있는 쇼핑거리이기도 하다. 이곳을 돌아다니면 중국 경제의 눈부신 변화를 느낄 수 있다. 이곳의 야경 또한 낮과는 또 다른 화려한 볼거리를 제공한다. 이 거리에서 또 하나 빼놓을 수 없는 것은 바로 야시장이다. 밤이면 포장마차가 즐비한 사이를 다니며 중국에서만 맛볼 수 있는 다양한 전통 먹을거리를 먹는 즐거움도 놓칠 수 없다.

①, ② 다양한 볼거리와 먹을거리가 있는 왕푸징 거리

10

手机拉近了人与
人之间的距离。

휴대전화는 사람과 사람 사이의 거리를
가깝게 만들었어.

이 과의 학습 목표

1
스마트폰 사용과
관련된 표현

2
반문의 어감을 나타
내는 표현

3
명백함을 나타내는
어기의 표현

- 显示屏 xiǎnshìpíng 몡화면, 스크린
- 薄 báo 혭얇다
- 新型 xīnxíng 혭신형의
- 外形 wàixíng 몡외형
- 美观 měiguān 혭보기 좋다, 예쁘다
- 防水 fángshuǐ 동방수하다
- 随着 suízhe 개~에 따라
- 科技 kējì 몡과학 기술
- 发展 fāzhǎn 동발전하다
- 电子产品 diànzǐ chǎnpǐn 몡전자 제품
- 先进 xiānjìn 혭앞서다, 선진적이다
- 功能 gōngnéng 몡기능
- 齐全 qíquán 동완전히 갖추다
- 出现 chūxiàn 동만들어 내다, 출현하다
- 取代 qǔdài 동자리를 빼앗아 대신 들어서다
- 不成 bu chéng 젭[동사 뒤에 쓰여 동작이 나 행위가 실현되지 않았거나 이루어지지 않았음을 나타냄]
- 起床 qǐchuáng 동기상하다
- 闹钟 nàozhōng 몡알람
- 叫醒 jiàoxǐng 동깨다, 깨우다
- 上学 shàngxué 동등교하다
- 广播 guǎngbō 몡(라디오) 방송
- 检索 jiǎnsuǒ 동검색하다, 찾다
- 信息 xìnxī 몡정보, 소식
- 记录 jìlù 동기록하다
- 像素 xiàngsù 몡화소
- 清晰 qīngxī 혭뚜렷하다
- 亲朋好友 qīnpéng hǎoyǒu 몡친척과 친한 친구
- 各种 gèzhǒng 혭각종, 여러 가지
- 社交网络 shèjiāo wǎngluò 사회 연결망[소셜 네트워크]
- 沟通 gōutōng 동교류하다, 소통하다
- 交流 jiāoliú 동교류하다
- 拉近 lājìn 동가까이 끌어당기다
- 之间 zhījiān 몡사이
- 距离 jùlí 몡거리, 간격
- 难道 nándào 부설마 ~하겠는가
- 收 shōu 동(물건을) 거두어들이다
- 低头 dītóu 동머리를 숙이다

제1강세, 제2강세, 띄어 읽기로 리듬을 느끼며 다음 문장을 익혀 보세요. 🎧 10-02

1

现在生活中 ／／ 如果 ／ 没有手机，／／／ 好像 ／／ 什么 ／ 都做不成。

Xiànzài shēnghuó zhōng rúguǒ méiyǒu shǒujī, hǎoxiàng shénme dōu zuò bu chéng.

현대 생활에서 만약 휴대전화가 없다면 아무것도 못할 것 같아.

2

早上起床 ／／ 需要 ／ 手机的闹钟功能 ／／ 把我们 ／ 叫醒。

Zǎoshang qǐchuáng xūyào shǒujī de nàozhōng gōngnéng bǎ wǒmen jiàoxǐng.

아침에 일어날 때는 휴대전화의 알람 기능이 우리를 깨워줘야 해.

3

如果 ／／ 有 ／ 要记录下来的，／／／ 直接用手机 ／ 一拍 ／ 就行。

Rúguǒ yǒu yào jìlù xiàlai de, zhíjiē yòng shǒujī yì pāi jiù xíng.

만약 기록할 것이 있다면 바로 휴대전화로 찍어주기만 하면 돼.

4

随时随地 ／／ 和国内外的 ／ 亲朋好友们 ／ 视频聊天。

Suíshí suídì hé guó nèi wài de qīnpéng hǎoyǒumen shìpín liáotiān.

언제 어디서나 국내외의 친구들과 영상 통화를 해.

5

还可以 ／／ 通过 ／ 各种社交网络 ／／ 和别人 ／ 沟通交流。

Hái kěyǐ tōngguò gèzhǒng shèjiāo wǎngluò hé biérén gōutōng jiāoliú.

각종 소셜 네트워크를 통해 다른 사람과 소통할 수도 있어.

1 .... 🎧 10-03

이정민 你换新手机啦?
Nǐ huàn xīn shǒujī la?

显示屏不小，也很薄，是新型的吧?
Xiǎnshìpíng bù xiǎo, yě hěn báo, shì xīnxíng de ba?

왕따밍 没错，这是最新款的，外形美观，而且防水，
Méicuò, zhè shì zuì xīnkuǎn de, wàixíng měiguān, érqiě fángshuǐ,

真是没有比这更让人满意的了。
zhēn shì méiyǒu bǐ zhè gèng ràng rén mǎnyì de le.

이정민 随着科技的发展，电子产品越来越先进，
Suízhe kējì de fāzhǎn, diànzǐ chǎnpǐn yuèláiyuè xiānjìn,

手机的功能也越来越齐全。
shǒujī de gōngnéng yě yuèláiyuè qíquán.

왕따밍 是啊! 智能手机的出现，取代了很多电子产品。
Shì a! Zhìnéng shǒujī de chūxiàn, qǔdài le hěn duō diànzǐ chǎnpǐn.

现在生活中如果没有手机，好像什么都做不成。
Xiànzài shēnghuó zhōng rúguǒ méiyǒu shǒujī, hǎoxiàng shénme dōu zuò bu chéng.

이정민 可不是! 想一想我们一天的生活，
Kě bu shì! Xiǎng yi xiǎng wǒmen yìtiān de shēnghuó,

早上起床需要手机的闹钟功能把我们叫醒。
zǎoshang qǐchuáng xūyào shǒujī de nàozhōng gōngnéng bǎ wǒmen jiàoxǐng.

上学的路上要用手机听音乐或听广播。
Shàngxué de lùshang yào yòng shǒujī tīng yīnyuè huò tīng guǎngbō.

왕따밍 还有我们出门都不用带钱包，有手机就可以坐车，
Háiyǒu wǒmen chūmén dōu búyòng dài qiánbāo, yǒu shǒujī jiù kěyǐ zuò chē,

也可以买东西嘛。

yě kěyǐ mǎi dōngxi ma.

이정민 以前写作业的时候要用电脑检索信息，

Yǐqián xiě zuòyè de shíhou yào yòng diànnǎo jiǎnsuǒ xìnxī,

现在拿出手机查一查就可以了。

xiànzài ná chū shǒujī chá yi chá jiù kěyǐ le.

如果有要记录下来的，直接用手机一拍就行。

Rúguǒ yǒu yào jìlù xiàlai de, zhíjiē yòng shǒujī yì pāi jiù xíng.

왕따밍 现在手机的像素非常高，拍出的照片别提多清晰了!

Xiànzài shǒujī de xiàngsù fēicháng gāo, pāi chū de zhàopiàn biétí duō qīngxī le!

이정민 我觉得最方便的是可以随时随地和国内外的

Wǒ juéde zuì fāngbiàn de shì kěyǐ suíshí suídì hé guó nèi wài de

亲朋好友们视频聊天。

qīnpéng hǎoyǒumen shìpín liáotiān.

왕따밍 是啊! 还可以通过各种社交网络和别人沟通交流，

Shì a! Hái kěyǐ tōngguò gèzhǒng shèjiāo wǎngluò hé biérén gōutōng jiāoliú,

所以大家都说手机拉近了人与人之间的距离。

suǒyǐ dàjiā dōu shuō shǒujī lājìn le rén yǔ rén zhījiān de jùlí.

이정민 不过也有很多人说手机让人与人之间的距离更远。

Búguò yě yǒu hěn duō rén shuō shǒujī ràng rén yǔ rén zhījiān de jùlí gèng yuǎn.

你看你，现在和我聊天，却一直在看手机，

Nǐ kàn nǐ, xiànzài hé wǒ liáotiān, què yìzhí zài kàn shǒujī,

难道你想和我的距离变远吗？

nándào nǐ xiǎng hé wǒ de jùlí biàn yuǎn ma?

왕따밍 真对不起！因为是新买的手机……我不看了！

Zhēn duìbuqǐ! Yīnwèi shì xīn mǎi de shǒujī……wǒ bú kàn le!

我收起来！

Wǒ shōu qǐlai!

---

2 .... 🎧 10-04

大明换了一部新型手机，这部手机不仅外形美观，

Dàmíng huàn le yí bù xīnxíng shǒujī, zhè bù shǒujī bùjǐn wàixíng měiguān,

而且防水，大明十分满意。现在生活中，做什么都离不开手机。

érqiě fángshuǐ, Dàmíng shífēn mǎnyì. Xiànzài shēnghuó zhōng, zuò shénme dōu líbukāi shǒujī.

用手机可以听音乐、买东西、拍照片等，正民觉得这些功能

Yòng shǒujī kěyǐ tīng yīnyuè、mǎi dōngxi、pāi zhàopiàn děng, zhèngmín juéde zhèxiē gōngnéng

中最好的是可以随时随地和国内外的亲朋好友们视频聊天。

zhōng zuì hǎo de shì kěyǐ suíshí suídì hé guó nèi wài de qīnpéng hǎoyǒumen shìpín liáotiān.

手机拉近了人与人之间的距离，不过如果每个人都只低头看

Shǒujī lājìn le rén yǔ rén zhījiān de jùlí, búguò rúguǒ měi ge rén dōu zhǐ dītóu kàn

手机，那么也可以说手机让人与人之间的距离变得更远了。

shǒujī, nàme yě keyǐ shuō shǒujī ràng rén yǔ rén zhījiān de jùlí biàn de gèng yuǎn le.

비술어성 형용사

주로 명사를 수식하여 속성을 나타내지만 직접 술어로 쓰일 수 없는 형용사를 '비술어성 형용사'라고 부른다. 이러한 형용사로는 '新型' '男' '女' '中式' '西式' '大型' '小型' '初级' '中级' '高级' 등이 있다.

显示屏不小，也很薄，是新型的吧？
Xiǎnshìpíng bù xiǎo, yě hěn báo, shì xīnxíng de ba?

你有没有女朋友？
Nǐ yǒu méiyǒu nǚ péngyou?

일반적으로 비술어성 형용사는 정도부사의 수식을 받을 수 없고, 술어로 쓰일 경우에는 '是……的'의 형식으로 써야 한다.

很男(×) / 非常旧式(×) / 这台电脑新型。(×)

这台电脑是新型的。(○)
Zhè tái diànnǎo shì xīnxíng de.

주어진 문장을 어법에 맞게 바꾸어 보세요.

① 我买了一台很小型的电脑。

→ _____ 。

② 这些汉语课本都很初级。
　　　　　　　　chūjí 초급

→ _____ 。

③ 新来的老师是男。

→ _____ 。

随着

어떤 상황이 다른 상황의 변화에 따라서 전개됨을 표현한다. '随着+명사구'의 형식으로 주어의 앞에 쓰이기도 하고, 주어의 뒤에 '随着……而……'과 같은 형식으로 쓰이기도 한다.

随着科技的发展，电子产品越来越先进。
Suízhe kējì de fāzhǎn, diànzǐ chǎnpǐn yuèláiyuè xiānjìn.

人们的思想随着社会的变化而变化。
Rénmen de sīxiǎng suízhe shèhuì de biànhuà ér biànhuà.

思想 sīxiǎng 사상, 의식 | 社会 shèhuì 사회

주어진 단어를 어순에 맞게 배열하여 문장을 완성해 보세요.

① [随着 / 越来越高了 / 女人的地位 / 社会的发展]。

→ ＿＿＿＿＿＿＿＿＿＿＿＿＿＿＿＿＿。

② [随着 / 而变化 / 服装 / 流行的变化]。

→ ＿＿＿＿＿＿＿＿＿＿＿＿＿＿＿＿＿。

③ [而提高 / 经济的发展 / 随着 / 人民的生活水平]。

→ ＿＿＿＿＿＿＿＿＿＿＿＿＿＿＿＿＿。

嘛

문장 끝에 쓰여 전체 문장이 나타내는 이치가 당연함을 확인시켜 주는 기능을 한다.

有手机就可以坐车，也可以买东西嘛。
Yǒu shǒujī jiù kěyǐ zuò chē, yě kěyǐ mǎi dōngxi ma.

他本来就不想来嘛。
Tā běnlái jiù bù xiǎng lái ma.

그림을 보고 '嘛'를 활용하여 주어진 문장을 완성해 보세요.

①

谁说小王没来?

他早就＿＿＿＿＿＿＿。

②

你是想交中国朋友吗?

他就是＿＿＿＿＿＿＿。

③

怕什么? 有问题就

＿＿＿＿＿＿＿＿＿＿＿。

别提……

과장된 어투로 정도가 심함을 표현한다. '더 말할 나위 없이 ~하다'라는 뜻으로, 뒤에 '多+형용사/동사+了'의 형식이 자주 쓰인다.

拍出的照片别提多清晰了！
Pāichū de zhàopiàn biétí duō qīngxī le!

秋天那儿的风景别提多美了。
Qiūtiān nàr de fēngjǐng biétí duō měi le.

그림을 보고 '别提'를 활용하여 주어진 문장을 완성해 보세요.

①

明天去旅游，

大家_____。

②

这个人说起话来，

_____。

③

我妈妈做的炸酱面，

_____。

④

他每天复习、预习，yùxí 예습하다

_____。

难道

반문의 어감으로, '설마 ~하겠는가?'라는 뜻이다. 주어의 앞이나 뒤에 놓인다.

难道你想和我的距离变远吗？
Nándào nǐ xiǎng hé wǒ de jùlí biàn yuǎn ma?

你难道没听懂我的话吗？
Nǐ nándào méi tīng dǒng wǒ de huà ma?

'难道'가 들어갈 알맞은 위치를 찾아 보세요.

① 他的名字 ⓐ 我刚说过， ⓑ 你忘了 ⓒ 吗？

② 你 ⓐ 一直 ⓑ 没跟他 ⓒ 联系吗？

③ ⓐ 你没 ⓑ 听说过 ⓒ 这种事儿吗？

🎧 10-05

1 인터넷 작업

A 你现在上网做什么?
Nǐ xiànzài shàngwǎng zuò shénme?

B 和朋友聊天。
Hé péngyou liáotiān.

★ 바꿔 말하기

B 在网上购物
zài wǎngshàng gòuwù

发电子邮件
fā diànzǐ yóujiàn

2 인터넷 로그인

A 我想不起来用户名和密码了。
Wǒ xiǎng bu qǐlai yònghùmíng hé mìmǎ le.

B 那你不能登录了。
Nà nǐ bù néng dēnglù le.

★ 바꿔 말하기

B 重新申请用户名吧
chóngxīn shēnqǐng yònghùmíng ba

咨询客服中心吧
zīxún kèfú zhōngxīn ba

 단어
购物 gòuwù 구매하다 | 用户名 yònghùmíng 사용자 이름, 아이디(ID) | 密码 mìmǎ 비밀번호 | 登录 dēnglù 로그인(log in)하다,
접속하다 | 客服中心 kèfú zhōngxīn 고객 센터

3 **화상 채팅**

A 这台电脑能不能进行视频聊天?

Zhè tái diànnǎo néng bu néng jìnxíng shìpín liáotiān?

B 要先下载视频聊天软件。

Yào xiān xiàzài shìpín liáotiān ruǎnjiàn.

★ 바꿔 말하기

B 能，能，这台电脑装有电脑镜头

néng, néng, zhè tái diànnǎo zhuāng yǒu diànnǎo jìngtóu

可以是可以，不过速度会比较慢

kěyǐ shì kěyǐ, búguò sùdù huì bǐjiào màn

4 **문서 인쇄**

A 请帮我打印一下这份文件。

Qǐng bāng wǒ dǎyìn yíxià zhè fèn wénjiàn.

B 对不起。打印机出毛病了。

Duìbuqǐ. Dǎyìnjī chū máobìng le.

★ 바꿔 말하기

B 墨盒没墨了

mòhé méi mò le

打印机没纸了

dǎyìnjī méi zhǐ le

단어 下载 xiàzài 다운로드하다 | 装有 zhuāng yǒu 내장하다 | 镜头 jìngtóu (카메라 등의) 렌즈 | 打印 dǎyìn 인쇄하다 | 打印机 dǎyìnjī 프린터(printer) | 毛病 máobìng 고장 | 墨盒 mòhé 잉크 카트리지 | 墨 mò 잉크 | 纸 zhǐ 종이

실력이 늘다

听和说 🎧 10-06

1 녹음을 듣고 이후에 예상되는 상황에 V표해 보세요.

①

②

③

2 녹음을 다시 들어 보며 내용과 일치하면 O, 일치하지 않으면 X를 표시해 보세요.

① 女的的电脑坏了。(　　)　　　　② 男的有一台新型电脑。(　　)

③ 女的想让男的和她一起去
买电脑。(　　)　　　　　　　　　④ 女的想买轻一点儿的笔记本电脑。(　　)

写和说

1 그림을 보고 괄호 안의 표현을 활용하여 주어진 대화를 완성해 보세요.

①

A 今天去的那家饭馆的中国菜，
　　　　　　　　　　　　。(别提)

B 是吗？那明天我请你去那儿吃晚饭。

②

A 　　　　　　　　　　这个字吗？(难道)

B 这个字我好像没学过。

③

A 谢谢你的帮助。

B 别这么客气，我们是
　　　　　　　　　　。(嘛)

④

A 他买的电脑　　　　　　　　吗？(新型)

B 不，是旧型的。

1 다음 글을 읽고 아래 질문에 답해 보세요.

> 　　正民晚上回到宿舍后，有时上网发电子邮件，有时在社交网络上发一些旅行时照的照片，也有时和韩国的朋友们视频聊天，聊一聊最近的学习和生活。今天，她在网上和中国朋友们聊天，并约好这个周末一起去旅行。聊天后，正民又在一个购物网站上，买了一顶漂亮的帽子。
>
> 顶 dǐng 꼭대기가 있는 물건을 세는 데 쓰임

① 正民和她的韩国朋友们在网上聊什么？

② 今天正民在网上和中国朋友们约好一起做什么？

③ 正民在网上买什么了？

想和说

1 그림의 순서대로 사건을 중국어로 표현해 보세요.

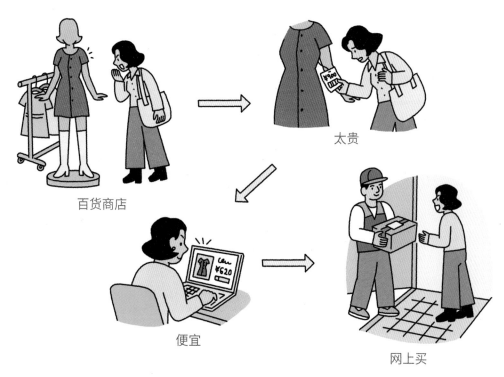

太贵

百货商店

便宜

网上买

2 인터넷으로 대개 어떤 작업을 하는지 옆 사람과 이야기해 보세요

진용의 무협 소설, 교과서에 오르다

무협 소설을 좋아하는 사람 중에는 진용(金庸)의 『영웅문(英雄门)』을 읽지 않은 사람이 없을 것이다. 그의 무협 소설 『천룡팔부(天龙八部)』는 중국 인민교육출판사가 2004년 펴낸 전국고등학교 어문독본(语文读本)에도 실렸다. 이는 교과서 검정위원회가 그의 작품이 문학성이 빼어날 뿐만 아니라 중국의 협의(协议)정신, 민족 단결, 도덕적 희생정신을 담고 있어 중국 문화의 위대한 가치를 고양시키므로 교육적 가치가 충분하다고 인정했음을 의미한다. 대중들의 의식을 마비시키는 봉건주의의 잔재로 간주되어 개혁 개방 이전에 그의 소설은 금서였다. 가장 보수적인 교과서에 그의 무협 소설이 실렸다는 사실은 그의 작품이 그간 중국대륙에 미치던 광범위한 영향력과 더불어 변화하는 중국의 모습을 보여 준다. 각종 설문 조사에서 중국인이 꼽는 최고의 문호로 루쉰(鲁迅)과 이름을 나란히 한다는 것만 보아도 중국인들이 얼마나 그의 무협 소설에 열광하고 있는지 알 수 있다.

진용의 본명은 자량용(查良镛, Zhā Liángyōng)으로, 그의 이름에 있는 '镛'자를 둘로 나눈 진용(金庸)을 필명으로 삼았다. 그의 소설은 천문, 지리, 역사, 철학, 문학에 관한 방대한 지식을 바탕으로 거대한 스케일에 주인공들의 시공간적 배열과 구성이 촘촘하게 설계되어 있으며, 주인공의 심리 묘사가 섬세하여 독자들을 매료시킨다. 그의 작품에서 등장인물들은 역사적 배경하에 전통 복장을 입고 나타나지만 현대적인 사고방식으로 독자들에게 생동감과 재미를 준다.

한편 그의 무협 소설을 바탕으로 한 『동방불패(东方不败)』, 『소오강호(笑傲江湖)』 등의 드라마, 영화 등도 큰 인기를 끌었다. 그는 2018년에 사망했지만 그의 무협 소설은 한국어, 일본어, 영어, 프랑스어, 태국어 등으로 번역되어 3억 부 이상 판매되었으며, 홍콩 문화박물관에는 상설 진용관(金庸馆)이 설치되어 있다.

홍콩 문화 박물관에 있는 진용관의 모습

11

韩国的电视剧的确让人着迷。

한국의 TV 드라마는
정말 사람을 빠져들게 해.

- 回复 huífù 동 회신하다, 회답하다

- 连续剧 liánxùjù 명 연속극, 드라마
  = 电视剧 diànshìjù

- 集 jí 명 (영화의) 편

- 大长今 Dàchángjīn 고유 대장금[한국 드라마 제목]

- 火遍 huǒbiàn 전역을 열광시키다

- 亚洲 Yàzhōu 명 아시아

- 韩剧 Hánjù 명 한국 드라마

- 哪怕 nǎpà 접 설령 ~라 해도

- 下载 xiàzài 동 다운로드하다

- 主题曲 zhǔtíqǔ 명 주제곡

- 手机铃 shǒujī líng 명 휴대전화 벨

- 收入 shōurù 명 수입, 소득

- 达 dá 동 도달하다, 이르다

- 上映 shàngyìng 동 방영하다, 상영하다

- 清静 qīngjìng 형 조용하다, 고요하다

- 土耳其 Tǔ'ěrqí 고유 터키

- 收视率 shōushìlǜ 명 시청률

- 上下 shàngxià 명 내외, 쯤
  [수량사 뒤에 쓰여 어림수를 나타냄]

- 的确 díquè 부 확실히, 분명히

- 着迷 zháomí 동 몰두하다, 빠져들다

- 内容 nèiróng 명 내용

- 注重 zhùzhòng 동 중시하다, 중점을 두다

- 多样性 duōyàngxìng 명 다양성

- 趣味性 qùwèixìng 명 흥미성

- 原因 yuányīn 명 원인

- 台词 táicí 명 대사

- 其中 qízhōng 부 그중

- 汉江大桥 Hànjiāng Dàqiáo 고유 한강대교

- 灯光 dēngguāng 명 불빛

- 照明 zhàomíng 명 조명

- 情侣 qínglǚ 명 연인

- 场面 chǎngmiàn 명 장면, 신(scene)

- 浪漫 làngmàn 형 로맨틱하다, 낭만적이다

- 乘坐 chéngzuò 동 (자동차·비행기 등을) 타다

- 游轮 yóulún 명 유람선

- 首尔 Shǒu'ěr 고유 서울

- 江水 jiāngshuǐ 명 강물, 강

- 亲眼 qīnyǎn 부 제 눈으로, 직접

제1강세, 제2강세, 띄어 읽기로 리듬을 느끼며 다음 문장을 익혀 보세요. 🎧 11-02

①

哪怕 // 没看过的人， /// 也都知道 // 《大长今》 / 这个韩剧。

Nǎpà méi kàn guo de rén, yě dōu zhīdao 《Dàchángjīn》 zhè ge Hánjù.

설사 드라마를 안 봤던 사람이라도 《대장금》이라는 한국 드라마는 다 알잖아.

②

因为韩剧 /// 在内容上 // 比较注重 / 多样性 / 和趣味性。

Yīnwèi Hánjù zài nèiróng shàng bǐjiào zhùzhòng duōyàngxìng hé qùwèixìng.

한국 드라마는 내용 면에서 다양성과 오락성을 비교적 중시하기 때문이야.

③

听 / 汉语的台词 // 和听 / 韩语的台词感觉 // 不太一样。

Tīng Hànyǔ de táicí hé tīng Hányǔ de táicí gǎnjué bú tài yíyàng.

중국어 대사를 듣는 것과 한국어 대사를 듣는 것은 느낌이 달라.

④

学习 / 韩国语的人 // 越来越多， /// 我 // 就是 / 其中一个。

Xuéxí Hánguóyǔ de rén yuèláiyuè duō, wǒ jiùshì qízhōng yí ge.

한국어 공부를 하는 사람들이 점점 많아지고 있어. 나도 그중 한 명이고.

⑤

你还可以 // 乘坐 / 汉江游轮， /// 欣赏 / 首尔 / 美丽的风景。

Nǐ hái kěyǐ chéngzuò Hànjiāng yóulún, xīnshǎng Shǒu'ěr měilì de fēngjǐng.

한강 유람선을 타면 서울의 아름다운 경치도 감상할 수 있어.

1 ⌒ 11-03

김민호
你这几天在忙什么? 怎么短信也过好半天才回复?
Nǐ zhè jǐ tiān zài máng shénme? Zěnme duǎnxìn yě guò hǎo bàntiān cái huífù?

리우샤오칭
我又在看一部韩国的连续剧,
Wǒ yòu zài kàn yí bù Hánguó de liánxùjù,

看了第一集就停不下来了。
kàn le dì yī jí jiù tíng bu xià lái le.

김민호
那你看过《大长今》没有? 那可是火遍❶了亚洲的韩剧呀!
Nà nǐ kàn guo《Dàchángjīn》méiyǒu? Nà kě shì huǒbiàn le Yàzhōu de Hánjù ya!

리우샤오칭
我这个韩剧迷当然看过!
Wǒ zhè ge Hánjù mí dāngrán kàn guo!

虽然是很多年以前的电视剧, 但因为它特别有名,
Suīrán shì hěn duō nián yǐqián de diànshìjù, dàn yīnwèi tā tèbié yǒumíng,

所以哪怕没看过的人, 也都知道《大长今》这个韩剧。
suǒyǐ nǎpà méi kàn guo de rén, yě dōu zhīdao《Dàchángjīn》zhè ge Hánjù.

김민호
听说那时候下载《大长今》主题曲手机铃的这一服务收入
Tīngshuō nà shíhou xiàzài《Dàchángjīn》zhǔtíqǔ shǒujī líng de zhè yì fúwù shōurù

就达1500万元。到了上映《大长今》的时间,
jiù dá yìqiān wǔbǎi wàn yuán. Dào le shàngyìng《Dàchángjīn》de shíjiān,

路上都变得十分清静。
lùshang dōu biàn de shífēn qīngjìng.

리우샤오칭
是啊! 而且我还听说土耳其的收视率在95%上下。
Shì a! Érqiě wǒ hái tīngshuō Tǔ'ěrqí de shōushìlǜ zài bǎifēnzhī jiǔshíwǔ shàngxià.

韩国的电视剧的确让人着迷。
Hánguó de diànshìjù díquè ràng rén zháomí.

김민호 　这可能是因为韩剧在内容上比较注重多样性
Zhè kěnéng shì yīnwèi Hánjù zài nèiróng shàng bǐjiào zhùzhòng duōyàngxìng

和趣味性的原因吧。
hé qùwèixìng de yuányīn ba.

不过我在中国的电视上听汉语的台词和听韩语的
Búguò wǒ zài Zhōngguó de diànshì shàng tīng Hànyǔ de táicí hé tīng Hányǔ de

台词感觉不太一样。
táicí gǎnjué bú tài yíyàng.

리우샤오칭 　所以学习韩国语的人越来越多，我就是其中一个。
Suǒyǐ xuéxí Hánguóyǔ de rén yuèláiyuè duō, wǒ jiùshì qízhōng yí ge.

最近看的这部电视剧里，在汉江大桥灯光的照明下，
Zuìjìn kàn de zhè bù diànshìjù lǐ, zài Hànjiāng Dàqiáo dēngguāng de zhàomíng xià,

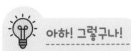 아하! 그렇구나!

❶ 火遍: '火遍'은 '동사+결과보어'의 구조이다. '火'는 '인기 있다' '열광하다'의 뜻이고 '遍'은 동작이 전체 범위에 미치는 것을 의미한다.

情侣们在汉江公园散步，那个场面特别浪漫。
qínglǚmen zài Hànjiāng gōngyuán sànbù, nà ge chǎngmiàn tèbié làngmàn.

김민호 　汉江公园的确值得一去。
Hànjiāng gōngyuán díquè zhídé yí qù.

你还可以乘坐汉江游轮，欣赏首尔美丽的风景。
Nǐ hái kěyǐ chéngzuò Hànjiāng yóulún, xīnshǎng Shǒu'ěr měilì de fēngjǐng.

리우샤오칭 　首尔有这么美丽的江水，真好！
Shǒu'ěr yǒu zhème měilì de jiāngshuǐ, zhēn hǎo!

以后有机会去韩国，我一定要拍下汉江漂亮的夜景。
Yǐhòu yǒu jīhuì qù Hánguó, wǒ yídìng yào pāi xià Hànjiāng piàoliang de yèjǐng.

2 ⋯⋯⋯⋯⋯⋯⋯⋯⋯⋯⋯⋯⋯⋯⋯⋯⋯⋯⋯⋯⋯⋯⋯⋯⋯⋯ 🎧 11-04

小庆是个韩剧迷，她非常喜欢看韩国的连续剧，连很
Xiǎoqìng shì ge Hánjù mí, tā fēicháng xǐhuan kàn Hánguó de liánxùjù, lián hěn

多年前的《大长今》也看过。敏浩觉得在电视上听汉语的台词
duō nián qián de 《Dàchángjīn》 yě kàn guo. Mǐnhào juéde zài diànshì shàng tīng Hànyǔ de táicí

和听韩语的台词感觉不太一样，小庆也这么觉得，所以她在
hé tīng Hányǔ de táicí gǎnjué bú tài yíyàng, Xiǎoqìng yě zhème juéde, suǒyǐ tā zài

努力地学习韩国语。小庆最近又在看一部韩剧，看到情侣们在
nǔlì de xuéxí Hánguóyǔ. Xiǎoqìng zuìjìn yòu zài kàn yí bù Hánjù, kàn dào qínglǚmen zài

汉江公园散步的那个场面，她觉得非常浪漫，很想亲眼
Hànjiāng gōngyuán sànbù de nà ge chǎngmiàn, tā juéde fēicháng làngmàn, hěn xiǎng qīnyǎn

去看看汉江。小庆说如果有机会去韩国，她一定要去汉江
qù kànkan Hànjiāng. Xiǎoqìng shuō rúguǒ yǒu jīhuì qù Hánguó, tā yídìng yào qù Hànjiāng

公园拍下汉江漂亮的夜景。
gōngyuán pāi xià Hànjiāng piàoliang de yèjǐng.

哪怕⋯⋯, 也⋯⋯

'설령 ~일지라도'의 뜻으로 양보관계의 복문을 구성한다.

哪怕没看过的人, 也都知道《大长今》这个韩剧。
Nǎpà méi kàn guo de rén, yě dōu zhīdao 《Dàchángjīn》 zhè ge Hánjù.

这场比赛, 哪怕输了, 也没关系。
Zhè chǎng bǐsài, nǎpà shū le, yě méi guānxi.

'哪怕⋯⋯, 也⋯⋯'를 넣은 문장으로 바꾸어 보세요.

① 连星期天他也在图书馆念书。 → _____

② 天气不好, 我们也会去的。 → _____

③ 韩国人也有不吃辣的。 → _____

④ 晚一点出发, 把饭吃完。 → _____

就

수량이 많거나 적음을 강조할 때 쓴다. 특히 '就'의 앞 단어에 강세를 두고 '就'를 약하게 발음하면 수량이 많음을 강조하게 된다.

那时候下载《大长今》主题曲手机铃的这一服务收入就达1500万元。
Nà shíhou xiàzài 《Dàchángjīn》 zhǔtíqǔ shǒujī líng de zhè yì fúwù shōurù jiù dá yìqiān wǔbái wàn yuǎn.

参加这次活动的人不少, 光我们班就有八个。
Cānjiā zhè cì huódòng de rén bù shǎo, guāng wǒmen bān jiù yǒu bā ge.

'就'에 강세를 두어 발음하면 수량이 적음을 강조하게 된다.

参加这次活动的人不多, 我们班就有两个。
Cānjiā zhè cì huódòng de rén bù duō, wǒmen bān jiù yǒu liǎng ge.

就一个苹果了, 让妹妹吃吧。
Jiù yí ge píngguǒ le, ràng mèimei chī ba.

다음 중 '就'의 용법이 나머지 셋과 다른 것을 찾아 보세요.

① 他家光汽车就有三辆, 很有钱。

② 一个月就挣一万块, 真不少。

③ 这双鞋没那么贵, 就花了一百块。

④ 他一个人就讲了一个小时, 别人都没时间说了。

上下

수량사의 뒤에 쓰여 주로 나이, 무게, 가격 등의 어림수를 나타낼 때 쓰인다.

听说土耳其的收视率在95%上下。
Tīngshuō Tǔ'ěrqí de shōushìlǜ zài bǎifēnzhì jiǔshíwǔ shàngxià.

我们学校的留学生有一百人上下。
Wǒmen xuéxiào de liúxuéshēng yǒu yìbǎi rén shàngxià.

그림을 보고 '上下'를 활용하여 주어진 문장을 완성해 보세요.

①

这些衣服＿＿＿＿＿＿＿＿，比较贵。

②

他头发灰白，看起来大概＿＿＿＿＿＿＿＿。
huībái 희끗희끗하다, 회백색

③

他的体重在＿＿＿＿＿＿＿＿。
tǐzhòng 체중

在……上

'~에 있어서는'이라는 뜻으로, 추상적으로 어떤 방면을 드러낼 때 주로 쓴다.

韩剧在内容上比较注重多样性和趣味性。
Hánjù zài nèiróng shàng bǐjiào zhùzhòng duōyàngxìng hé qùwèixìng.

在这个问题上，我同意他的意见。
Zài zhè ge wèntí shàng, wǒ tóngyì tā de yìjiàn.

'在……上'과 괄호 안의 표현으로 주어진 문장을 완성해 보세요.

① 他_____有很多好方法。(学习外语)

② 他的电脑_____比我的好一些。(性能)

③ 你_____要小心。(交朋友)

值得

'~할 만하다' '~할 가치가 있다'라는 뜻으로 문장에서 술어로 쓰인다. 단독으로 쓰이기도 하고
'值得+동사(구)'의 형태로 쓰이기도 한다.

汉江公园值得一去。
Hànjiāng gōngyuán zhídé yí qù.

体检要花很多钱，但很值得。
Tǐjiǎn yào huā hěn duō qián, dàn hěn zhídé.

박스 안의 표현 중 알맞은 하나를 넣어 주어진 문장을 완성해 보세요.

> 值得一听　　　　值得一看　　　　值得一去

① 这部电影_____。

② 颐和园风景秀丽，_____。
　　　　　　　　xiùlì 아름답다, 수려하다

③ 这门课_____。

🎧 11-05

1 TV 프로그램

A 你最喜欢看什么电视节目?
Nǐ zuì xǐhuan kàn shénme diànshì jiémù?

B 我最喜欢看体育节目。
Wǒ zuì xǐhuan kàn tǐyù jiémù.

★ 바꿔 말하기

B 最喜欢看音乐节目
zuì xǐhuan kàn yīnyuè jiémù

只看新闻
zhǐ kàn xīnwén

2 방송 용어

A 现在是新闻联播时间吧?
Xiànzài shì xīnwén liánbō shíjiān ba?

B 新闻联播刚开始。
Xīnwén liánbō gāng kāishǐ.

★ 바꿔 말하기

B 还没到时间，现在正在播广告
hái méi dào shíjiān, xiànzài zhèngzài bō guǎnggào

新闻联播已经结束了
xīnwén liánbō yǐjīng jiéshù le

 节目 jiémù (문예나 방송 등의) 프로그램 | 新闻 xīnwén 뉴스 | 新闻联播 xīnwén liánbō 뉴스 연합 보도 [뉴스 프로그램 명칭] | 播 bō 전파하다, 방송하다 | 结束 jiéshù 끝나다

3 문화 생활

A **你晚上通常做什么?**
Nǐ wǎnshang tōngcháng zuò shénme?

B **在家看爱情片。**
Zài jiā kàn àiqíngpiàn.

★ 바꿔 말하기

B 科幻片
kēhuànpiàn

恐怖片
kǒngbùpiàn

4 방송 관련 직업

A **毕业后你想干什么工作?**
Bìyè hòu nǐ xiǎng gàn shénme gōngzuò?

B **我想当一名播音员。**
Wǒ xiǎng dāng yì míng bōyīnyuán.

★ 바꿔 말하기

B 导演
dǎoyǎn

演员
yǎnyuán

단어

通常 tōngcháng 보통 | 爱情片 àiqíngpiàn 멜로 영화 | 科幻片 kēhuànpiàn 공상 과학 영화 | 恐怖片 kǒngbùpiàn 공포 영
화 | 播音员 bōyīnyuán 아나운서 | 导演 dǎoyǎn 감독 | 演员 yǎnyuán 배우

연습 실력이 늘다

听和说 🎧 11-06

1 녹음을 듣고 대화에서 언급한 상황에 V표해 보세요.

①

②

③

2 녹음을 다시 들어 보며 내용과 일치하면 O, 일치하지 않으면 X를 표시해 보세요.

① 男的汉语水平比女的好。（　　） 　 ② 女的看连续剧的时候都能听懂。（　　）

③ 男的看连续剧的时候听不懂。（　　） 　 ④ 男的觉得要听懂新闻最不容易。（　　）

写和说

1 그림을 보고 괄호 안의 표현을 활용하여 주어진 대화를 완성해 보세요.

①

A 如果你父母不让你去留学怎么办？

B ＿＿＿＿＿＿＿＿＿＿＿＿＿＿
＿＿＿＿＿＿＿＿＿。（哪怕……也……）

②

A 一双鞋＿＿＿＿＿＿＿＿＿＿＿！（就）

B 对不起，交钱的时候我才
知道这鞋这么贵。

③

A 你＿＿＿＿＿＿＿＿＿＿＿＿，
真谢谢你。（在……上）

B 别这么客气，我没帮什么忙，
这都是你努力的结果。

④

A 听说西安是中国有名的古都，gǔdū 고도
我想去那儿看看。你觉得怎么样？

B 西安有很多文化遗产，yíchǎn 유산
＿＿＿＿＿＿＿＿＿＿＿＿＿。（值得）

1 다음 글을 읽고 아래 질문에 답해 보세요.

> 韩流在中国的影响很大。很多中国人都喜欢看韩国的电视剧，很多年轻人都喜欢听韩国歌。韩国的商品很受中国人的欢迎，韩国的饮食也很受中国人的喜爱，学习韩语的人也越来越多。在韩国也是"汉语热"，很多中学都有汉语课，学汉语的大学生也越来越多，很多大学生还到中国去留学，很多公司里的职员也都去补习班学习汉语。
>
> 韩流 Hánliú 한류 | 喜爱 xǐ'ài 좋아하다

① 说一说韩流在中国的影响。

② 说一说韩国的"汉语热"。

③ 说一说你为什么学习汉语。

想和说

1 그림의 순서대로 사건을 중국어로 표현해 보세요.

篮球比赛

匆匆忙忙

广告时间

开始

2 좋아하는 TV 프로그램에 대하여 옆 사람과 이야기해 보세요.

카지노의 도시, 마카오

마카오는 중국어로 '아오먼(澳门)'이라고 부른다. 홍콩과 더불어 중국 특별행정구역의 하나로서, 중국 동남 연해의 주강(朱江) 삼각주 서쪽에 위치하고 있다. 마카오반도(澳门半岛), 당즈다오(凼仔岛), 루환다오(路环岛)와 루당다오(路凼岛)의 네 지역으로 이루어져 있다. 총 면적은 29.2km²로 우리나라 종로구보다 조금 더 큰 면적에 인구는 50여만 명이나 된다. 동쪽으로는 홍콩과 60km 떨어져 있고, 주강을 사이에 두고 있다.

마카오 한 대형 카지노의 화려한 로비

16세기부터 포르투갈에 조차된 마카오는 유럽 국가가 동아시아를 처음 점령한 곳이기도 하다. 마카오는 1999년 12월 20일 마침내 포르투갈의 통치에서 벗어나서 중국으로 반환되었다. '일국양제(一国两制)'의 정책으로 마카오는 마카오인이 마카오를 다스리는 자치권을 누리고 있다. 400여 년간 마카오는 동서의 문화가 융합된 독특한 문화적 특성을 지니며, 전통적 종교와 서구의 종교가 함께 존재하고 있다.

매년 마카오를 찾는 관광객은 해마다 늘어나서 2019년에는 약 4000만 명에 이르렀고 그중 중국인은 70%에 이른다. 마카오 지역 총소득액에서 서비스 사업이 90% 이상을 차지하고 있으며 카지노 사업은 그의 절반에 해당한다. 이는 마카오 경제의 카지노 사업을 중심으로 한 관광 사업에 대한 의존도가 절대적으로 높다는 것을 보여 준다.

마카오 중심가의 야경

일찍이 도박, 음주, 유희의 도시로 평가되어 온 마카오가 강력한 사회주의 국가에서 자본주의가 극대화한 모습인 세계적인 카지노 도시로 성장해 왔음은 매우 흥미로운 일이다.

12

你毕业后想做什么工作?

너는 졸업 후에 무슨 일을 하고 싶니?

1 구직과 관련된 표현

2 '宁可A也不B'를 이용한 표현

3 '何必……呢' 구문 표현

- 贸易 màoyì 몡 무역

- 是否 shìfǒu 뷔 ~인지 아닌지

- 肯 kěn 조동 기꺼이 ~하다, ~하길 원하다

- 急躁 jízào 혱 (성격이) 급하다, 조급하다

- 宁可 nìngkě 졉 차라리 (~하는 것이 낫다), 오히려

- 道理 dàolǐ 몡 도리, 일리

- 任何 rènhé 때 어떠한, 무슨

- 强求 qiǎngqiú 동 강요하다

- 职业 zhíyè 몡 직업

- 相符 xiāngfú 동 서로 부합하다

- 改行 gǎiháng 동 직업[업종]을 바꾸다

- 程序员 chéngxùyuán 몡 프로그래머

- 开发 kāifā 동 개발하다

- 游戏 yóuxì 몡 게임

- 有助于 yǒuzhùyú 동 ~에 도움이 되다

- 社会 shèhuì 몡 사회

- 人气 rénqì 몡 인기

- 丰厚 fēnghòu 혱 두툼하다, 두둑하다

- 报酬 bàochou 몡 보수, 급여

- 过于 guòyú 뷔 지나치게, 너무

- 乐观 lèguān 혱 낙관적이다

- 再加上 zàijiāshang 졉 게다가, ~한 데다

- 何必 hébì 뷔 구태여 ~할 필요가 있는가

- 谦虚 qiānxū 혱 겸손하다

- 应聘 yìngpìn 동 지원하다

- 失败 shībài 동 실패하다

- 面试 miànshì 몡 면접시험

- 伯乐 Bólè 몡 백락[인재를 잘 알아보고 등용하는 사람을 가리키는 말]

- 只不过 zhǐbúguò 뷔 다만 ~에 불과하다

- 运气 yùnqi 몡 운, 운세, 운수

- 罢了 bà le 조 (서술문 끝에 쓰여) 단지 ~일 따름이다

- 鼓励 gǔlì 동 격려하다

- 全力以赴 quánlì yǐ fù 성 전력투구하다, 최선을 다하다

- 成功 chénggōng 동 성공하다

제1강세, 제2강세, 띄어 읽기로 리듬을 느끼며 다음 문장을 익혀 보세요.　🎧 12-02

1

宁可／少挣点儿／去贸易公司，／／也不想去银行。

Nìngkě shǎo zhèng diǎnr qù màoyì gōngsī, yě bù xiǎng qù yínháng.

돈을 좀 덜 벌어도 무역 회사에 가지 은행에 가고 싶지는 않아.

2

任何事／都不能强求，／／找工作／也一样。

Rènhé shì dōu bù néng qiǎngqiú, zhǎo gōngzuò yě yíyàng.

어떤 일이든 강요할 수 없지, 직장을 구하는 것도 마찬가지고.

3

很多人／／就是因为／性格和职业／不相符，／／／才改行的。

Hěn duō rén jiùshì yīnwèi xìnggé hé zhíyè bù xiāngfú, cái gǎiháng de.

많은 사람들이 성격과 직업이 맞지 않아서 직업을 바꾸잖아.

4

我希望／／能开发一些／有助于／社会发展的软件。

Wǒ xīwàng néng kāifā yìxiē yǒuzhùyú shèhuì fāzhǎn de ruǎnjiàn.

나는 사회 발전에 도움이 되는 소프트웨어를 개발하고 싶어.

5

明天／／去多乐公司／面试，／／／结果／／还不知道／怎么样呢。

Míngtiān qù Duōlè gōngsī miànshì, jiéguǒ hái bù zhīdao zěnmeyàng ne.

내일은 뚜어러회사에 면접 보러 가는데 결과가 어떻게 될지 모르겠어.

왕따밍 你毕业后想做什么工作？
Nǐ bìyè hòu xiǎng zuò shénme gōngzuò?

리우샤오칭 我想做贸易方面的工作，
Wǒ xiǎng zuò màoyì fāngmiàn de gōngzuò,

特别是有关韩中贸易的。
tèbié shì yǒuguān Hán Zhōng màoyì de.

왕따밍 不知你是否肯去银行工作？
Bù zhī nǐ shìfǒu kěn qù yínháng gōngzuò?

金敏浩现在在银行工作得很不错。
Jīn Mǐnhào xiànzài zài yínháng gōngzuò de hěn búcuò.

리우샤오칭 我性格比较急躁，宁可少挣点儿去贸易公司，
Wǒ xìnggé bǐjiào jízào, nìngkě shǎo zhèng diǎnr qù màoyì gōngsī,

也不想去银行。
yě bù xiǎng qù yínháng.

왕따밍 你的话有道理，任何事都不能强求，找工作也一样。
Nǐ de huà yǒu dàolǐ, rènhé shì dōu bù néng qiǎngqiú, zhǎo gōngzuò yě yíyàng.

很多人就是因为性格和职业不相符，才改行的。
Hěn duō rén jiùshì yīnwèi xìnggé hé zhíyè bù xiāngfú, cái gǎiháng de.

리우샤오칭 你不是马上就要毕业了吗？你想找什么工作？
Nǐ bú shì mǎshàng jiùyào bìyè le ma? Nǐ xiǎng zhǎo shénme gōngzuò?

왕따밍 我想当一名程序员。以前我对开发游戏程序
Wǒ xiǎng dāng yì míng chéngxùyuán. Yǐqián wǒ duì kāifā yóuxì chéngxù

很感兴趣，但现在我希望能开发一些有助于
hěn gǎn xìngqù, dàn xiànzài wǒ xīwàng néng kāifā yìxiē yǒuzhùyú

社会发展的软件。

shèhuì fāzhǎn de ruǎnjiàn.

리우샤오칭 程序员……这可是最近最有人气的职业啊。真羡慕你，

Chéngxùyuán…… zhè kěshì zuìjìn zuì yǒu rénqì de zhíyè a. Zhēn xiànmù nǐ,

既能做自己喜欢的工作，又能得到丰厚的报酬。

jì néng zuò zìjǐ xǐhuan de gōngzuò, yòu néng dédào fēnghòu de bàochou.

왕따밍 我还没找到工作呢，不能过于乐观。

Wǒ hái méi zhǎo dào gōngzuò ne, bù néng guòyú lèguān.

리우샤오칭 你的专业很好，成绩又不错，再加上外语水平这么高，

Nǐ de zhuānyè hěn hǎo, chéngjì yòu búcuò, zàijiāshang wàiyǔ shuǐpíng zhème gāo,

肯定能找到好工作，何必这么谦虚呢？

kěndìng néng zhǎo dào hǎo gōngzuò, hébì zhème qiānxū ne?

왕따밍 其实，我上次应聘大吉公司就失败了。

Qíshí, wǒ shàngcì yìngpìn Dàjí gōngsī jiù shībài le.

明天去多乐公司面试，结果还不知道怎么样呢。

Míngtiān qù Duōlè gōngsī miànshì, jiéguǒ hái bù zhīdao zěnmeyàng ne.

리우샤오칭 像你这样的人才肯定能遇到伯乐，
Xiàng nǐ zhèyàng de réncái kěndìng néng yùdào Bólè,

上次只不过是运气不好罢了。
shàngcì zhǐbúguò shì yùnqi bù hǎo bà le.

明天别紧张，肯定会有好消息的。
Míngtiān bié jǐnzhāng, kěndìng huì yǒu hǎo xiāoxi de.

왕따밍 谢谢你的鼓励。我会全力以赴的❶。
Xièxie nǐ de gǔlì. Wǒ huì quánlì yǐ fù de.

2

大明和小庆一起讨论毕业后找工作的问题，他们都觉得
Dàmíng hé Xiǎoqìng yìqǐ tǎolùn bìyè hòu zhǎo gōngzuò de wèntí, tāmen dōu juéde

性格和职业要相符。小庆想做韩中贸易方面的工作，大明
xìnggé hé zhíyè yào xiāngfú. Xiǎoqìng xiǎng zuò Hán Zhōng màoyì fāngmiàn de gōngzuò, Dàmíng

想当一名程序员，开发一些有助于社会发展的软件。明天
xiǎng dāng yì míng chéngxùyuán, kāifā yìxiē yǒuzhùyú shèhuì fāzhǎn de ruǎnjiàn. Míngtiān

大明要去多乐公司应聘，可是因为上次应聘大吉公司失败了，
Dàmíng yào qù Duōlè gōngsī yìngpìn, kěshì yīnwèi shàngcì yìngpìn Dàjí gōngsī shībài le,

所以有些紧张。小庆告诉他只要别紧张一定能成功。
suǒyǐ yǒuxiē jǐnzhāng. Xiǎoqìng gàosu tā zhǐyào bié jǐnzhāng yídìng néng chénggōng.

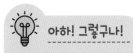
아하! 그렇구나!

❶ 的: 문말에 '的'가 쓰여 예측된 사실에 대한 화자의 확신을 나타낸다.

肯······

'기꺼이 ~을 하려고 하다'라는 뜻으로 쓰인다. 부정 형식은 '不肯······'이다.

不知你是否肯去银行工作？
Bùzhī nǐ shìfǒu kěn qù yínháng gōngzuò?

只要你肯努力，一定能学会。
Zhǐyào nǐ kěn nǔlì, yídìng néng xuéhuì.

'肯'이 들어갈 알맞은 위치를 찾아 보세요.

① 他 ⓐ 怎么 ⓑ 也不 ⓒ 参加 ⓓ 比赛。

② 这次旅行要花很多钱，ⓐ 说什么他 ⓑ 也不 ⓒ 去 ⓓ 旅行。

③ 他有那么多钱，ⓐ 也 ⓑ 不 ⓒ 借给 ⓓ 人家。

宁可A也不B

'차라리 A할지언정 B는 하지 않는다'라는 뜻으로, 두 가지 상황 중 A를 선택함을 나타낼 때 쓰인다.

宁可少挣点儿去贸易公司，也不想去银行。
Nìngkě shǎo zhèng diǎnr qù màoyì gōngsī, yě bù xiǎng qù yínháng.

早饭宁可少吃，也不能不吃。
Zǎofàn nìngkě shǎo chī, yě bù néng bù chī.

박스 안의 표현 중 알맞은 하나를 넣어 다음 문장을 완성해 보세요.

> 也不想去那家饭店吃饭　　　也不做那种工作　　　也不买质量差的东西

① 宁可多花一点钱，＿＿＿＿＿＿＿＿＿＿＿＿＿＿＿。

② 宁可一分钱不挣，＿＿＿＿＿＿＿＿＿＿＿＿＿＿＿。

③ 宁可饿着，＿＿＿＿＿＿＿＿＿＿＿＿＿＿＿。

任何

'任何'는 '的' 없이 직접 명사를 수식하며, 부정사와 함께 쓰여 부정을 강조한다. 부정사의 앞에 쓰일 수도 있고 부정사의 뒤에 쓰일 수도 있는데, 부정사의 앞에 쓰일 경우에는 뒤에 '都'나 '也'가 와서 호응한다.

任何事都不能强求。
Rènhé shì dōu bù néng qiǎngqiú.

这个月学校没有任何活动。
Zhè ge yuè xuéxiào méiyǒu rènhé huódòng.

주어진 단어를 어순에 맞게 배열하여 문장을 완성해 보세요.

① [进去 / 都 / 任何人 / 不能]。

→ ＿＿＿＿＿＿＿＿＿＿＿＿＿＿。

② [都 / 很小心 / 任何事情 / 他 / 做]。

→ ＿＿＿＿＿＿＿＿＿＿＿＿＿＿。

③ [没听到 / 我们 / 消息 / 任何]。

→ ＿＿＿＿＿＿＿＿＿＿＿＿＿＿。

何必……呢?

'구태여 ~할 필요가 있는가'라는 의미의 반어문 형식으로, '~할 필요가 없다'라는 뜻이다.

你肯定能找到好工作，何必这么谦虚呢?
Nǐ kěndìng néng zhǎo dào hǎo gōngzuò, hébì zhème qiānxū ne?

有意见就提嘛，何必生这么大的气呢?
Yǒu yìjiàn jiù tí ma, hébì shēng zhème dà de qì ne?

주어진 문장을 '何必……呢?'를 사용한 문장으로 바꾸어 보세요.

① 你不用让他们参加比赛。

→ ＿＿＿＿＿＿＿＿＿＿＿＿＿。

② 你不用买那么贵的礼物。

→ ＿＿＿＿＿＿＿＿＿＿＿＿＿。

③ 你不用给他写那么长的信。

→ ＿＿＿＿＿＿＿＿＿＿＿＿＿。

只不过……罢了

수량이나 정도가 아주 적음을 나타낸다. '只不过'는 '~에 불과하다'라는 뜻으로, 뒤에 '罢了'가 와서 호응하는 경우가 많다.

上次只不过是运气不好罢了。
Shàngcì zhǐbúguò shì yùnqi bù hǎo bà le.

你只不过写错了几个字罢了。
Nǐ zhǐbúguò xiě cuò le jǐ ge zì bà le.

주어진 문장을 '只不过……罢了'를 사용한 문장으로 바꾸어 보세요.

① 不要客气，我做了我应该做的事。

→ _____ 。

② 他还是个孩子，别要求那么多。

→ _____ 。

③ 你才丢了一百块钱，干吗那么生气。

→ _____ 。

1 동료의 근황

A 好久没见到张先生啦。
Hǎojiǔ méi jiàn dào Zhāng xiānsheng la.

B 他正在度假。
Tā zhèngzài dùjià.

★ 바꿔 말하기

B 停薪留职了
tíngxīn liúzhí le

正在准备公务员考试
zhèngzài zhǔnbèi gōngwùyuán kǎoshì

2 근무 상황

A 你父亲还在韩国贸易公司工作吗?
Nǐ fùqīn hái zài Hánguó màoyì gōngsī gōngzuò ma?

B 他退休已经一年了。
Tā tuìxiū yǐjīng yì nián le.

★ 바꿔 말하기

B 已经跳槽到别的公司了
yǐjīng tiàocáo dào bié de gōngsī le

是的，已经升为理事了
shì de, yǐjīng shēng wéi lǐshì le

 단어
度假 dùjià 휴가를 보내다 | 停薪留职 tíngxīn liúzhí 무급으로 휴직하다 | 公务员 gōngwùyuán 공무원 | 退休 tuìxiū 퇴직하다
| 跳槽 tiàocáo 직업을 바꾸다 | 理事 lǐshì 이사

3 직장 내의 관계

A   这位是谁?
Zhè wèi shì shéi?

B   是我们部门的同事。
Shì wǒmen bùmén de tóngshì.

★ 바꿔 말하기

B   我们的领导
wǒmen de lǐngdǎo

新来的同事
xīnlái de tóngshì

4 입사 시험

A   应聘的结果怎么样?
Yìngpìn de jiéguǒ zěnmeyàng?

B   简历已经通过审查了。
Jiǎnlì yǐjīng tōngguò shěnchá le.

★ 바꿔 말하기

B   面试已经合格了
miànshì yǐjīng hégé le

明天公布结果
míngtiān gōngbù jiéguǒ

 部门 bùmén 부서, 부 | 领导 lǐngdǎo 상급자, 상사 | 新来 xīnlái 새로 오다 | 简历 jiǎnlì (개인의) 약력 | 审查 shěnchá 심사하다
| 合格 hégé 합격하다 | 公布 gōngbù 공포하다, 공표하다

听和说 🎧12-06

1 녹음을 듣고 남자가 최근에 한 일과 일치하는 장면에 V표해 보세요.

①

②

③

2 녹음을 다시 들어 보며 내용과 일치하면 O, 일치하지 않으면 X를 표시해 보세요.

① 他们俩很久没有见面了。(　　　)　　② 女的最近有面试。(　　　)

③ 男的通过了贸易公司的面试。(　　　)　　④ 男的要在银行工作。(　　　)

写和说

1 그림을 보고 괄호 안의 표현을 활용하여 주어진 대화를 완성해 보세요.

①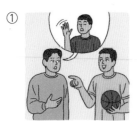

A 不管我们怎么说，
他也＿＿＿＿＿＿＿＿＿＿。(肯)

B 那你能替他参加篮球比赛吗？

②

A 好久没见到小李了，
你最近有没有他的消息？

B 我也很长时间没见到他了，
没＿＿＿＿＿＿＿＿＿＿。(任何)

③

A 我宁可饿着，
＿＿＿＿＿＿＿＿＿＿。(也不)

B 那我们回家吃吧。

④

A 你想干什么工作？

B 我＿＿＿＿＿＿＿＿。(当)

1 다음 글을 읽고 아래 질문에 답해 보세요.

> 　　大明和小庆都是大四的学生，他们马上就要毕业了。为了找到一个好工作，他们都在努力地学习。大明是中文系的，毕业后他想做贸易方面的工作。小庆学的是企业管理，她想去银行工作。上个星期大明去北京贸易公司参加了面试，小庆去中国银行参加了面试。这两个公司明天都在网上公布结果，所以他们俩都很紧张。

① 大明和小庆的专业是什么？

② 大明和小庆毕业后想做什么工作？

③ 他们参加面试的这两个公司怎样公布结果？

想和说

1 그림의 순서대로 사건을 중국어로 표현해 보세요.

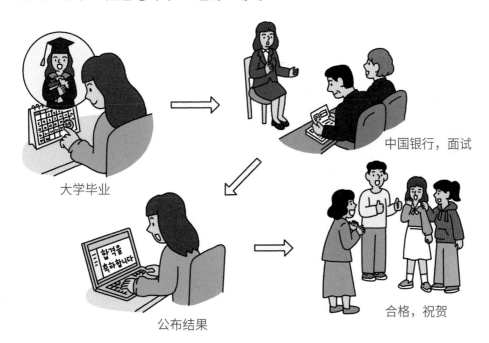

大学毕业

中国银行，面试

公布结果

合格，祝贺

2 자신이 선호하는 직업에 대해서 옆 사람과 대화를 나눠 보세요.

중국 청년들의 입대 열풍

중국에는 이런 말이 있다. "군대에 가면 잠시 힘들고, 군대에 가지 않으면 평생 후회한다.(当兵苦一时, 不当兵后悔一辈子。)" 중국에서 병역비리란 치열한 경쟁을 뚫고 군대에 가기 위해 뒷돈을 쓰는 경우를 말한다. 이는 병역기피가 종종 문제시되는 우리에게는 낯선 풍경이다. 왜 이러한 일이 일어나는가? 중국도 원래는 한국처럼 의무복무제이지만 평시에는 각 지역마다 할당 인원이 있어서 지원자를 우선 받고 부족한 경우에 징병을 실시하게 되어 있다. 그러나 항상 지원자가 할당 인원을 월등히 초과하여 입대를 위한 경쟁이 치열하다.

이처럼 중국에 입대 열풍이 부는 것은 혜택이 많기 때문이다. 군 복무 기간 동안의 월급도 적지 않지만 제대 후에도 수당이 주어지며, 공무원 시험과 공기업 채용 시에 우대하는 등 일자리를 구하기가 쉬워지고 공산당 입당 자격이 주어진다. 또한 최근 '군의 현대화'를 최대 목표로 삼은 중국이 고학력의 유능한 인재들의 입대를 유도하기 위하여 대학생 혹은 대졸자가 입대하면 학비를 면제받거나 환불받을 수 있게 하고 있다. 여기에 최근의 취업난도 가세하여 나타난 현상이다. 특히 여군의 경우는 모집 인원이 적어서 경쟁이 더 치열하여 거액의 뒷돈을 주고 입대하는 경우도 있다고 한다.

입대한 중국 청년들

이처럼 최근에 대학 교육을 받은 엘리트들의 지원이 늘면서 중국 인민해방군은 현대화된 정보와 기술을 바탕으로 무장한 군사력 구축을 위해 전력하고 있다. 입대한 젊은이들도 과학 기술을 취득하는 새로운 기회로 군 생활을 이용하고 있다.

13

中国的风俗文化真是越听越有趣。

중국의 풍속 문화는 정말 들을수록 재미있어.

1 명절과 관련된 표현

2 '……过来'를 이용한 표현

3 '不是A, 而是B' 구문 표현

- 春节 Chūn Jié 명 춘제(음력 설)

- 愿意 yuànyì 동 ~하기를 바라다

- 过年 guònián 동 설을 쇠다, 새해를 맞다

- 以来 yǐlái 명 이래, 동안

- 过节 guòjié 동 명절을 쇠다

- 难得 nándé 형 (귀한 것, 기회 등을) 얻기 어렵다, ~하기 어렵다

- 周到 zhōudào 형 세심하다

- 走亲访友 zǒu qīn fǎng yǒu 성 친지나 친구의 집을 방문하다

- 互相 hùxiāng 부 서로

- 拜年 bàinián 동 세배하다, 새해 인사를 드리다

- 大人 dàren 명 성인, 어른

- 压岁钱 yāsuìqián 명 세뱃돈

- 韩服 Hánfú 명 한복

- 饺子 jiǎozi 명 만두, 교자

- 枣 zǎo 명 대추

- 年糕 niángāo 명 (중국식) 설 떡

- 硬币 yìngbì 명 동전

- 预测 yùcè 동 예측하다

- 代表 dàibiǎo 동 대표하다, 나타내다

- 甜蜜 tiánmì 형 달콤하다, 행복하다

- 爱情 àiqíng 명 남녀 간의 사랑, 애정

- 升官 shēngguān 동 직위가 오르다, 출세하다

- 发财 fācái 동 큰돈을 벌다, 부자가 되다

- 讲究 jiǎngjiu 명 숨은 의미 동 신경을 쓰다

- 祈愿 qíyuàn 동 희망하다, 바라다, 기원하다

- 事业 shìyè 명 사업

- 兴旺 xīngwàng 형 흥성하다, 번창하다

- 福 fú 명 복, 행운

- 倒 dào 동 (상하가) 거꾸로 되다

- 到达 dàodá 동 이르다, 도달하다

- 发音 fāyīn 명 발음

- 相同 xiāngtóng 형 서로 같다, 일치하다

- 风俗 fēngsú 명 풍속

- 有趣 yǒuqù 형 재미있다

제1강세, 제2강세, 띄어 읽기로 리듬을 느끼며 다음 문장을 익혀 보세요. 🎧 13-02

①

我还有／很多事／／要做，／／／今年春节／／我恐怕／回不了家。

Wǒ hái yǒu hěn duō shì yào zuò, jīnnián Chūn Jié wǒ kǒngpà huí bu liǎo jiā.

할 일이 아직 많아서 올해 춘제에는 집에 돌아가지 못할 것 같아.

②

如果／你愿意，／／／到我家／过年／／怎么样?

Rúguǒ nǐ yuànyì, dào wǒ jiā guònián zěnmeyàng?

네가 원한다면 우리 집에 가서 설을 지내는 거 어때?

③

你到中国／学习以来／／／还没在／中国人家里／／过过节吧?

Nǐ dào Zhōngguó xuéxí yǐlái hái méi zài Zhōngguórén jiā lǐ guò guo jié ba?

너 중국에 공부하러 온 이후로 아직 중국인 집에서 명절을 지내 보지 않았지?

④

难得／／你为我想得／那么周到，／／／真／太谢谢你了。

Nándé nǐ wèi wǒ xiǎng de nàme zhōudào, zhēn tài xièxie nǐ le.

나를 위해 그렇게 세심하게 배려해 주기 어려운데 정말 고마워.

⑤

把"福"字／倒过来贴，／／／不是贴错了，／／／而是代表／"福到"的意思。

Bǎ "fú" zì dào guòlai tiē, bú shì tiēcuò le, ér shì dàibiǎo "fúdào" de yìsi.

'福'자를 거꾸로 붙인 것은 잘못 붙인 것이 아니라, '복이 도달하다'라는 뜻을 나타내는 거야.

리우샤오칭   春节快要到了，你春节的时候不回韩国吗？
             Chūn Jié kuài yào dào le, nǐ Chūn Jié de shíhou bù huí Hánguó ma?

김민호   我还有很多事要做，今年春节我恐怕回不了家。
          Wǒ hái yǒu hěn duō shì yào zuò, jīnnián Chūn Jié wǒ kǒngpà huí bu liǎo jiā.

          你呢？不回家吗？
          Nǐ ne? Bù huíjiā ma?

리우샤오칭   我回家。如果你愿意，到我家过年怎么样？
             Wǒ huíjiā. Rúguǒ nǐ yuànyì, dào wǒ jiā guònián zěnmeyàng?

             你到中国学习以来还没在中国人家里过过节吧？
             Nǐ dào Zhōngguó xuéxí yǐlái hái méi zài Zhōngguórén jiā lǐ guò guo jié ba?

김민호   那可再好不过了，难得你为我想得那么周到，
          Nà kě zài hǎo búguò le, nándé nǐ wèi wǒ xiǎng de nàme zhōudào,

          真太谢谢你了。
          zhēn tài xièxie nǐ le.

리우샤오칭   在中国，春节的时候，人们走亲访友，互相拜年，
             Zài Zhōngguó, Chūn Jié de shíhou, rénmen zǒu qīn fǎng yǒu, hùxiāng bàinián,

             大人们还会给孩子压岁钱。在韩国，过年的时候做什么？
             dàrenmen hái huì gěi háizi yāsuìqián. Zài Hánguó, guònián de shíhou zuò shénme?

김민호   我们也和中国一样，过年的时候穿韩服，
          Wǒmen yě hé Zhōngguó yíyàng, guònián de shíhou chuān Hánfú,

          走亲访友，互相拜年，给孩子们压岁钱。
          zǒu qīn fǎng yǒu, hùxiāng bàinián, gěi háizimen yāsuìqián.

리우샤오칭   在我们北方，春节的时候吃饺子，而且还往饺子里
             Zài wǒmen běifāng, Chūn Jié de shíhou chī jiǎozi, érqiě hái wǎng jiǎozi lǐ

放入大枣、糖、年糕、硬币等等，预测一年的运气。
fàngrù dà zǎo、táng、niángāo、yìngbì děngděng, yùcè yìnián de yùnqi.

大枣代表早生贵子❶，糖代表甜蜜的爱情，
Dà zǎo dàibiǎo zǎo shēng guìzǐ, táng dàibiǎo tiánmì de àiqíng,

年糕代表升官，硬币代表发财。
niángāo dàibiǎo shēngguān, yìngbì dàibiǎo fācái.

김민호 没想到，春节的饺子有这么多的讲究。在我们韩国，
Méi xiǎngdào, Chūn Jié de jiǎozi yǒu zhème duō de jiǎngjiu. Zài wǒmen Hánguó,

过年的时候喝年糕汤。喝了年糕汤，就会长一岁。
guònián de shíhou hē niángāo tāng. Hē le niángāo tāng, jiù huì zhǎng yí suì.

리우샤오칭 是吗？在中国的南方，春节也吃年糕。
Shì ma? Zài Zhōngguó de nánfāng, Chūn Jié yě chī niángāo.

年糕有祈愿事业兴旺、"年年高"的意思。
Niángāo yǒu qíyuàn shìyè xīngwàng、"nián nián gāo" de yìsi.

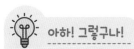 아하! 그렇구나!

❶ 早生贵子: 귀한 자식을 빨리 낳으라는 뜻의 덕담이다.

김민호 　对了! 中国人为什么把"福"字倒过来贴?
Duì le! Zhōngguórén wèishénme bǎ "fú" zì dào guòlai tiē?

刚开始我还以为是贴错了，后来才发现家家都倒着贴。
Gāng kāishǐ wǒ hái yǐwéi shì tiē cuò le, hòulái cái fāxiàn jiā jiā dōu dào zhe tiē.

리우샤오칭 　原来你不知道啊，因为"倒过来"的"倒"和"到达"的"到"
Yuánlái nǐ bù zhīdao a, yīnwèi "dào guòlai" de "dào" hé "dàodá" de "dào"

发音相同，所以把"福"字倒过来贴，不是贴错了，
fāyīn xiāngtóng, suǒyǐ bǎ "fú" zì dào guòlai tiē, bú shì tiē cuò le,

而是代表"福到"的意思。
ér shì dàibiǎo "fú dào" de yìsi.

김민호 　中国的风俗文化真是越听越有趣。
Zhōngguó de fēngsú wénhuà zhēn shì yuè tīng yuè yǒuqù.

2 ⋯⋯⋯⋯⋯⋯⋯⋯⋯⋯⋯⋯⋯⋯⋯⋯⋯⋯⋯⋯⋯⋯⋯⋯⋯⋯⋯⋯⋯⋯⋯ 🎧 13-04

春节就要到了，可是因为要做的事情太多，敏浩春节的
Chūn Jié jiù yào dào le, kěshì yīnwèi yào zuò de shìqing tài duō, Mǐnhào Chūn Jié de

时候不回家。小庆邀请敏浩到自己家过年，敏浩非常高兴。
shíhou bù huíjiā. Xiǎoqìng yāoqǐng Mǐnhào dào zìjǐ jiā guònián, Mǐnhào fēicháng gāoxìng.

中国和韩国过年的时候都走亲访友，互相拜年，给孩子们
Zhōngguó hé Hánguó guònián de shíhou dōu zǒu qīn fǎng yǒu, hùxiāng bàinián, gěi háizimen

压岁钱。但是中国过年的时候北方吃饺子，南方吃年糕，
yāsuìqián. Dànshì Zhōngguó guònián de shíhou běifāng chī jiǎozi, nánfāng chī niángāo,

而❷韩国过年的时候喝年糕汤。
ér Hánguó guònián de shíhou hē niángāo tāng.

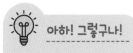 아하! 그렇구나!
❷ 而: 내용이 대비되는 두 개의 절을 연결해 준다.

표현 날개를 달다

以来

과거의 어떤 시점으로부터 발화 시점, 혹은 특정 시점까지의 시간을 가리킨다. 앞에 '从' '自从'이 오기도 한다.

你到中国学习以来还没在中国人家里过过节吧？
Nǐ dào Zhōngguó xuéxí yǐlái hái méi zài Zhōngguórén jiā lǐ guò guo jié ba?

今年年初以来，我已经去过中国六次了。
Jīnnián niánchū yǐlái, wǒ yǐjīng qù guo Zhōngguó liù cì le.

'……以来'와 괄호 안의 표현을 응용하여 주어진 문장을 완성해 보세요.

① ＿＿＿＿＿＿＿＿＿，他一直打工。(放假)

② ＿＿＿＿＿＿＿＿＿，他一直努力学习。(开学)

③ 我＿＿＿＿＿＿＿＿，从来没见过他犯错误。(认识)
　　　　　　　　　　　　fàn cuòwù 실수하다

④ 自从＿＿＿＿＿＿＿＿，他的生活完全变了。(结婚)

再……不过了

정도가 심함을 과장되게 나타내는 표현이다. '不过了' 앞에는 형용사가 온다.

那可再好不过了。
Nà kě zài hǎo búguò le.

首尔市中心再热闹不过了。
Shǒu'ěr shìzhōngxīn zài rènao búguò le.

市中心 shìzhōngxīn 도시 중심부 | 热闹 rènao 번화하다, 왁자지껄하다

주어진 문장을 '再……不过了'를 사용한 문장으로 바꾸어 보세요.

① 他俩正在谈恋爱，这很明白。→ ＿＿＿＿＿＿＿＿＿＿＿＿＿＿＿。

② 让他当班长，最合适。→ ＿＿＿＿＿＿＿＿＿＿＿＿＿＿＿。

③ 今天的天气非常好。→ ＿＿＿＿＿＿＿＿＿＿＿＿＿＿＿。

④ 你的想法太好了，我们就按你说的去做吧。→ ＿＿＿＿＿＿＿＿＿＿＿＿。
　　xiǎngfa 생각, 의견

难得

'~하기 어렵다'라는 뜻으로 주어의 앞이나 뒤에 쓰인다. 뒤에는 주로 긍정적 뉘앙스의 말이 온다.

> **难得你为我想得那么周到，真太谢谢你了。**
> Nándé nǐ wèi wǒ xiǎng de nàme zhōudào, zhēn tài xièxie nǐ le.

> **你难得来一次，多住几天吧。**
> Nǐ nándé lái yí cì, duō zhù jǐ tiān ba.

박스 안의 표현 중 알맞은 하나를 넣어 다음 문장을 완성해 보세요.

> 难得他这么小　　　难得星期天睡个懒觉　　　难得一见

① 最近他忙得很，＿＿＿＿＿＿＿＿＿＿＿＿。

② 平时累得要命，＿＿＿＿＿＿＿＿＿＿＿＿。

③ ＿＿＿＿＿＿＿＿＿＿＿＿，就这么懂事。

……过来

동사의 뒤에 쓰여 어떠한 동작을 통해 방향이 바뀜을 나타낸다.

> **把"福"字倒过来贴。**
> Bǎ "fú" zì dào guòlai tiē.

> **我让他回过身来，看着我。**
> Wǒ ràng tā huí guò shēn lai, kàn zhe wǒ.

그림을 보고 '过来'와 괄호 안의 단어를 활용하여 주어진 문장을 완성해 보세요.

①

衣服穿反了，把衣服＿＿＿＿＿＿＿！ (翻)
chuān fǎn 뒤집어 입다, 거꾸로 입다　　fān 뒤집다

188

②

他_____看着我。(回头)

③

_____写还是"王"。(倒)

不是A，而是B

'A가 아니라 B이다'라는 뜻이다. A를 부정하고 B를 긍정하면서 대비할 때 쓰인다.

把"福"字倒过来贴，不是贴错了，而是代表"福到"的意思。
Bǎ "fú" zì dào guòlai tiē, bú shì tiē cuò le, ér shì dàibiǎo "fú dào" de yìsi.

他说的那个人不是雨林，而是我。
Tā shuō de nà ge rén bú shì Yǔlín, ér shì wǒ.

다음을 '不是……，而是……'를 포함한 문장으로 바꾸어 보세요.

① 他不爱我，我爱他。

→ _____。

② 我想去留学，可是没有钱。

→ _____。

③ 我忙，而且非常忙。

→ _____。

🎧 13-05

1 명절 풍습

A 春节的时候中国人做什么?
Chūn Jié de shíhou Zhōngguórén zuò shénme?

B 互相拜年。
Hùxiāng bàinián.

★ 바꿔 말하기

A 端午节   B 赛龙舟
Duānwǔ Jié   sài lóngzhōu

中秋节   赏月
Zhōngqiū Jié   shǎng yuè

2 명절 음식

A 春节的时候中国人吃什么?
Chūn Jié de shíhou Zhōngguórén chī shénme?

B 吃饺子。
Chī jiǎozi.

★ 바꿔 말하기

A 端午节   B 粽子
Duānwǔ Jié   zòngzi

中秋节   月饼
Zhōngqiū Jié   yuèbing

단어

端午节 Duānwǔ Jié 똰우제(단오) | 赛龙舟 sài lóngzhōu 용머리로 뱃머리를 장식하고 배 경주를 하다 | 中秋节 Zhōngqiū Jié 중치우제(추석) | 赏月 shǎng yuè 달구경하다 | 粽子 zòngzi 쫑즈 [단오절에 굴원을 기리기 위해 찹쌀을 대나무 잎사귀나 갈대잎에 싸서 삼각형으로 묶은 후 찐 음식] | 月饼 yuèbing 월병

3 정월대보름

A 元宵节的时候中国人做什么?

Yuánxiāo Jié de shíhou Zhōngguórén zuò shénme?

B 吃汤圆。

Chī tāngyuán.

★ 바꿔 말하기

B 看花灯

kàn huādēng

舞龙灯

wǔ lóngdēng

4 특별한 날의 인사말

A 春节拜年的时候说什么?

Chūn Jié bàinián de shíhou shuō shénme?

B 过年好!

Guònián hǎo!

★ 바꿔 말하기

A 庆祝圣诞节

qìngzhù Shèngdàn Jié

祝贺别人生日

zhùhè biérén shēngrì

B 圣诞节愉快

Shèngdàn Jié yúkuài

生日快乐

shēngrì kuàilè

 단어 元宵节 Yuánxiāo Jié 위안샤오제(정월대보름) | 汤圆 tāngyuán 탕위안 | 花灯 huādēng 정월대보름에 걸어 놓는 장식등 | 舞龙灯 wǔ lóngdēng 용등을 들고 춤을 추다 | 庆祝 qìngzhù 축하하다, 경축하다

听和说 🎧 13-06

1 녹음을 듣고 이후에 예상되는 상황에 V표해 보세요.

①

②

③

2 녹음을 다시 들어 보며 내용과 일치하면 O, 일치하지 않으면 X를 표시해 보세요.

① 明天是女的的生日。( )

② 女的请男的来她家做客。( )

③ 男的没见过女的的家人。( )

④ 他们约好晚上见面。( )

写和说

1 그림을 보고 괄호 안의 표현을 활용하여 주어진 대화를 완성해 보세요.

①

A 我们一起去，好不好？

B 那＿＿＿＿＿＿＿＿＿＿。
　　(再……不过了)

②

A 这是我们毕业后第一次见面吧？

B 是啊，＿＿＿＿＿＿＿＿＿＿。
　　今天我们好好儿聊一聊吧。(难得)

③

A 你现在在哪儿？

B ＿＿＿＿＿＿＿＿＿＿，
　　我就在你的身后。(……过来)

④

A 听到这个消息她为什么哭了？
　　是不是不高兴啊？

B 她＿＿＿＿＿＿＿＿＿＿。
　　(不是A，而是B)

1 다음 글을 읽고 아래 질문에 답해 보세요.

> 　　李正民今年在中国过春节。小庆邀请她到自己家来过年。春节这一天，正民穿上了她从韩国带来的韩服。小庆的妈妈看到穿着韩服的正民，夸她非常漂亮。小庆的妈妈以前在《大长今》里曾经见过韩服，可亲眼看到韩服，这还是第一次。看到小庆的妈妈这么喜欢韩服，正民决定买一套韩服送给小庆的妈妈。
>
> 夸 kuā 칭찬하다

　① 李正民是在哪儿过的春节？

　② 小庆的妈妈以前在哪儿见过韩服？

　③ 李正民想送给小庆的妈妈一件什么礼物？

想和说

1 그림의 순서대로 사건을 중국어로 표현해 보세요.

韩服

年糕汤

拜年

压岁钱

2 옆 사람과 지난 설날에 있었던 일을 이야기해 보세요.

공자, 다시 살아나다

유교는 중국 한대(汉代)에 국가의 중요한 통치 사상으로 정해진 후, 2000여 년간 중국의 정통 사상으로 여겨져 왔다. 고대 중국인은 유교를 '성교(圣教)'라고 부르면서 중국인의 가장 으뜸이 되는 종교라고 여길 정도였다. 이처럼 유교는 중국인의 의식에 절대적인 영향을 미쳐 왔다. 하지만 1912년 중화민국이 수립된 후 유교 이념을 폐지하여 유교는 국가 사상으로서의 지위를 잃었고 공자를 타파하자는 운동까지 있었다.

국민당 정부는 공자 숭배를 다시 시작하여 공자에 대한 제사를 국가적 행사 중의 하나로 다시 격상했지만, 1949년 중국공산당은 중국 본토에서의 유가 사상을 부정하고 공자와 유림을 비판했다. 특히 문화대혁명 시기에는 유교에 대해서 전면적인 탄압과 말살을 시도하였다.

중국의 개혁 개방 이후, 유교는 다시 점진적으로 중시를 받게 되었고, 국가적으로도 유교의 중요성이 다시 부각되고 있다. 2004년 한국에 공자학원(孔子学院)을 처음 설립한 후, 2020년에는 세계 각국에 500개가 넘는 공자학원을 설립한 것만 보더라도 중국어와 중국 문화의 전파를 위해서도 공자와 그의 유교 사상을 적극적으로 활용하고 있음을 알 수 있다.

중국의 유교 사상을 대표하는 공자의 동상

이윤을 추구하는 기업도 이제 유교적 가치관이 중요함을 깨닫고 유교의 전통적 가치관을 기업 경영에 반영하고 있다. 또한, 유교적 가치관을 실천하는 유상(儒商)이라는 모범적 상인을 역설하기도 한다. 유교적 계급주의를 타파하고자 했던 사회주의 국가인 중국이 이제 사회를 유지하는 중요한 전통적 사상으로서 그 가치를 다시 살리고자 하는 것은 상상하지 못했던 일이다.

14

복습 II

🎧 14-01

1 건강

1 你怎么瘦了这么多，好像换了个人似的。
Nǐ zěnme shòu le zhème duō, hǎoxiàng huàn le ge rén shìde.

2 多做一些有氧运动，效果会比较好。
Duō zuò yìxiē yǒuyǎng yùndòng, xiàoguǒ huì bǐjiào hǎo.

3 晚饭不要吃得太晚，尽量少吃零食。
Wǎnfàn búyào chī de tài wǎn, jǐnliàng shǎo chī língshí.

4 一起锻炼好是好，不过你得向我保证先戒烟。
Yìqǐ duànliàn hǎo shì hǎo, búguò nǐ děi xiàng wǒ bǎozhèng xiān jièyān.

2 요리

1 听说你正在上烹饪学习班？
Tīngshuō nǐ zhèngzài shàng pēngrèn xuéxíbān?

2 人们都说中国菜几乎都是用油炸的。
Rénmen dōu shuō Zhōngguó cài jīhū dōu shì yòng yóu zhá de.

3 有些作料好像跟韩国的不太一样。
Yǒuxiē zuóliao hǎoxiàng gēn Hánguó de bú tài yíyàng.

4 对于中国菜你知道的可真够多的。
Duìyú Zhōngguó cài nǐ zhīdao de kě zhēn gòu duō de.

3 인터넷

1 现在生活中如果没有手机，好像什么都做不成。
Xiànzài shēnghuó zhōng rúguǒ méiyǒu shǒujī, hǎoxiàng shénme dōu zuò bu chéng.

2 如果有要记录下来的，直接用手机一拍就行。
Rúguǒ yǒu yào jìlù xiàlai de, zhíjiē yòng shǒujī yì pāi jiù xíng.

3 随时随地和国内外的亲朋好友们视频聊天。
Suíshí suídì hé guó nèi wài de qīnpéng hǎoyǒumen shìpín liáotiān.

4 还可以通过各种社交网络和别人沟通交流。
Hái kěyǐ tōngguò gèzhǒng shèjiāo wǎngluò hé biérén gōutōng jiāoliú.

④ **한류**

1 哪怕没看过的人，也都知道《大长今》这个韩剧。
Nǎpà méi kàn guo de rén, yě dōu zhīdao 《Dàchángjīn》 zhè ge Hánjù.

2 韩剧在内容上比较注重多样性和趣味性的原因吧。
Hánjù zài nèiróng shàng bǐjiào zhùzhòng duōyàngxìng hé qùwèixìng de yuányīn ba.

3 听汉语的台词和听韩语的台词感觉不太一样。
Tīng Hànyǔ de táicí hé tīng Hányǔ de táicí gǎnjué bú tài yíyàng.

4 学习韩国语的人越来越多，我就是其中一个。
Xuéxí Hánguóyǔ de rén yuèláiyuè duō, wǒ jiùshì qízhōng yí ge.

⑤ **취직**

1 宁可少挣点儿去贸易公司，也不想去银行。
Nìngkě shǎo zhèng diǎnr qù màoyì gōngsī, yě bù xiǎng qù yínháng.

2 任何事都不能强求，找工作也一样。
Rènhé shì dōu bù néng qiǎngqiú, zhǎo gōngzuò yě yíyàng.

3 很多人就是因为性格和职业不相符，才改行的。
Hěn duō rén jiùshì yīnwèi xìnggé hé zhíyè bù xiāngfú, cái gǎiháng de.

4 明天去多乐公司面试，结果还不知道怎么样呢。
Míngtiān qù Duōlè gōngsī miànshì, jiéguǒ hái bù zhīdao zěnmeyàng ne.

⑥ **춘제**

1 我还有很多事要做，今年春节我恐怕回不了家。
Wǒ hái yǒu hěn duō shì yào zuò, jīnnián Chūn Jié wǒ kǒngpà huí bu liǎo jiā.

2 你到中国学习以来还没在中国人家里过过节吧?
Nǐ dào Zhōngguó xuéxí yǐlái hái méi zài Zhōngguórén jiā lǐ guò guo jié ba?

3 人们走亲访友，互相拜年，大人们还会给孩子压岁钱。
Rénmen zǒu qīn fǎng yǒu, hùxiāng bàinián, dàrenmen hái huì gěi háizi yāsuìqián.

4 把"福"字倒过来贴，不是贴错了，而是代表"福到"的意思。
Bǎ "fú" zì dào guòlai tiē, bú shì tiē cuò le, ér shì dàibiǎo "fú dào" de yìsi.

그림 속 등장인물들의 행동 및 대화를 보고 다음 문제를 풀어 보세요.

1 말풍선 속 등장인물들의 대화를 중국어로 바꾸어 쓰고 말해 보세요.

A （　　　　　　　　　　　　　　　　　　　　　　）

B （　　　　　　　　　　　　　　　　　　　　　　）

C （　　　　　　　　　　　　　　　　　　　　　　）

D （　　　　　　　　　　　　　　　　　　　　　　）

E （　　　　　　　　　　　　　　　　　　　　　　）

F （　　　　　　　　　　　　　　　　　　　　　　）

G （　　　　　　　　　　　　　　　　　　　　　　）

H （　　　　　　　　　　　　　　　　　　　　　　）

2 다음 문장이 그림과 일치하는지 O, X로 표시해 보세요.

① B正在学做中国菜。（　　　）

② D不想和C联系。（　　　）

③ E想买手机和电脑。（　　　）

④ F现在是学生。（　　　）

⑤ G和H一年没见面。（　　　）

⑥ H胖了一点儿。（　　　）

1 밑줄에 들어갈 알맞은 표현을 찾아 보세요.

❶ 这样继续做_____，一定会有好结果的。

   ⓐ 下去   ⓑ 上来

   ⓒ 下来   ⓓ 起来

❷ _____右边看，那家就是北京大饭店。

   ⓐ 从   ⓑ 往   ⓒ 给   ⓓ 对

❸ 这个故事可以写_____一本小说。

   ⓐ 着   ⓑ 了   ⓒ 成   ⓓ 向

❹ 今天天安门广场再热闹_____了。

   ⓐ 得多   ⓑ 得很   ⓒ 不到   ⓓ 不过

❺ 中国人把"福"字倒_____贴。

   ⓐ 过来   ⓑ 下来   ⓒ 出来   ⓓ 上来

> **핵심 정리**
>
> ① 下去 [동사 뒤에 쓰여 지금부터 앞으로 동작이 지속됨을 나타냄]
>
> ③ 동사 + 成 ~가 되다
>
> ④ 再……不过了 더 이상 ~할 수 없다, 가장 ~하다
>
> ⑤ 过来 [동사 뒤에 쓰여 동작을 통해 방향이 바뀜을 나타냄]
> 出来 [동사 뒤에 쓰여 동작이 안에서 밖에 있는 화자 쪽으로 이동함을 나타냄]
> 上来 [동사 뒤에 쓰여 낮은 곳에서 높은 곳으로 이동하는 것을 나타냄]

2 괄호 안의 단어가 들어갈 알맞은 위치를 찾아 보세요.

❶ 以后 ⓐ 你 ⓑ 改变一下 ⓒ 你的饮食 ⓓ 习惯。(必须)

❷ 明天 ⓐ 去北京 ⓑ 旅游，我 ⓒ 多高兴了 ⓓ 。(别提)

❸ ⓐ 张老师 ⓑ 有那么多书，ⓒ 也不 ⓓ 借给学生。(肯)

❹ ⓐ 做 ⓑ 事情，他 ⓒ 都很小心 ⓓ 。(任何)

❺ 他 ⓐ 学习 ⓑ 那么认真，ⓒ 没想到 ⓓ 没考上大学。
(竟然)

> **핵심 정리**
>
> ① 必须 반드시 ~해야 한다
>
> ② 别提 더 말할 나위 없이 ~하다
>
> ③ 肯 기꺼이 ~을 하려고 하다
>
> ④ 任何 어떠한, 무슨
>
> ⑤ 竟然 뜻밖에도

3 밑줄 친 부분과 같은 의미의 단어를 찾아 보세요.

❶ 两个月没见，你怎么<u>发福</u>了？

    ⓐ 胖   ⓑ 挣钱   ⓒ 幸福   ⓓ 结婚

❷ 我<u>就</u>有一支笔，不能借给你。

    ⓐ 快   ⓑ 只   ⓒ 又   ⓓ 还

❸ 我还没找到工作呢，不能<u>过于</u>乐观。

    ⓐ 太   ⓑ 更   ⓒ 再   ⓓ 还

❹ 收入就达1500万元<u>上下</u>。

    ⓐ 以上   ⓑ 以下   ⓒ 前后   ⓓ 左右

❺ 快要考试了，你<u>一定要</u>努力学习。

    ⓐ 可能   ⓑ 必须   ⓒ 肯定   ⓓ 需要

핵심 정리

① 发福 살이 찌다

② 就 오직

③ 过于 지나치게, 너무

④ 上下 [수량사 뒤에 쓰여 어림수를 나타냄]

⑤ 一定要 반드시 ~해야 한다

4 다음 글에는 틀린 곳이 세 군데 있습니다.
찾아서 바르게 고쳐 보세요.

    大明换了一部很新型的手机，这部手机不仅外形美观，而且防水，大明十分满意。现在生活中，做什么离不开手机。用手机可以听音乐、买东西、拍照片等，正民觉得这些功能中最好是可以随时随地和国内外的亲朋好友们视频聊天。

핵심 정리

비술어성 형용사 '新型'은 정도부사 '很'의 수식을 받지 않고, '的' 없이 직접 명사를 수식할 수 있다.

중국을 움직이는 힘, 중국공산당

중국공산당(中国共产党)은 1920년에 천두슈(陈独秀)를 중심으로 상하이에서 창립되었으며 약칭으로 중공(中共)이라고도 한다. 1949년 국민당(国民党)을 무너뜨리고 정권을 장악하여 중화인민공화국(中华人民共和国)을 수립하였다. 헌법에 그 밖의 정당을 인정하고는 있으나 중국공산당의 지도적 역할 또한 명기되어 있어서 실질적으로 중국은 중국공산당에 의해 움직여 왔다. 따라서 중국의 정치를 이해하기 위해서는 먼저 중국공산당을 이해하여야 할 것이다.

중국공산당은 세계에서 가장 많은 당원을 거느리고 있는 정당이며, 정부 조직은 물론 경제, 산업, 문화 전반에 걸쳐 강력한 통제력을 행사하고 있다. 현재 인민해방군은 중국공산당 산하 중앙군사위원회가 지배권을 행사하고 있다. 따라서 중국의 군대는 국가가 아닌 중국공산당의 지휘를 받고 있는 것이다.

중국공산당은 중국의 유일한 정책결정기구이며, 중앙과 각 성(省) 및 하급지방의 정부기관이 당의 정책을 수행하고 있다. 중국공산당은 5년에 한 번씩 중국공산당 전국대표대회를 개최하여 중앙위원회 위원들을 선출하고, 당의 정책과 비전을 알린다. 중앙위원회는 중국 공산당의 핵심권력기구로 1년에 1번씩 회의를 소집한다. 중앙위원회 전체회의에서 중국의 국가주석인 중국공산당중앙위원회총서기(中国共产党中央委员会总书记)를 선출한다.

중국공산당 창당 100주년 경축 홍보물

부록

- ◆ 본문 해석
- ◆ 모범 답안 및 녹음 대본
- ◆ 단어 색인

01 나 여자 친구가 생겨서 참 행복해.

회화 내 입에서 춤추다

1

왕따밍	너 요즘 왜 이렇게 기분이 좋은 거야? 뭐 좋은 일이라도 있어?
김민호	나 여자 친구가 생겨서 참 행복해.
왕따밍	네 여자 친구 미림이 아니야? 너희 둘이 같이 있는 거 여러 번 봤어.
김민호	그 애 맞아. 연애 안 할 때는 주말에 늘 혼자 집에 있었는데, 지금은 우리 둘이 영화 보러도 가고 여행도 가고 너무 재미있어!
왕따밍	너 미림이하고 오늘 데이트 있는 거야? 왜 이렇게 신경 쓰고 왔어!
김민호	오늘 미림이 생일이거든. 수업 끝나면 바로 선물 사러 갔다가 미림이랑 만날 거야.
왕따밍	이번이 너희가 사귄 후 미림이의 첫 번째 생일이겠구나? 의미 있는 선물을 해야겠네.
김민호	그러게 말이야. 그런데 무슨 선물을 하면 미림이가 감동할까?
왕따밍	손목시계를 선물해. 그녀가 시계를 볼 때마다 너를 생각할 거야. 하지만 시계는 좀 비싸지.
김민호	비싸면 비싸라지. 그녀가 좋아하기만 하면 돼.
왕따밍	아, 남들은 다 사랑하는 사람이 있는데 나만 아직 혼자네.
김민호	너 샤오칭 좋아하는 거 아냐? 샤오칭 앞에만 서면 얼굴이 빨개지던데.
왕따밍	그게 나의 가장 큰 문제점이야. 좋아하는 사람 앞에만 서면 어쩔 줄 몰라 하고 말도 더듬게 돼.
김민호	짝사랑만 하지 말고 용기를 내서 고백을 해 봐. 그렇게 해야만이 다른 사람이 너의 마음을 알 수 있어.

2

김민호는 여자 친구가 생겨서 참 행복하다. 오늘은 여자 친구의 생일이다. 김민호는 따밍을 찾아가 상의한 후, 여자 친구에게 손목시계를 선물하기로 결정했다.

민호가 행복해하는 모습을 보니 따밍은 너무 부러웠다. 사실 그는 샤오칭에게 첫눈에 반했지만 계속 고백할 용기가 없었다. 민호는 따밍에게 용기를 내어 고백해야만 샤오칭의 마음을 얻을 수 있다고 했다.

표현 날개를 달다

- 要么……, 要么……

우리 둘이 영화 보러도 가고 여행도 가고 너무 재미있어! 그는 "전부 다 하든지, 아니면 전부 다 안하든지"의 입장을 취했다.

- 好

그녀에게 손목시계를 선물해. 그녀가 시계를 볼 때마다 너를 생각할 거야.
평소에 책가방 안에 우산을 넣어 다녀. 비가 올 때 쓸 수 있게.

- A就A(吧)

비싸면 비싸라지. 그녀가 좋아하기만 하면 돼.
그가 기분이 안 좋으면 안 좋으라지. 나도 어쩔 수 없어.

- 只有…… 才……

이렇게 해야만이 다른 사람이 너의 마음을 알 수 있어.
그가 와야만 이 문제를 해결할 수 있어.

- 就

남들은 다 사랑하는 사람이 있는데 나만 아직 혼자네.
어제 너만 안 왔어.

회화 가지를 치다

1 A 너 정말 나 사랑해?
　 B 당연하지. 너는 나의 생명이야.

2 A 너 요즘 왜 그렇게 기운이 없니?
　 B 나현이와 다퉜어.

3 A 그녀에게 어떻게 프러포즈해야 할지 모르겠어.
　 B 꽃과 케이크를 선물해.

4 A 너는 네 남자 친구의 어떤 면이 제일 좋니?
　 B 그는 마음씨가 너무 착해.

02 어떤 헤어스타일로 하실 거예요?

회화 내 입에서 춤추다

1

이정민	너 머리를 짧게 잘랐구나! 전보다 훨씬 어려 보여.
리우샤오칭	너 정말 말 잘하는구나. 일부러 내 비위 맞추려는 거 아냐? 나는 이 헤어스타일이 별로 마음에 안 드는데.
이정민	나는 진심으로 말하는 거야. 지금 헤어스타일이 네가 머리 길 때보다 너한테 더 어울리고, 더 귀여워 보여.
리우샤오칭	너도 계속 머리를 길렀는데 나처럼 헤어스타일을 좀 바꿔 보는 게 어때?
이정민	샤오밍이 새로 한 파마머리 너무 예쁘던데, 나도 그 애처럼 굵은 웨이브 파마를 하면 어떨까? 나한테 어울릴까?
리우샤오칭	파마하면 머리 감고 나서 드라이하고 관리해야 하는데, 귀찮지 않아?
이정민	네가 말해주지 않았으면 잊을 뻔했네. 나 매일 늦잠 자는데 아침에 머리 손질할 시간이 어디 있겠어!
리우샤오칭	내 생각에는 너도 짧은 머리가 잘 어울릴 거야. 날씨도 점점 더워지고.
이정민	그건 그래. 아니면 나도 머리를 잘라 볼까?
리우샤오칭	내가 머리 자른 미용실이 막 개업해서 할인 행사 중인데 거기 가서 해 볼래?
이정민	네 헤어스타일 보니까 그 미용실 기술이 좋은 것 같다. 내일 가야겠어.

· · · · · · · · · · · · · ·

미용사	어떤 헤어스타일로 하실 건가요?
이정민	머리 기르는 게 지겨워서 짧게 자르려고요. 그리고 앞머리는 너무 짧게 자르지 말고요.
미용사	네, 알겠습니다. 그럼 먼저 머리를 감겨 드릴게요.

2

이정민은 길에서 리우샤오칭을 만났다. 샤오칭이 머리를 짧게 자른 후에 어리고 귀여워진 것을 보고, 정민도 자신의 헤어스타일을 좀 바꾸고 싶어졌다. 사실 정민도 진작 긴 머리에 싫증이 났었다. 샤오칭이 머리를 예쁘게 잘랐고 할인 행사도 해서, 정민은 다음날 샤오칭이 간 그 미용실에 머리를 자르러 가기로 한다.

표현 날개를 달다

• 显得……

너 머리를 짧게 잘랐구나! 전보다 훨씬 어려 보여.
그는 오늘 특히 기분이 좋아 보여.

• 是不是

너 정말 말 잘하는구나. 일부러 내 비위 맞추려는 거 아냐?
그가 너한테 말한 거 아니야?
너 나를 잊은 거지?

• 不妨

너도 계속 머리를 길렀는데 나처럼 헤어스타일을 좀 바꿔 보는 게 어때?
너가 우리와 함께 가도 괜찮아.

• 着呢

샤오밍이 새로 한 파마머리 너무 예쁘던데.
나의 그 일은 너무 피곤해.

• 要不

그건 그래. 날씨도 점점 더워지잖아. 아니면 나도 머리를 잘라 볼까?
그는 왜 전화가 안 되는 거지. 아니면 우리가 그의 집으로 그를 찾으러 가자.

회화 가지를 치다

1 A 머리를 어떻게 해 드릴까요?
　　 B 파마를 하고 싶어요.

2 A 헤어스타일을 바꾸고 싶은데, 어떤 스타일이 내게 어울릴까?
　　 B 파마머리를 펴 봐.

3 A 너 머리를 어떻게 한 거야? 정말 멋지다.
　　 B 앞머리를 세웠어.

A 어떤 헤어스타일을 원하세요?

B 앞머리를 너무 짧게 자르지 말아 주세요.

03 휴대전화와 컴퓨터가 모두 고장 났어.

회화 내 입에서 춤추다

①

자오량	내가 아침에 네게 이메일도 보내고 문자도 보냈는데, 왜 내게 회신을 안 했어?
리우샤오칭	말도 마, 휴대전화와 컴퓨터가 모두 고장 나서 수리하려고 여기저기 수리점을 찾아 다니느라 밥 먹을 시간도 없었어.
자오량	오늘 일요일인데 수리점 문 안 닫았어?
리우샤오칭	여러 곳을 찾아다니다가 겨우 휴대전화 수리점 하나를 찾았어. 그런데 부품이 없어서 내일에야 고칠 수 있어.
자오량	네 컴퓨터는 도대체 무슨 문제가 있는 건데? 왜 늘 고장이야? 아니면 내가 좀 봐 줄까?
리우샤오칭	봐, 컴퓨터의 반응이 너무 느리고 인터넷 접속도 어려워.
자오량	좀 보자. 아이고, 네 컴퓨터 바이러스 걸렸구나. 당장 백신 프로그램으로 바이러스를 제거해야 해.
리우샤오칭	내가 몇 사람에게 물어도 다들 문제가 무엇인지 몰랐는데, 너는 보자마자 바로 아는구나. 다음에 컴퓨터가 고장 나면 꼭 너를 찾아야겠어.
자오량	나도 처음에는 컴퓨터가 자주 고장이 나서 여기저기 물어보고 다녔어. 나중에는 이러저리 물어보다 보니 나도 모르게 고치는 방법을 익히게 되었지.
리우샤오칭	정말 대단해! 이렇게 빨리 고쳤어?
자오량	이제 다시 부팅해 봐. 앞으로는 주의해서 자주 바이러스 검사를 하고, 백신 프로그램도 업그레이드하도록 해.
리우샤오칭	알겠어, 정말 고마워. 가자, 오늘 저녁은 내가 한턱낼게.
자오량	OK! 앞으로 네 컴퓨터가 고장 나면 내가 서둘러 달려와서 수리해야겠어!

②

샤오칭의 휴대전화와 컴퓨터가 모두 고장 났다. 그녀는 여러 곳을 뛰어다니다 겨우 휴대전화 수리점을 하나 찾았다. 그러나 일요일이라 부품이 없었고, 월요일이 되어야 수리할 수 있다. 그녀의 컴퓨터는 (어떻게 되었을까)? 여러 사람을 찾아 물어 보아도 어디에 문제가 있는 건지 알지 못해 샤오칭은 조급했다. 이때 자오량이 와서 쉽게 컴퓨터를 수리해 주었고, 샤오칭은 매우 기뻤다.

표현 날개를 달다

• ……来……去

이러저리 물어보다 보니 나도 모르게 고치는 방법을 익히게 되었지.

그들은 이리저리 생각해 봤지만 좋은 방법이 떠오르지 않았다.

• 有+명사+동사

여기저기 수리점을 찾아다니느라 밥 먹을 시간도 없었어.

그는 이 문제를 해결할 능력이 있어.

• 到底

네 컴퓨터는 도대체 무슨 문제가 있는 건데?

너희들은 도대체 중고등학생이야 아니면 대학생이야?

• 好不容易

여러 곳을 찾아다니다가 겨우 휴대전화 수리점을 하나 찾았어.

여러 서점을 가서야 가까스로 그 책을 샀어.

• 非得……不可

다음에 컴퓨터가 고장 나면 꼭 너를 찾아야겠어.

대학교에 합격하고 싶으면 열심히 공부해야만 해.

회화 가지를 치다

① A 내 자전거가 고장 났어.

B 얼른 수리점에 가서 고쳐.

② A 실례합니다만, 왜 갑자기 인터넷 접속이 안 되죠?

B 죄송합니다. 네트워크에 문제가 생겨 수리 중입니다.

③ A 무상 애프터서비스를 받을 수 있나요?
B 죄송합니다, 이미 보증수리 기간이 지났습니다.

④ A 제 휴대전화는 수리가 끝났나요?
B 네, 수리가 다 되었습니다.

04 책가방을 택시에 놓고 내렸어.

회화 내 입에서 춤추다

①

데이빗 큰일 났어, 이걸 어쩌지?

이정민 무슨 일인데? 안색이 왜 이렇게 창백해?

데이빗 방금 황급히 차에서 내리느라 책가방을 택시에 놓고 내렸어. 지갑과 여권을 모두 잃어버렸어.

이정민 택시비 낼 때 지갑에서 돈을 꺼내지 않았어?

데이빗 집에서 학교까지는 항상 25위안을 넘지 않아. 차에서 빨리 내리려고 돈을 미리 준비해서 주머니에 넣어 두었었지.

이정민 기사님이 영수증 안 줬어?

데이빗 영수증은 받아서 뭐 해?

이정민 영수증에 차량 번호와 연락처가 있잖아. 지난번에 내 친구는 영수증이 있어서 차에 두고 온 카메라를 찾았어.

데이빗 방금 교실로 급히 올 생각만 하느라 영수증 받는 걸 잊었어.

이정민 택시를 탈 때는 영수증이 있어야지 안 그러면 분실한 물건을 찾기 어려워. 지갑에 돈이 많니?

데이빗 돈은 얼마 없는데 여권을 잃어버려서 걱정이야.

이정민 남이 분실한 여권을 이용해서 범죄행위를 하는 사례가 적지 않으니, 내가 보기에는 얼른 파출소에 가서 신고하는 게 좋겠어.

데이빗 휴, 다음번에 택시 탈 때는 물건을 잘 챙겨야겠어.

이정민 그래, 영수증 받는 것도 잊지 말고. 너 지금 집에 갈 차비도 없겠네?

데이빗 응, 나한테 돈 좀 빌려줄 수 있어?

이정민 물론이지. 그럼 지금 얼른 파출소에 신고하러 가자.

②

데이빗은 아침에 시간에 쫓겨 지갑과 여권을 택시에 놓고 내렸다. 그는 다급해서 어찌해야 할지 모른다. 정민은 그에게 택시 영수증이 있으면 분실한 물품을 찾을 수 있을 거라고 알려 준다. 그러나 데이빗은 강의실에 얼른 가려고 영수증을 받지 않았다. 방법이 없어 정민은 데이빗에게 집에 돌아갈 차비를 빌려 주었고, 데이빗과 함께 파출소에 신고하러 간다.

표현 날개를 달다

• 동목이합사

무슨 일인데?
우리는 한 번 만난 적 있다.

• 连A带B

지갑과 여권을 모두 잃어버렸어.
머리도 자르고 파마도 해서 모두 20위안을 썼어.

• 除非……, 否则……

택시를 탈 때는 영수증이 있어야지 안 그러면 분실한 물건을 찾기 어려워.
그가 나를 초대하지 않으면 나는 가지 않을 거야.

• 倒是……, 只是……

돈은 얼마 없는데 여권을 잃어버려서 걱정이야.
그는 착하기는 한데, 단지 용기가 없어.

• 이중목적어문

나한테 돈 좀 빌려줄 수 있어?
너한테 소식 하나를 알려 줄게.
너한테 돈을 좀 빌릴 수 있을까?
그는 나에게 500위안을 빚졌다.

1 A 여권을 길에 흘린 것 같아.
    B 얼른 파출소에 가서 신고해.

2 A 내 지갑이 안 보여.
    B 집에 두고 온 거 아니야?

3 A 현금 인출 카드를 분실했는데 어떻게 해야 하지?
    B 얼른 은행에 가서 신고해.

4 A 무슨 일이야?
    B 타이어가 펑크 났어.

05 오늘 별로 준비한 것은 없지만 모두들 많이 드세요.

회화 내 입에서 춤추다

1

왕따밍   초대해 줘서 고마워. 과장으로 승진한 것을 진심으로 축하해.

김민호   고마워. 실은 내가 진작부터 너희들의 도움에 감사를 표하고 싶었는데, 줄곧 기회가 없었어. 오늘 별로 준비한 것은 없지만 모두들 많이 드세요.

왕따밍   이제 이곳 생활에 적응되었지?

김민호   그야 당연하지. 내 마음에는 이미 베이징이 내 제2의 고향인 걸.

왕따밍   막 중국에 왔을 때 어떤 부분이 가장 어려웠니?

김민호   당연히 중국인과의 대화였지. 그래서 나는 한편으로는 중국어를 독학하고 다른 한편으로는 내 회화 수준을 높이기 위해 중국 친구를 사귀었어.

왕따밍   사람들이 중국 문화와 한국 문화의 차이가 크다고 하던데, 정말 그래?

김민호   맞아. 중국은 음식 문화, 술 문화 그리고 손님 접대 예절 등 여러 면에서 한국과 달라. 그래서 오해를 일으키기 쉽지.

왕따밍   중국인은 다른 사람의 집에 손님으로 초대 받을 때 선물을 가져 가고, 다른 사람의 초대를 받은 후에는 자신도 상대방을 초대해서 보답한다는 것을 아니?

김민호   응, 들은 적 있어.

왕따밍   그래서 우리도 오늘 너를 위해 작은 선물을 하나 준비했어.

김민호   뭘 이런 걸 준비했어! 너희들 모두 학생인데, 무슨 돈이 있어서?

왕따밍   이건 중국의 예절이야. 선물은 변변치 않지만 그 성의는 깊으니, 받아 주시죠. 우리가 돈을 벌면 반드시 초대해서 보답할게.

김민호   그 말만으로도 충분해. 자, 우리들의 우정을 위해서 건배!

2

민호는 중국에 온 지 오래 되었고, 이미 이곳의 생활에 적응했다. 중국 친구들의 도움에 고마움을 표하기 위해 그는 진작부터 사람들을 초대해 함께 식사하고 싶었지만, 줄곧 기회가 없었다. 이번에 민호는 과장으로 승진했고, 그는 이 기회에 중국 친구들을 자신의 집에 손님으로 초대했다. 중국의 손님 초대 예절에 따라 중국 친구들은 그에게 작은 선물을 하나 준비했다.

표현 날개를 달다

• 表示······

내가 진작부터 너희들의 도움에 감사를 표하고 싶었어.
내가 그에게 축하를 전하자 그가 부끄러워하며 "고맙습니다."라고 말했다.

• 以A为B

내 마음에는 이미 베이징이 내 제2의 고향인 걸.
학생은 마땅히 학업을 주로 삼아야지 노는 것을 주로 삼아서는 안 된다.

• 以便

내 회화 수준을 높이기 위해 중국 친구를 사귀었어.
다들 준비할 수 있도록 우리는 반드시 모두에게 미리 알려야 해.

- 人家

사람들이 중국 문화와 한국 문화의 차이가 크다고 하더라.

나 좀 쉬게 해 줘. 피곤해 죽을 것 같아.

- 동사+下

이건 중국의 예절이야. 선물은 변변치 않지만 그 성의는 깊으니, 받아 주세요.

이 책가방은 이 사전들을 담을 수 있어.

그는 현관에 들어서자 마자 외투를 벗고, 소파 위에 앉아 책을 읽기 시작했다.

(회화) **가지를 치다**

① A 환대해 주셔서 감사합니다.
  B 무슨 말씀을요.

② A 과장으로 승진한 것을 축하드립니다.
  B 고맙습니다.

③ A 오늘 저녁은 제가 대접하겠습니다.
  B 정말 고맙습니다.

④ A 담배 한 대 피우시겠습니까?
  B 담배 끊은 지 벌써 1년 되었습니다.

06 황사가 갈수록 잦아지네.

(회화) **내 입에서 춤추다**

①

자오량 너 우산 안 가져왔어? 왜 물에 빠진 생쥐 꼴이 된 거야?

김민호 아침에 날씨가 그렇게 좋았으니 누가 비 올 줄 알았나.

자오량 일기예보 안 봤어? 일기예보에 오늘 비가 온다고 했어.

김민호 일기예보가 그렇게 정확한 것도 아니잖아.

자오량 그건 그래. 하지만 우리 할머니의 일기예보는 여태 틀린 적이 없어. 할머니 다리가

아프기만 하면 반드시 비가 오거든.

김민호 오늘부터 만일을 위해서 책가방에 작은 우산을 하나 넣어 다녀야겠어.

자오량 참, 너 들었어? 내일 황사라서 축구 시합이 연기됐어.

김민호 뭐? 지난번에는 폭우 때문에 시합이 취소됐는데, 어째서 이번에 또 연기해?

자오량 어쩔 수 없지. 지구 온난화로 중국의 사막화가 계속 가속화되면서 황사도 점점 잦아지고 있는 걸.

김민호 중국의 황사는 한국의 황사보다 더 대단해. 그야말로 손을 내밀어도 다섯 손가락이 안 보일 지경이니.

자오량 황사가 오는 날씨에 밖에 나갈 때는 반드시 마스크를 하고 선글라스를 끼고 스카프를 해야 해.

김민호 말도 마. 지난번에 선글라스를 끼고 챙이 있는 모자를 쓰고 자전거를 타다가 하마터면 전봇대에 부딪칠 뻔했어.

자오량 황사에는 중금속이 들어 있으니 내일은 호흡기 질환에 걸리지 않게 실외 활동을 삼가는 게 좋아.

②

오늘 김민호는 우산을 가져오지 않아서 비에 젖어 물에 빠진 생쥐 꼴이 되었다. 그래서 그는 앞으로 만일을 대비해서 책가방에 우산을 넣어 다녀야겠다고 말했다. 내일은 황사로 인해 자오량과 민호가 참가하는 축구 시합이 연기되었다. 황사에는 중금속이 들어 있기 때문에 황사가 올 때는 호흡기 질환에 걸리지 않도록 실외 활동을 하지 않는 것이 좋다.

(표현) **날개를 달다**

- 又

일기예보가 그렇게 정확한 것도 아니잖아.

그는 너의 아이도 아니니까, 너무 많이 간섭하지 마.

- 从来

우리 할머니의 일기예보는 여태 틀린 적이 없어.

이런 일은 이제껏 들어본 적이 없어.

- 从……起

  오늘부터 책가방에 작은 우산을 하나 넣어 다녀야겠어.

  다음 주부터 여름 방학이야.

- 以防

  오늘부터 만일을 위해서 책가방에 작은 우산을 하나 넣어 다녀야겠어.

  호흡기 질병에 걸리지 않으려면 내일은 실외 활동을 하지 않는 것이 좋겠어.

- 差点儿

  선글라스를 끼고 챙이 있는 모자를 쓰고 자전거 타다가 하마터면 전봇대에 부딪칠 뻔했어.

  나는 하마터면 지갑을 잃어버릴 뻔했어.

  내 대입 시험 성적이 별로 좋지 않아서 하마터면 대학에 합격하지 못할 뻔했어.

  내가 책을 샀을 때 한 권만 남아 있어서 하마터면 못 살 뻔했어.

회화 가지를 치다

① A 내일 날씨 어때?

   B 내일 바람이 많이 분대.

② A 하얼빈의 기후는 어때?

   B 하얼빈의 겨울은 굉장히 추워.

③ A 비가 정말 많이 오네!

   B 지금은 장마철인 거 잊지 마.

④ A 오늘 풍력이 얼마나 되죠?

   B 7~8급입니다.

07 복습 I

회화 핵심 체크

① 이성 교제

   1 나 여자 친구가 생겨서 참 행복해.

   2 남들은 다 사랑하는 사람이 있는데 나만 아직 혼자네.

   3 좋아하는 사람 앞에만 서면 어쩔 줄 모르겠어.

4 이렇게 해야만이 다른 사람이 너의 마음을 이해할 수 있어.

② 미용실

   1 너 머리 짧게 잘랐구나! 전보다 훨씬 젊어 보여.

   2 지금 헤어스타일이 네가 머리 길 때보다 너한테 더 어울려.

   3 나도 그 애처럼 굵은 웨이브 파마를 하면 어떨까?

   4 앞머리는 너무 짧게 자르지 말아주세요.

③ 고장

   1 수리하려고 여기 저기 수리점을 찾아 다니느라 밥 먹을 시간도 없었어.

   2 컴퓨터의 반응이 너무 느리고 인터넷 접속도 어려워.

   3 네 컴퓨터 바이러스에 걸렸구나. 당장 백신 프로그램으로 바이러스를 제거해야 해.

   4 너는 보자마자 바로 아는구나. 다음에 컴퓨터가 고장 나면 꼭 너를 찾아야겠어.

④ 분실

   1 방금 황급히 차에서 내리느라 책가방을 택시에 놓고 내렸어.

   2 택시를 탈 때는 영수증을 받아야지 안 그러면 분실한 물건을 찾기 어려워.

   3 택시 탈 때는 물건을 잘 챙겨야겠어.

   4 그럼 지금 얼른 파출소에 신고하러 가자.

⑤ 초대

   1 오늘 준비한 것은 없지만 모두들 많이 드세요.

   2 초대해 줘서 고마워. 과장으로 승진한 것을 진심으로 축하해.

   3 중국인은 다른 사람의 집에 손님으로 초대 받을 때 선물을 가져 가고, 다른 사람의 초대를 받은 후에는 자신도 상대방을 초대해서 보답해.

   4 이건 중국의 예절이야. 선물은 변변치 않지만 그 성의는 깊으니, 받아 주시죠.

⑥ 기후

   1 우리 할머니의 일기예보는 여태 틀린 적이 없어. 할머니 다리가 아프기만 하면 반드시 비가 오거든.

   2 지구 온난화로 중국의 사막화가 계속 가속화되면서 황사도 점점 잦아지고 있는 걸.

   3 중국의 황사는 한국의 황사보다 더 대단해. 그야

말로 손을 내밀어도 다섯 손가락이 안 보일 지경이니.

4 황사에는 중금속이 들어 있으니 내일은 호흡기 질환에 걸리지 않게 실외 활동을 삼가는 게 좋아.

08 나는 운동하러 헬스클럽에 다니기 시작했어.

회화 내 입에서 춤추다

1

리우샤오칭 어, 데이빗, 두 달 못 본 사이에 왜 이렇게 살이 쪘어?

데이빗 샤오칭이였구나. 너도 등산하러 온 거야? 두 달 못 본 사이에 너는 왜 이렇게 살이 많이 빠졌어? 다른 사람이 된 것 같아 못 알아보겠잖아.

리우샤오칭 최근 두 달 동안 규칙적으로 생활했을 뿐만 아니라 운동도 꾸준히 해서 살을 많이 뺐어.

데이빗 정말 부럽다. 나는 갈수록 살이 쪄서 살을 빼야 해. 어떤 운동을 하는 게 좋을까?

리우샤오칭 매일 조깅을 하든 등산을 하든 유산소 운동을 많이 하면 효과가 좋아.

데이빗 사실 나 지난달부터 운동하러 헬스클럽에 다니기 시작했어. 그런데 꾸준히 하지 못해 효과가 별로 눈에 띄지 않았어.

리우샤오칭 건강해지려면 생활이 규칙적인 것이 매우 중요한 것 같아. 또 반드시 네 식습관을 고쳐야 하고. 저녁은 너무 늦게 먹지 말고, 간식은 되도록 적게 먹도록 해.

데이빗 그건 말하기는 쉽지만 실천하기는 어려운데! 나를 데리고 함께 운동할 수 있겠니?

리우샤오칭 함께 운동하는 것은 좋지만, 나에게 먼저 담배를 끊겠다고 약속해야 돼.

데이빗 문제 없어. 이번 기회에 담배도 끊고 살도 빼면 일거양득이지.

리우샤오칭 그럼 우리 같이 저기 산 정상으로 올라가자.

데이빗 첫날부터 산 정상까지 올라간다고? 운동

의 강도가 좀 너무 센 것 아냐?

리우샤오칭 뭐가 세? 쇠뿔도 단김에 빼랬다고 오늘부터 우리의 운동 계획을 실천하자.

2

오늘 산기슭에서 데이빗은 샤오칭을 만났다. 두 달 못 본 사이에, 샤오칭은 살이 많이 빠졌지만 데이빗은 오히려 살이 적잖이 쪘다. 알고 보니 샤오칭은 자신의 건강을 위해 업무와 휴식 시간을 잘 조절했을 뿐만 아니라 줄곧 꾸준히 운동해 왔다. 살을 빼기 위해서 데이빗은 담배를 끊고 샤오칭과 함께 운동하기로 결정했다.

표현 날개를 달다

• 기간+没/不……

두 달 못 본 사이에 왜 이렇게 살이 쪘어?
너 일년 동안 귀국하지 않았는데, 집이 그립지 않아?
너 어디 갔었어? 어째서 하루종일 집에 없니.

• ……也好, ……也好

조깅을 하든 등산을 하든 유산소 운동을 많이 하면 효과가 좋아.
1위안이든 5위안이든 10위안이든 그에게 조금이라도 주면 돼.

• ……下去

꾸준히 하지 못해 효과가 별로 눈에 띄지 않았어.
너 계속 이렇게 살이 찌면 안 된다.

• 必须

반드시 네 식습관을 고쳐야 해.
어떤 일을 하든지 스스로 의지해야지 다른 사람에게 기댈 수 없다.

• 尽量

저녁은 너무 늦게 먹지 말고, 간식은 되도록 적게 먹도록 해.
중국에 가기 전에 너는 반드시 중국어 실력을 높여야 해.

데이빗   그러면 지금 만들어 줄게. 사실 자장면이
조리법은 아주 간단해. 먼저 솥에 기름을
부은 다음 파, 생강을 솥에 넣어서 약간
볶아 줘. 마지막에는 토막으로 썬 돼지고
기와 준비한 춘장을 솥에 넣어 볶아서 익
히면 돼.

이정민   의외로 너 중국 요리에 대해 아는 것이 정
말 많구나. 전문가라고 해도 되겠어.

회화   가지를 치다

1. A 너는 요즘 어떤 운동을 하니?
   B 매일 요가를 해.

2. A 너 살 좀 찐 것 같다.
   B 다이어트 해야겠어.

3. A 건강검진 결과가 어때?
   B 완전 정상이야.

4. A 식생활에 신경을 많이 쓰는 편이니?
   B 응, 나는 일정한 시각에 식사를 해.

09   요리 학원에 다니고 있다면서?

회화   내 입에서 춤추다

1

이정민   너 요리 학원에 다니고 있다면서? 얼마
동안 배웠니?

데이빗   거의 1년을 배웠어. 중국 요리는 정말 배
울수록 재미있어.

이정민   나도 줄곧 중국 요리 만드는 것을 배우고
싶었는데, 어떤 주방 도구들이 필요한지
모르겠네.

데이빗   사실 주방 도구가 그렇게 많지 않아. 프라
이팬, 찜통, 식칼만 있으면 돼.

이정민   사람들이 중국 요리는 거의 모두 기름으
로 튀긴다던데, 정말이니?

데이빗   결코 그렇지 않아. 중국 요리에는 튀기고,
볶고, 찌고, 삶고, 고는 등 다양한 방법이
있어.

이정민   그럼 자주 쓰는 양념에는 어떤 것들이 있
니?

데이빗   기름, 소금, 간장, 설탕, 고추, 파, 생강, 마
늘 등이야.

이정민   양념이 정말 많구나. 그리고 어떤 양념은
한국 것과 좀 다른 것 같아. 지난번에 내
가 슈퍼마켓에 가서 간장을 샀는데, 집에
돌아와서야 식초를 샀다는 것을 알았어.

데이빗   맞아, 한국과 달라. 중국인이 먹는 식초는

2

데이빗은 요리 학원에 다닌 지 거의 1년이 되었다. 정
민도 중국 요리를 배우고 싶어 한다는 것을 들은 데이
빗은 정민에게 중국 요리를 만드는 주방 도구(프라이
팬, 찜통과 식칼)를 소개해 주고, 또 정민에게 중국 요
리를 만들 때 많이 쓰는 양념(기름, 소금, 간장, 설탕,
고추, 파, 생강, 마늘)을 알려 주었다. 마지막에 그는
정민에게 중국 자장면을 만드는 방법도 가르쳐 주었
다.

표현   날개를 달다

• 竟然

내가 슈퍼마켓에 가서 간장을 샀는데, 집에 돌아와서
야 식초를 샀다는 것을 알았어.
그는 그렇게 열심히 공부를 했는데, 대학에 떨어질 줄
은 생각도 못했어.

• 동사+着

중국 요리 얘기를 하니까 정말 배가 좀 고파진다.
이렇게 많은 사람들이 그를 보고 있자, 그는 긴장되기
시작했다.

• 往……

먼저 솥에 기름을 부은 다음 파, 생강을 솥에 넣어서
약간 볶아 줘.
모두들 오른쪽을 보세요. 저기가 바로 베이징 서점입
니다.

• 동사+成

토막으로 썬 돼지고기와 준비한 춘장을 솥에 넣으면 돼.

구름이 비가 될 수 있어서 하늘에 구름이 있어야 비가 내릴 수 있어.

• 够⋯⋯的

너 중국 요리에 대해 아는 것이 정말 많구나.

올해 베이징의 여름은 정말 덥다.

회화 **가지를 치다**

① A 훙샤오러우는 어떻게 만들어?
  B 질그릇에 넣고 푹 삶는 거야.

② A 이 요리는 싱거워.
  B 소금을 조금 넣어.

③ A 이 고기 어떻게 썰지?
  B 얇게 저며 썰어.

④ A 만두는 어떻게 먹는 게 더 맛있어?
  B 식초에 찍어 먹어.

10 휴대전화는 사람과 사람 사이의 거리를 가깝게 만들었어.

회화 **내 입에서 춤추다**

①

이정민 너 휴대전화 바꿨구나? 화면도 크고 얇네. 신형이지?

왕따밍 맞아. 새로 나온 거야. 디자인도 예쁘고 방수도 되어서 이것보다 만족스러운 것은 없었어.

이정민 과학 기술이 발전하면서 전자 제품은 점점 발전하고, 휴대전화의 기능은 점점 완벽해지고 있네.

왕따밍 그러니까! 스마트폰이 나오면서 많은 전자 제품을 대체했어. 현대 생활에서 휴대전화가 없다면 아마 아무것도 하지 못할 거야.

이정민 그러니까! 우리 하루 생활을 생각해 봐. 아침에 일어날 때 휴대전화의 알람 소리를 듣고 깨지. 학교에 가는 길에 휴대전화로 음악을 듣거나 방송을 듣잖아.

왕따밍 그리고 집을 나설 때 지갑을 가지고 나갈 필요가 없지. 휴대전화만 있으면 차도 탈 수 있고 물건도 살 수 있잖아.

이정민 예전에 숙제를 할 때는 컴퓨터로 정보를 찾았다면 지금은 휴대전화만 꺼내서 찾아보면 돼. 만약에 기록할 것이 있으면 바로 휴대전화로 찍으면 되고.

왕따밍 요즘 휴대전화의 화소가 매우 높아서 사진을 찍으면 굉장히 선명해!

이정민 내 생각에 제일 편리한 것은 언제 어디서나 국내외의 친구들과 영상 통화를 할 수 있다는 거야.

왕따밍 그러니까! 그리고 각종 소셜 네트워크를 통해서 다른 사람과 소통할 수도 있잖아. 그래서 모두들 휴대전화가 사람과 사람 사이의 거리를 가깝게 만들었다고 하지.

이정민 하지만 또 많은 사람들은 휴대전화가 사람과 사람 사이의 거리를 더 멀어지게 했다고 해. 너를 봐봐. 지금 나랑 얘기를 하는 중에도 계속 휴대전화만 보고 있잖아. 설마 너 나와의 거리가 멀어지고 싶은 거야?

왕따밍 정말 미안해! 휴대전화를 새로 사서⋯나 안 볼게! 집어넣었어!

②

따밍은 신형 휴대전화로 바꿨다. 이 휴대전화는 디자인이 예쁠 뿐만 아니라 방수도 되어서 따밍은 매우 만족한다. 현대 생활에서 무엇을 하든 휴대전화와 떨어질 수 없다. 휴대전화로 음악을 듣고, 물건을 사고 사진을 찍는 등 말이다. 정민은 이런 기능들 중 가장 좋은 것은 언제 어디서든 국내외의 친구들과 영상 통화를 할 수 있다는 점이다. 휴대전화는 사람과 사람 사이의 거리를 가깝게 만들었지만, 만약 모든 사람들이 오직 고개를 숙이고 휴대전화만 본다면 휴대전화가 사람과 사람 사이의 거리를 더욱 멀게 만들었다고 할 수도 있다.

- 비술어성 형용사

화면도 크고 얇네. 신형이지?
너는 여자 친구가 있니?
이 컴퓨터는 신형이야.

- 随着

과학 기술이 발전하면서 전자 제품은 점점 발전해.
사람들의 의식이 사회의 변화에 따라 변화해.

- 嘛

휴대전화만 있으면 차도 탈 수 있고 물건도 살 수 있잖아.
그는 원래 안 오고 싶어했잖아.

- 别提……

사진을 찍으면 굉장히 선명해!
가을에 그곳의 풍경은 너무 아름다워.

- 难道

설마 너 나와의 거리가 멀어지고 싶은 거야?
너 설마 내 말을 못 알아들은 거야?

회화 **가지를 치다**

1 A 너 지금 인터넷으로 뭐 하고 있니?
  B 친구와 채팅해.

2 A 아이디와 비밀번호가 기억나지 않아.
  B 그럼 로그인을 할 수 없어.

3 A 이 컴퓨터 영상 통화 가능하니?
  B 먼저 영상 통화 소프트웨어를 다운로드해야 해.

4 A 이 문서 좀 출력해 주세요.
  B 미안해요. 프린터가 고장 났어요.

---

11 **한국의 TV 드라마는 정말 사람을 빠져들게 해.**

회화 **내 입에서 춤추다**

1

김민호 너 요즘 뭐 하느라 바쁜 거야? 어째서 문자 메시지에 반나절이 지나서야 답을 해?

리우샤오칭 나 또 한국 드라마 한 편을 보는 중이야. 1회를 봤더니 멈출 수가 없었어.

김민호 그럼 너 《대장금》 봤니? 그건 아시아 전역을 열광시켰던 드라마잖아!

리우샤오칭 한국 드라마 광인 내가 당연히 봤지! 비록 한참 이전의 드라마이긴 하지만 《대장금》은 특히 유명했기 때문에 설사 드라마를 안 봤던 사람이라도 《대장금》이라는 한국 드라마는 다 알잖아.

김민호 듣기로는 그때 《대장금》 OST를 휴대전화 벨소리로 다운로드하는 서비스의 수입이 1500만 위안에 달했다던데. 《대장금》을 방영하는 시간이 되면 거리가 매우 조용해졌다고 해.

리우샤오칭 그러니까! 게다가 나는 터키의 시청률은 95% 정도라고 들었어. 한국의 드라마는 정말 사람을 빠져들게 해.

김민호 그건 아마도 한국 드라마가 내용 면에서 다양성과 흥미성을 비교적 중시하기 때문일 거야. 그런데 내가 중국의 TV에서 중국어 대사로 들을 때와 한국어 대사로 들을 때 느낌이 다른 거 같아.

리우샤오칭 그래서 한국어를 공부하는 사람이 점점 많아지는 거야. 나도 그중 한 명이고. 요즘 보는 그 드라마 안에서 한강대교 조명의 불빛 아래에서 연인들이 한강공원에서 산책하던 장면이 특히 로맨틱했어.

김민호 한강공원은 정말 갈 만하지. 너는 한강 유람선을 타고 서울의 아름다운 경치를 감상할 수도 있어.

리우샤오칭 서울에 그렇게 아름다운 강이 있다니, 정말 멋져! 이후에 한국에 갈 기회가 생기면 나는 반드시 한강의 아름다운 야경을 찍을 거야.

② ....

샤오칭은 한국 드라마 광이다. 그녀는 한국 드라마를 보는 것을 매우 좋아해서 오래 전에 방영했던 《대장금》까지 봤다. 민호는 TV에서 중국어 대사를 들었을 때와 한국어 대사를 들었을 때 느낌이 다르다고 생각했다. 샤오칭도 그렇게 생각해서 그녀는 열심히 한국어를 배우고 있다. 샤오칭은 최근에 또 드라마 한 편을 보고 있는데 연인들이 한강공원에서 산책하는 장면이 매우 로맨틱하다고 생각했고, 직접 한강을 보러 가고 싶었다. 샤오칭은 만약 한국에 갈 기회가 생긴다면 반드시 한강공원에 가서 한강의 아름다운 야경을 사진 찍을 것이다.

표현 날개를 달다

• 哪怕……, 也……

설사 안 봤던 사람이라도 《대장금》이라는 한국 드라마는 알잖아.
이 시합은 설사 지더라도 상관없어.

• 就

그때 《대장금》 OST를 휴대전화 벨소리로 다운로드하는 서비스의 수입이 1500만 위안에 달했다던데.
이번 활동에 참가한 사람은 적지 않은데 우리 반만 해도 여덟 명이다.
이번 활동에 참가한 사람은 많지 않은데, 우리 반은 두 명 뿐이다.
사과가 하나밖에 없네. 여동생 먹게 하거라.

• 上下

터키의 시청률은 95% 정도라고 들었어.
우리 학교의 유학생은 100명 정도이다.

• 在……上

한국 드라마가 내용 면에서 다양성과 흥미성을 비교적 중시해.
이 문제에 있어서 나는 그의 의견에 동의해.

• 值得

한강공원은 한번 갈 만하지.
건강검진은 돈이 많이 들지만 받을 만하지.

회화 가지를 치다

1 A 너는 어떤 TV 프로그램 보는 것을 제일 좋아하니?
   B 스포츠 프로그램 보는 것을 제일 좋아해.

2 A 지금 뉴스 할 시간이지?
   B 뉴스가 막 시작했어.

3 A 저녁에는 주로 뭐 하니?
   B 집에서 로맨스 드라마를 봐.

4 A 졸업하고 나면 무슨 일 하고 싶어?
   B 아나운서가 되고 싶어.

12 너는 졸업 후에 무슨 일을 하고 싶니?

회화 내 입에서 춤추다

1 ....

왕따밍 너는 졸업 후에 무슨 일을 하고 싶니?

리우샤오칭 무역 쪽 일을 하고 싶어. 특히 한중무역과 관련된 일.

왕따밍 은행에서 근무하고 싶지는 않니? 김민호는 지금 은행에서 잘 근무하고 있잖아.

리우샤오칭 나는 성격이 급한 편이라 돈을 좀 덜 벌어도 무역 회사에 가지 은행에 가고 싶지는 않아.

왕따밍 네 말에 일리가 있네. 어떤 일이든 강요할 수 없지. 직장을 구하는 것도 마찬가지고. 많은 사람들이 성격과 직업이 맞지 않아서 직업을 바꾸잖아.

리우샤오칭 너 곧 졸업하지 않니? 어떤 일을 구하고 싶어?

왕따밍 나는 프로그래머가 되고 싶어. 예전에는 게임 프로그램 개발에 관심이 많았는데, 지금은 사회 발전에 도움이 되는 소프트웨어를 개발하고 싶어.

리우샤오칭 프로그래머…… 요즘 가장 인기 있는 직업이잖아. 정말 부러워. 자신이 좋아하는 일도 하고, 두둑한 보수도 받을 수 있으니.

왕따밍	나 아직 직장을 못 구했잖아. 너무 낙관하면 안 돼.
리우샤오칭	너는 전공이 좋고 성적도 좋은데다가 외국어 실력도 좋으니까 분명 좋은 직장을 구할 텐데, 그렇게 겸손할 필요가 뭐 있어?
왕따밍	실은 나 지난번에 따지(大吉)회사에 지원했다가 실패했어. 내일은 뚜어러(多乐) 회사에 면접 보러 가는데 결과가 어떻게 될지 모르겠어.
리우샤오칭	너 같은 인재는 반드시 알아주는 사람을 만날 거야. 지난번은 운이 나빴을 뿐이야. 내일은 긴장하지 마. 분명 좋은 소식이 있을 거야.
왕따밍	격려해 줘서 고마워. 최선을 다해 볼 거야.

② ....

따밍과 샤오칭은 졸업 후 구직 문제에 대해서 함께 논의한다. 그들은 모두 성격과 직업이 맞아야 한다고 생각한다. 샤오칭은 한중무역 방면의 일을 하고 싶어 하고, 따밍은 프로그래머가 되어서 사회 발전에 도움이 되는 소프트웨어를 개발하고 싶어 한다. 내일 따밍은 뚜어러(多乐)회사에 지원하러 간다. 그러나 지난번에 따지(大吉)회사에 지원했다가 실패했기 때문에 좀 긴장이 된다. 샤오칭은 그에게 긴장만 하지 않으면 반드시 성공할 것이라고 말한다.

표현 **날개를 달다**

• 肯 ……

너 은행에서 근무하고 싶지는 않니?
너가 노력하기만 한다면 반드시 배울 수 있을 거야.

• 宁可A也不B

돈을 좀 덜 벌어도 무역 회사에 가지 은행에 가고 싶지는 않아.
아침을 적게 먹을지언정 안 먹을 수는 없어.

• 任何

어떤 일이든 강요할 수 없지.
이번 달에 학교에는 어떤 활동도 없어.

• 何必……呢

너는 분명 좋은 직장을 구할 텐데, 그렇게 겸손할 필요가 뭐 있어?
의견이 있으면 바로 말하면 되지, 구태여 이렇게 크게 화낼 필요 있어?

• 只不过……罢了

지난번은 운이 나빴을 뿐이야.
너는 글자 몇 개를 틀렸을 뿐이야.

회화 **가지를 치다**

① A 오랫동안 장 선생을 만나지 못했네.
　 B 그는 휴가 중이야.

② A 너희 아버지께서 아직 한국 무역 회사에 다니시니?
　 B 퇴임하신 지 벌써 1년 되었어.

③ A 이 분은 누구셔?
　 B 우리 부서 동료야.

④ A 입사 시험 결과가 어떻게 되었니?
　 B 서류 심사는 통과했어.

13 중국의 풍속 문화는 정말 들을수록 재미있어.

회화 **내 입에서 춤추다**

① ....

리우샤오칭	곧 춘제가 다가오는데 너 춘제 때 한국에 안 돌아가니?
김민호	할 일이 아직 많아서 올해 춘제에는 집에 돌아가지 못할 것 같아. 너는 어때? 집에 안 돌아가니?
리우샤오칭	집에 돌아가지. 너가 원한다면 우리 집에 가서 설을 지내는 거 어때? 너 중국에 공부하러 온 이후로 아직 중국인 집에서 명절을 지내 보지 않았지?
김민호	그러면 너무 좋지. 나를 위해 그렇게 세심하게 배려해 주기 어려운데 정말 고마워.

리우샤오칭   중국에서는 춘제에 사람들은 친지를 방문해 서로 세배하고 어른들은 아이에게 세뱃돈을 주기도 해. 한국에서는 설을 쉴 때 무엇을 하니?

김민호   우리도 중국처럼 설을 쉴 때 한복을 입고 친지를 방문해 서로 세배하고 아이들에게 세뱃돈을 줘.

리우샤오칭   우리 북쪽 지방에서는 춘제에 만두를 먹는데 만두 속에는 대추, 사탕, 떡, 동전 등을 넣어서 일년 운세를 예측해. 대추는 득남을, 사탕은 달콤한 사랑을, 떡은 승진을 나타내고 동전은 돈을 버는 걸 나타내.

김민호   춘제의 만두에 그렇게 많은 의미가 있는지 몰랐는 걸. 우리 한국에서는 설을 쉴 때 떡국을 먹어. 떡국을 먹으면 한 살 더 먹는 거지.

리우샤오칭   그래? 중국의 남쪽 지방에서도 춘제에 떡을 먹어. 떡에는 사업이 잘 되고 '해마다 올라간다'라는 뜻이 있지.

김민호   참! 중국인들은 왜 '福'자를 거꾸로 붙여 놓는 거야? 처음 봤을 때는 잘못 붙인 줄 알았는데 나중에 보니 집집마다 다 거꾸로 붙여 놓았더라고.

리우샤오칭   몰랐었구나. '거꾸로'라는 뜻의 '倒'와 '도달하다'라는 뜻의 '到'가 발음이 같기 때문이야. 따라서 '福'자를 거꾸로 붙인 것은 잘못 붙인 것이 아니라, '복이 도달하다'라는 뜻을 나타내는 거야.

김민호   중국의 풍속 문화는 정말 들을수록 재미있어.

② ··

춘제가 곧 다가오지만 해야 할 일이 너무 많아서 김민호는 춘제 때 집에 돌아가지 않는다. 샤오칭이 민호더러 자기 집에 설을 쇠러 오라고 초대하자 민호는 매우 기뻐한다. 중국과 한국은 설을 쉴 때 모두 친지를 방문해서 서로 세배하고 아이들에게 세뱃돈을 준다. 그러나 중국에서 춘제를 지낼 때에는 북쪽 지방에서는 만두를, 남쪽 지방에서는 떡을 먹는 반면 한국에서는 설을 쉴 때 떡국을 먹는다.

표현 날개를 달다

• 以来

너 중국에 공부하러 온 이후로 아직 중국인 집에서 명절을 지내 보지 않았지?
올해 초부터 나는 벌써 중국을 여섯 번 갔다.

• 再……不过了

그러면 너무 좋지.
서울의 시내는 매우 번화하다.

• 难得

나를 위해 그렇게 세심하게 배려해 주기 어려운데 정말 고마워.
한 번 오기 힘든데, 며칠 더 머물러.

• ……过来

'福'자를 거꾸로 붙여.
그가 몸을 돌려서 나를 보게 했다.

• 不是A，而是B

'福'자를 거꾸로 붙인 것은 잘못 붙인 것이 아니라, '복이 도달하다'라는 뜻을 나타내는 거야.
그가 말한 그 사람은 우림이 아니라 나야.

회화 가지를 치다

1️⃣ A 춘제에 중국인들은 무엇을 하니?
   B 서로 세배를 해.

2️⃣ A 춘제에 중국인들은 무엇을 먹니?
   B 만두를 먹어.

3️⃣ A 위안샤오제에 중국인들은 무엇을 하니?
   B 탕위안을 먹어.

4️⃣ A 춘제에 세배할 때는 뭐라고 말해?
   B 설 잘 쇠세요!

회화 **핵심 체크**

1 건강

1 너는 왜 이렇게 살이 많이 빠졌어? 다른 사람이 된 것 같아.

2 유산소 운동을 많이 하면 효과가 좋아.

3 저녁은 너무 늦게 먹지 말고, 간식은 되도록 적게 먹도록 해.

4 함께 운동하는 것은 좋지만, 나에게 먼저 담배를 끊겠다고 약속해야 돼.

2 요리

1 너 요리 학원에 다니고 있다면서?

2 사람들이 중국 요리는 거의 모두 기름으로 튀긴다고 하더라고.

3 어떤 양념은 한국 것과 좀 다른 것 같아.

4 너 중국 요리에 대해 아는 것이 정말 많구나.

3 인터넷

1 현대 생활에서 만약 휴대전화가 없다면 아마 아무것도 하지 못할 거야.

2 만약에 기록해야 하는 것이 있으면 바로 휴대전화로 찍으면 돼.

3 언제 어디서나 국내외의 친구들과 영상 통화를 할 수 있어.

4 각종 소셜 네트워크를 통해서 다른 사람과 소통할 수도 있어.

4 한류

1 설사 안 봤던 사람이라도 《대장금》이라는 한국 드라마는 알잖아.

2 한국 드라마는 내용 면에서 다양성과 흥미성을 비교적 중시해.

3 중국어 대사를 들을 때와 한국어 대사를 들을 때 느낌이 다른 것 같아.

4 한국어를 공부하는 사람이 점점 많아지고 있어. 나도 그중 한 사람이고.

5 취직

1 돈을 좀 덜 벌어도 무역 회사에 가지 은행에 가고 싶지는 않아.

2 어떤 일이든 강요할 수 없지, 직장을 구하는 것도

마찬가지고.

3 많은 사람들이 성격과 직업이 맞지 않아서 직업을 바꾸잖아.

4 내일은 뚜어러(多乐) 회사에 면접 보러 가는데 결과가 어떻게 될 지 모르겠어.

6 춘제

1 할 일이 아직 많아서 올해 춘제에는 집에 돌아가지 못할 것 같아.

2 너 중국에 공부하러 온 이후로 아직 중국인 집에서 명절을 지내 보지 않았지?

3 사람들은 친지를 방문해 서로 세배하고 어른들은 아이들에게 세뱃돈을 주기도 해.

4 '福'자를 거꾸로 붙인 것은 잘못 붙인 것이 아니라, '복이 도달하다'라는 뜻을 나타내는 거야.

01 我有了女朋友，感觉特别幸福。

표현 날개를 달다

• 要么……，要么……

① 要么去爬山，要么去钓鱼
② 要么打电话，要么发短信
③ 要么坐地铁，要么坐公交车
④ 要么下象棋，要么下围棋

• 好

① ⓒ ② ⓒ ③ ⓑ ④ ⓑ

• A就A(吧)

① 去就去吧
② 大点儿就大点儿吧
③ 丢就丢了吧

• 只有……才……

① 只有他父母才能理解他。
② 我只有周末才有时间。
③ 只有你才是我的好朋友。
④ 只有成年人才可以入场。

• 就

① 就他一个人去游泳
② 就他不喜欢
③ 就我一个人见过

연습 실력이 늘다

◆ 听和说

1 ①
2 ① × ② ○ ③ × ④ ○

A 小庆! 你的手表很漂亮，在哪儿买的?
B 这不是我买的，是我男朋友送给我的。
A 哇! 真羡慕你。
B 昨天是我们交往一百天的纪念日，这是他送给我的礼物。
A 你呢? 你也送他礼物了吗?
B 那当然。我送给他一双鞋。

◆ 写和说

1 ① 要么吃汉堡，要么吃
　② 好让她来接我
　③ 只有带来护照，才能开户
　④ 就她没来

◆ 读和说

1 ① 五年多了。
　② 花儿和戒指。
　③ 今年秋天。

◆ 想和说

1 赵亮介绍金敏浩和朴娜贤认识。敏浩对娜贤一见钟情，娜贤也对敏浩一见钟情。敏浩给娜贤写了一封信。看了信，娜贤很感动，决定和敏浩谈恋爱。

표현 날개를 달다

• 显得……

① 显得有点儿胖

② 眼睛显得更小了

③ 今天她显得很不高兴

• 是不是

① ⓒ　　② ⓒ　　③ ⓐ

• 不妨

① 每天都吃中国菜，今天不妨换换口味。

② 如果你愿意，不妨试试。

③ 我们叫他过来，听听他的意见也不妨。 /
我们不妨叫他过来，听听他的意见。

• 着呢

① 他家离这儿远着呢。

② 外边冷着呢。

③ 我刚吃完饭，肚子饱着呢。

④ 她做的菜好吃着呢。

• 要不

① 要不你去见见他

② 要不会感冒的

③ 要不我们下周去吧

연습 실력이 늘다

◆ 听和说

1　③

2　① ×　　② ○　　③ ○　　④ ×

녹음 대본

A　娜贤，你烫发了!

B　怎么样? 挺适合我的吧?

A　很适合你。看起来更年轻、更可爱了。

B　这是我第一次烫发，没想到，还挺不错。

A　春天了，我也想换个发型。

B　那你也烫个发吧。

◆ 写和说

1　① 显得又高又瘦

② 不妨去南方看看

③ 冷着呢

④ 要不我跟你一起去

◆ 读和说

1　① 长发。

② 烫发了。

③ 因为娜贤是瓜子脸，很适合烫大波浪卷发。

◆ 想和说

1　　正民留腻了长发。今天她来到美发厅。和美发师商量后，她决定剪个短发。她的男朋友看后说这个新发型很适合她。

03 手机和电脑都坏了。

表现 날개를 달다

* ……来……去
  ① 跑来跑去
  ② 看来看去
  ③ 说来说去

* 有+명사+동사
  ① 办法　② 时间　③ 理由

* 到底
  ① ⓐ　　② ⓐ　　③ ⓐ

* 好不容易
  ① 好不容易才考上大学
  ② 好不容易才找到钱包
  ③ 好不容易才进去

* 非得……不可
  ① 非得去问老师不可
  ② 非得去那家书店不可
  ③ 非得去他的办公室不可

연습 실력이 늘다

◆ 听和说

1　②
2　① ○　　② ×　　③ ×　　④ ○

녹음 대본

女　我这个月初在这儿买的电脑，怎么没用几天
　　就坏了？
男　因为电脑染上病毒了。
女　我什么时候能取？
男　过了明天，什么时候来都行。
女　那维修费是多少？
男　因为您买电脑还不到一年，所以我们给您免
　　费修理。

◆ 写和说

1　① 找来找去
　　② 到底什么时候
　　③ 时间一起去看电影
　　④ 非得你去参加不可

◆ 读和说

1　① 她打算和赵亮一起骑车去景山公园玩儿。
　　② 因为修车铺没有小庆自行车的零件。
　　③ 赵亮让小庆骑他的自行车。

◆ 想和说

1　　　小庆的电视坏了。小庆把电视拿到了维修
　　店。可是小庆的电视太旧了，维修店没有能修
　　这种电视的零件。最后小庆买了一台新电视。

표현 날개를 달다

• 동목이합사

① 她跟一个医生结了婚，还生了两个孩子。

② 他帮了我不少忙。

③ 我每星期天都睡懒觉。

• 连A带B

① 连人带车

② 连衣服带鞋

③ 连老师带学生

• 除非……，否则……

① 除非父母同意，否则我不能去留学。

② 除非他生病，否则不会不来。

③ 除非你去，否则他不会去。

④ 除非我不想做，否则没有做不到的。

• 倒是……，只是……

① 他看的书倒是不少，只是经验不太丰富。

② 天倒是很晴，只是有点冷。

③ 这台电脑性能倒是不错，只是价格太贵了。

• 이중목적어문

① 我拿了他一张纸。

② 我送了他一本书。

③ 他偷了银行一百万元。

연습 실력이 늘다

• 听和说

1 ②

2 ① ○   ② ○   ③ ×   ④ ×

녹음 대본

A 正民，怎么了？出什么事了？

B 糟了，我的照相机不见了。

A 你好好儿想一想，是不是放在家里了？

B 没有，刚才我还跟朋友们在教室里照了几张呢。

A 那，是不是放在教室里了？

B 有可能。刚才我光顾跟朋友们聊天了，可能忘在教室里了。

A 那你赶快跑回去看看吧。

• 写和说

1 ① 连人带马都不见了

② 除非打折，否则我不会买的

③ 倒是会，只是做得不太好

④ 可以借你雨伞用用吗

• 读和说

1 ① 李正民的汉语口语书。

② 他们是好朋友。

③ 让大卫把书给正民。

• 想和说

1   大卫正在找他的钱包，可是怎么找也找不到。他匆匆忙忙地跑到教室。在教室里，大卫这儿看看，那儿看看。最后在教室后面的地上找到了自己的钱包。他很高兴。

05 今天没准备什么，请大家随意。

표현 날개를 달다

- 表示······
  ① 对 / 表示感谢
  ② 向 / 表示祝贺
  ③ 对 / 表示反对

- 以A为B
  ① 以图书馆为中心
  ② 以他的故事为主要内容
  ③ 以孩子为中心

- 以便
  ① ⓒ　　② ⓑ　　③ ⓑ

- 人家
  ① 王明 → 人家
  ② 他 → 人家
  ③ 我 → 人家

- 동사+下
  ① 留下
  ② 装下
  ③ 摘下

연습 실력이 늘다

◆ 听和说

1　③

2　① ✕　　② 〇　　③ ✕　　④ 〇

녹음 대본

女 赵亮，我升为科长了。
男 是吗? 太好了。祝贺你。
女 今天我想请你吃晚饭，不知道你有没有时间?
男 当然有了，吃完饭我请你喝一杯。
女 可是我不会喝酒。
男 那我请你喝咖啡吧。

◆ 写和说

1　① 你的帮助表示感谢
　　② 适应这儿的生活了
　　③ 准备了一件礼物
　　④ 脱下外衣

◆ 读和说

1　① 不会说汉语，也不太适应这里的生活。
　　② 为了感谢李明给自己的帮助。
　　③ 他们一起去看韩国电影。

◆ 想和说

1　　明天是金先生的生日。我本来想送他中国烟或者中国酒。但是金先生戒烟、戒酒了。所以我决定明天请金先生来我家吃晚饭。

표현 날개를 달다

• 又
  ① ⓑ ② ⓒ ③ ⓑ ④ ⓑ

• 从来
  ① 从来没爱过
  ② 从来没见过
  ③ 从来没输过
  ④ 从来就没干净过

• 从……起
  ① 从我爷爷起
  ② 从九月一号起
  ③ 从我见到他起

• 以防
  ① 你把钱放到书包里吧，以防丢失。
  ② 运动前一定要做准备活动，以防受伤。
  ③ 你应该早点儿回家，以防父母担心。
  ④ 你要经常杀毒，以防电脑染上病毒。

• 差点儿
  ① 差点儿被摔碎了
  ② 差点儿摔倒了
  ③ 差点儿没能见到

연습 실력이 늘다

◆ 听和说

1 ①

2 ① ○ ② × ③ ○ ④ ×

녹음 대본

A 雨下得真大啊! 我没带雨伞，这可怎么办呢?
B 别急，是阵雨，一会儿就停。
A 你怎么知道这雨会不会停?
B 天气预报上说的。
A 那下班的时候能晴吗?
B 应该能晴。你看! 雨比刚才小多了。

◆ 写和说

1 ① 从来没停过课
   ② 从去年1月1日起
   ③ 以防感冒
   ④ 差点儿被车撞了

◆ 读和说

1 ① 他们本来打算一起去公园玩儿。
   ② 因为他们觉得有沙尘暴的时候，在电影院里看电影比外面玩儿好。
   ③ 一起去吃糖醋猪肉。

◆ 想和说

1   马上就要下班了，可外面还在下雨，敏浩没带雨伞。没办法，敏浩从同事那儿借了一把雨伞。敏浩从公司出来不久，雨停了。敏浩拿着雨伞上了地铁，可是，下车时他把雨伞忘在了地铁上。

07 복습 I

회화 문제로 다지기

1 A 明天是我们交往一百天的纪念日，你知道吧?
　　B 当然知道，我们明天做什么呢?
　　C 听天气预报说明天有沙尘暴。
　　D 明天一定要戴口罩。
　　E 我想换个发型。
　　F 你剪个短发吧。
　　G 早上我给你发短信，你怎么不给我回信呢?
　　H 我的手机坏了。

2 ① ✕　　② ✕　　③ ✕　　④ ○
　　⑤ ○　　⑥ ○

어법 문제로 다지기

1 ❶ ⓑ　❷ ⓓ　❸ ⓒ　❹ ⓓ　❺ ⓓ

2 ❶ ⓐ　❷ ⓓ　❸ ⓓ　❹ ⓑ　❺ ⓑ

3 ❶ ⓐ　❷ ⓑ　❸ ⓒ　❹ ⓒ　❺ ⓑ

4 첫 번째 줄의 找了一家手机维修店
　　→ 找到了一家手机维修店
　　두 번째 줄의 星期一就能修好
　　→ 星期一才能修好
　　네 번째 줄의 为小庆修了电脑
　　→ 为小庆修好了电脑

08 我开始去健身房锻炼身体了。

표현 날개를 달다

• 기간+没/不

① 我一个星期没看电视了。
② 我很久没见到你弟弟了。
③ 他一个月都没跟我联系了。

• ……也好，……也好

① 对也好，错也好
② 愿意也好，不愿意也好
③ 过去也好，现在也好，将来也好

• ……下去

① ⓑ　　② ⓒ　　③ ⓑ

• 必须

① 你是学生，必须努力学习。
② 要处理这件事，必须向张老师请教。
③ 我是他最好的朋友，必须不帮助他。

• 尽量

① 尽量多吃
② 尽量多听、多说
③ 尽量少喝咖啡

연습 실력이 늘다

◆ 听和说

1 ③
2 ① ○　　② ✕　　③ ✕　　④ ○

男 你怎么瘦了这么多？是不是减肥了？

女 别提了，我上个星期身体不舒服，在医院住了一个星期。

男 原来是这样。你现在身体怎么样？
好点儿了吗？

女 好多了。所以从明天开始我要锻炼身体。

男 那明天一起去游泳，怎么样？

女 好啊，那我们明天早上九点游泳馆门口见。

◆ 写和说

1 ① 没看电影了

② 锻炼身体

③ 尽量多喝水

④ 看不出她已经四十了

◆ 读和说

1 ① 他不锻炼身体，而且每天抽很多烟。

② 他们说好周末一起去爬山。

③ 他决定从这个周末开始戒烟。

◆ 想和说

1 正民很喜欢吃零食，每天晚上她都吃很多零食。所以她一天比一天胖。她的朋友们都认不出来正民了。正民决定从明天开始减肥，不吃零食，坚持锻炼。

09 听说你正在上烹饪学习班？

표현 날개를 달다

• 竟然

① ⓑ　　② ⓑ　　③ ⓐ

• 동사+着

① 看着　② 睡着　③ 拉着

• 往……

① 他把椅子往前拉了拉。

② 人往高处走，水往低处流。

③ 从这里一直往东走就是天安门。

• 동사+成

① 兑换

② 改

③ 写

• 够……的

① 够高的

② 够便宜的

③ 够冷的

연습 실력이 늘다

◆ 听和说

1 ②

2 ① ○　　② ○　　③ ×　　④ ×

女 你真的喜欢吃中国菜吗？

男 是的，我不仅喜欢吃中国菜，还想学做中国菜。

女 那你去上烹饪学习班吧。

男 听说你做中国菜做得很不错。能不能教教我？

女 我只会一点儿。那今天中午我给你做中国菜，怎么样？

男 好啊。又能学，又能吃，真是太好了。

◆ 写和说

1　① 正吃着呢

　　② 竟然在这儿见到了你

　　③ 兑换成人民币

　　④ 真够高的

◆ 读和说

1　① 油很多。

　　② 种类很多，而且很多菜都非常好吃。

　　③ 她想让朋友们吃到好吃的中国菜。

◆ 想和说

1　　　正民很喜欢吃中国菜。她买了一本烹饪书，自己学做中国菜。可是朋友们都说她做的中国菜不好吃。所以正民决定上烹饪学习班。

10　手机拉近了人与人之间的距离。

表现 (表현) 날개를 달다

• 비술어성 형용사

　① 我买了一台小型电脑。

　② 这些汉语课本都是初级的。

　③ 新来的老师是男的。

• 随着

　① 随着社会的发展，女人的地位越来越高了。

　② 服装随着流行的变化而变化。

　③ 人民的生活水平随着经济的发展而提高。

• 嘛

　① 来了嘛

　② 中国人嘛

　③ 问老师嘛

• 别提……

　① 别提多高兴了

　② 别提多有意思了

　③ 别提多好吃了

　④ 别提多努力了

• 难道

　① ⓑ　　② ⓐ　　③ ⓐ

연습 실력이 늘다

◆ 听和说

1　①

2　① ✕　　② ✕　　③ ○　　④ ○

女 我想买一台新电脑。

男 是买笔记本电脑吗？

女 是的。现在的电脑速度太慢了，而且有点儿重。

男 最近的新型电脑又轻又薄，价格也不算太贵。

女 是吗？那你现在就陪我一起去买，好吗？

男 没问题，那我们走吧。

◆ 写和说

1　① 别提多好吃了

　　② 难道你不认识

　　③ 好朋友嘛

　　④ 是新型的

◆ 读和说

1　① 聊一聊最近的学习和生活。

　　② 他们约好这个周末一起去旅行。

　　③ 买了一顶漂亮的帽子。

◆ 想和说

1　　　正民在百货商店看到了一件很漂亮的衣服。她想买，可是价格太贵。回家后正民在购物网站上找到了同样的衣服，但价格比百货商店便宜得多，所以正民在网上买了一件。

11 韩国的电视剧的确让人着迷。

표현 **날개를 달다**

• 哪怕……，也……

　① 哪怕是星期天，他也在图书馆念书。

　② 哪怕天气不好，我们也会去的。

　③ 哪怕是韩国人，也有不吃辣的。

　④ 哪怕晚一点出发，也要把饭吃完。

• 就

　③

• 上下

　① 一千元上下

　② 五十岁上下

　③ 七十公斤上下

• 在……上

　① 在学习外语上

　② 在性能上

　③ 在交朋友上

• 值得

　① 值得一看

　② 值得一去

　③ 值得一听

연습 **실력이 늘다**

◆ 听和说

1　②

2　① ✕　　② ✕　　③ ○　　④ ○

男 你看中国连续剧的时候，都能听懂吗？

女 只能听懂一点儿。

男 你的汉语水平那么高，才能听懂一点儿，难怪我几乎听不懂。

女 他们说话的速度太快了。

男 特别是新闻节目，说得更快，我简直不知道他们在说些什么。

女 我看，以后我们应该多练习听力。

◆ 写和说

1 ① 哪怕我父母不让我去，我也要去

　 ② 就花了一千块钱

　 ③ 在学习上帮了我这么多忙 /
　　　 在学习上给了我这么多帮助

　 ④ 值得一去

◆ 读和说

1 ① 很多中国人都喜欢看韩国的电视剧，年轻人喜欢听韩国歌。韩国的商品很受中国人的欢迎，韩国的饮食也很受中国人的喜爱。学习韩语的人也越来越多。

　 ② 很多中学都有汉语课，学汉语的大学生也越来越多，很多大学生还到中国去留学，很多公司里的职员也都去补习班学习汉语。

◆ 想和说

1 　　小张匆匆忙忙地走着。他一边走，一边给爱人打电话问篮球比赛开始没开始。爱人告诉他现在是广告时间，让他快来。小张到家了，这时篮球比赛开始了。

12 你毕业后想做什么工作?

표현 날개를 달다

• 肯……

　① ⓒ　　② ⓒ　　③ ⓒ

• 宁可A也不B

　① 也不买质量差的东西

　② 也不做那种工作

　③ 也不想去那家饭店吃饭

• 任何

　① 任何人都不能进去。

　② 做任何事情，他都很小心。/
　　　他做任何事情，都很小心。

　③ 我们没听到任何消息。

• 何必……呢？

　① 你何必让他们参加比赛呢？

　② 你何必买那么贵的礼物呢？

　③ 你何必给他写那么长的信呢？

• 只不过……罢了

　① 不要客气，我只不过做了我应该做的事罢了。

　② 他只不过是个孩子罢了，别要求那么多。

　③ 你只不过丢了一百块钱罢了，干吗那么生气。

연습 실력이 늘다

◆ 听和说

1 ①

2 ① ○　　② ×　　③ ○　　④ ×

女 好久不见。没想到能在图书馆见到你。

男 我最近忙着找工作，忙着面试，很少在学校。

女 怎么样？有没有好消息？

男 大韩银行和多乐贸易公司都决定要我了。

女 祝贺你！那你决定去哪儿了吗？

男 我想去做国际贸易的多乐贸易公司工作。

◆ 写和说

1 ① 不肯参加篮球比赛
② 有他的任何消息
③ 也不去这家饭店吃饭
④ 想当一名医生

◆ 读和说

1 ① 大明的专业是中文，小庆的专业是企业管理。
② 大明想做贸易方面的工作，小庆想在银行工作。
③ 在网上公布结果。

◆ 想和说

1 正民就要大学毕业了。上星期她去中国银行参加了面试。昨天中国银行公布结果，正民合格了。大家都来向正民表示祝贺。

13 中国的风俗文化真是越听越有趣。

표현 날개를 달다

• 以来

① 放假以来
② 开学以来
③ 认识他以来
④ 结婚以来

• 再……不过了

① 他俩正在谈恋爱，这再明白不过了。
② 让他当班长，再合适不过了。
③ 今天的天气再好不过了。
④ 你的想法再好不过了，我们就按你说的去做吧。

• 难得

① 难得一见
② 难得星期天睡个懒觉
③ 难得他这么小

• ……过来

① 翻过来
② 回过头来
③ 把"王"字倒过来

• 不是A，而是B

① 不是他爱我，而是我爱他。
② 我不是不想去留学，而是没有钱。/
不是我不想去留学，而是没有钱。
③ 我不是忙，而是非常忙。

연습 실력이 늘다

◆ 听和说

1 ①
2 ① ✕　　② 〇　　③ 〇　　④ ✕

女 你明天来我家吃晚饭，好不好？

男 好是好，不过会不会给你们添麻烦？

女 哪儿的话呀。只不过是全家人一起吃顿饭罢了。

男 那我带什么礼物比较好呢？

女 什么也不用带，你来就好。

男 有机会认识你的家人，我真的十分高兴。

◆ 写和说

1 ① 再好不过了

② 难得一见

③ 你回过头来

④ 不是不高兴，而是太高兴了

◆ 读和说

1 ① 她在小庆家过的。

② 在《大长今》这部电视剧里。

③ 一套韩服。

◆ 想和说

1 　　今年过年的时候，娜贤穿上了韩服，打扮得漂漂亮亮的。那天早上她和家人一起吃了年糕汤，然后她给父母拜年，父母给了她压岁钱。

14 복습 II

회화 문제로 다지기

1 A 你怎么会做中国菜呢？

　 B 我正在上烹饪学习班。

　 C 我怎么跟你联系好呢？

　 D 打手机、发电子邮件都可以。

　 E 毕业后，你想干什么工作？

　 F 我想当一名程序员。

　 G 一年没见，你怎么瘦了这么多？

　 H 我每天锻炼身体。

2 ① ○　　　② ×　　　③ ×　　　④ ○
　 ⑤ ○　　　⑥ ×

어법 문제로 다지기

1 ❶ ⓐ　❷ ⓑ　❸ ⓒ　❹ ⓓ　❺ ⓐ

2 ❶ ⓑ　❷ ⓒ　❸ ⓓ　❹ ⓑ　❺ ⓓ

3 ❶ ⓐ　❷ ⓑ　❸ ⓐ　❹ ⓓ　❺ ⓑ

4 첫 번째 줄의 很新型的手机

　 → 新型手机

　 두 번째 줄의 做什么离不开手机

　 → 做什么都离不开手机

　 네 번째 줄의 最好是可以随时随地和国内外的亲朋好友们视频聊天

　 → 最好的是可以随时随地和国内外的亲朋好友们视频聊天

当	dāng	20(1과)
到达	dàodá	182(13과)
到底	dàodǐ	48(3과)
道理	dàolǐ	168(12과)
倒	dào	182(13과)
倒入	dàorù	126(9과)
倒是	dàoshì	62(4과)
得到	dédào	20(1과)
灯光	dēngguāng	154(11과)
低头	dītóu	140(10과)
的确	díquè	154(11과)
电线杆	diànxiàngān	90(6과)
电子产品	diànzǐ chǎnpǐn	140(10과)
电子邮件	diànzǐ yóujiàn	48(3과)
丁	dīng	126(9과)
丢失	diūshī	62(4과)
短	duǎn	34(2과)
短信	duǎnxìn	48(3과)
对话	duìhuà	76(5과)
对于	duìyú	126(9과)
炖	dùn	126(9과)
多样性	duōyàngxìng	154(11과)

F

发财	fācái	182(13과)
发福	fāfú	112(8과)
发现	fāxiàn	126(9과)
发音	fāyīn	182(13과)
发展	fāzhǎn	140(10과)
发型	fàxíng	34(2과)
反应	fǎnyìng	48(3과)
犯罪	fànzuì	62(4과)

方面	fāngmiàn	76(5과)
方法	fāngfǎ	126(9과)
防水	fángshuǐ	140(10과)
非得……不可	fēiděi……bùkě	48(3과)
丰厚	fēnghòu	168(12과)
风俗	fēngsú	182(13과)
否则	fǒuzé	62(4과)
福	fú	182(13과)

G

改变	gǎibiàn	34(2과)
改行	gǎiháng	168(12과)
干黄酱	gānhuángjiàng	126(9과)
敢	gǎn	20(1과)
赶	gǎn	62(4과)
赶紧	gǎnjǐn	48(3과)
感动	gǎndòng	20(1과)
感觉	gǎnjué	20(1과)
感染	gǎnrǎn	90(6과)
感谢	gǎnxiè	76(5과)
干吗	gànmá	76(5과)
各种	gèzhǒng	140(10과)
沟通	gōutōng	140(10과)
够	gòu	126(9과)
功能	gōngnéng	140(10과)
孤单	gūdān	20(1과)
鼓	gǔ	20(1과)
鼓励	gǔlì	168(12과)
顾	gù	34(2과)
故乡	gùxiāng	76(5과)
故意	gùyì	34(2과)
故障	gùzhàng	48(3과)

236

다락원 홈페이지에서 MP3 파일
다운로드 및 실시간 재생 서비스

최신개정

다락원 중국어 마스터 STEP 4

지은이 박정구, 백은희, 마원나, 샤오잉
펴낸이 정규도
펴낸곳 (주)다락원

제1판 1쇄 발행 2010년 2월 11일
제2판 1쇄 발행 2022년 5월 16일
제2판 2쇄 발행 2023년 8월 30일

기획·편집 김혜민, 이상윤
디자인 윤지영, 정규옥
일러스트 정민영, 최석현
사진 Shutterstock

다락원 경기도 파주시 문발로 211
전화 (02)736-2031 (내선 250~252 / 내선 430, 431)
팩스 (02)732-2037
출판등록 1977년 9월 16일 제406-2008-000007호

Copyright ⓒ 2022, 박정구·백은희·마원나·샤오잉

ISBN 978-89-277-2301-1 14720
978-89-277-2287-8 (set)

www.darakwon.co.kr
다락원 홈페이지를 방문하시면 상세한 출판 정보와 함께 동영상 강좌, MP3 자료 등 다양한 어학 정보를 얻으실 수 있습니다.

최신
개정

다락원
중국어
마스터

박정구·백은희·마원나·샤오잉 공저

워크북

STEP 4

이름:

다락원

최신
개정

다락원
중국어
마스터

박정구·백은희·마원나·샤오잉 공저

워크북

STEP

다락원

이 책의 구성과 활용법

예습하기

본문을 배우기 앞서 각 과에 나오는 단어를 써 보며 예습하는 코너입니다. 여러 번 쓰고 발음해 보는 연습 과정을 통해 단어를 암기해 보세요.

복습하기

본문의 단어·듣기·어법·독해·작문의 다섯 가지 영역별 문제풀이를 통해 각 과에서 배운 내용을 복습해 보세요.

플러스 단어

각 과의 주제와 연관된 단어를 배우며 어휘량을 늘리고 자유로운 회화 표현을 구사해 보세요.

* 워크북의 정답 및 녹음 대본은 다락원 홈페이지(www.darakwon.co.kr)의
'학습자료 ▶ 중국어'에서 다운로드 받으실 수 있습니다.

차례

01 我有了女朋友，感觉特别幸福。

나 여자 친구가 생겨서 참 행복해.

예습하기

다음은 제1과에 나오는 단어입니다. 각 단어를 여러 번 써 보며 한어병음과 의미를 익혀 보세요.

感觉
gǎnjué 감각, 느낌 / 느끼다

谈恋爱
tán liàn'ài 연애하다

总是
zǒngshì 늘, 줄곧, 언제나

要么
yàome ~하든지

打扮
dǎban 화장하다, 단장하다, 꾸미다

精神
jīngshen 활기차다, 생기발랄하다

交往
jiāowǎng 교제하다, 왕래하다

意义
yìyì 가치, 의의

感动
gǎndòng 감동하다

块
kuài 개 [덩어리나 납작한 물건을 세는 단위]

手表
shǒubiǎo 손목시계

当
dāng [어떤 일이 발생한 시간을 나타내는 데 쓰임]

心上人
xīnshàngrén 마음에 둔 사람, 애인

孤单
gūdān 외롭다, 쓸쓸하다

面前
miànqián 면전, 눈앞

脸红
liǎnhóng 얼굴이 빨개지다, 부끄러워하다

不知所措
bù zhī suǒ cuò 어찌할 바를 모르다

磕磕巴巴
kēke bābā [말을 더듬는 모양]

单恋
dānliàn 짝사랑하다

鼓
gǔ 고무하다, 북돋우다

勇气
yǒngqì 용기

表白
biǎobái (자신의 마음을) 나타내다

只有
zhǐyǒu ~(해야)만

一见钟情
yí jiàn zhōngqíng 첫눈에 반하다

得到
dédào 얻다, 차지하다

心
xīn 마음

단어. 듣기. 어법. 독해. 작문 파트의 문제로 제1과에서 배운 내용을 복습해 보세요.

1 단어

(1) 빈칸을 알맞게 채워 넣어 보세요.

한자	병음	뜻
感觉	❶	감각, 느낌 / 느끼다
打扮	dǎban	❷
交往	❸	교제하다, 왕래하다
手表	shǒubiǎo	❹
孤单	❺	외롭다, 쓸쓸하다
❻	kēke bābā	말을 더듬는 모양
❼	dānliàn	짝사랑하다
❽	biǎobái	(자신의 마음을) 나타내다

(2) 위에서 복습한 단어 중에서 알맞은 단어를 넣어 문장을 완성해 보세요.

❶ 这是你们＿＿＿＿＿＿＿后她的第一个生日吧。

❷ 别人都有了自己的心上人，就我还是＿＿＿＿＿＿＿一人。

❸ 你别总是＿＿＿＿＿＿＿别人，要鼓起勇气。

❹ 其实他对小庆一见钟情，但一直不敢＿＿＿＿＿＿＿。

2 듣기

(1) 녹음을 듣고 문장을 완성해 보세요. 🎧 W-01-01

❶ 可你说送什么礼物能让她＿＿＿＿＿＿＿呢？

❷ 没谈＿＿＿＿＿＿＿的时候，周末总是一个人待在家里。

❸ 你和她今天有＿＿＿＿＿＿＿？

❹ 只要站在我喜欢的人面前，我就＿＿＿＿＿＿＿。

(2) **녹음을 듣고 질문에 알맞은 답을 골라 보세요.** 🎧 W-01-02

❶ 这句话是什么意思?

　　ⓐ 他已经解决这件事了。　　　ⓑ 别人不能解决这件事。

　　ⓒ 他来也不能解决这件事。　　ⓓ 你解决这件事，他才会来。

❷ 这句话是什么意思?

　　ⓐ 只有我学汉语。　　　　　　ⓑ 我和朋友都学汉语。

　　ⓒ 我和朋友都学日语。　　　　ⓓ 除了我以外，朋友都学汉语。

❸ 从这句话，我们可以知道什么?

　　ⓐ 我开会了。　　　　　　　　ⓑ 我想去开会。

　　ⓒ 我得在会上说英语。　　　　ⓓ 我说英语说得很流利。

(3) **녹음의 대화를 듣고 질문에 알맞은 답을 골라 보세요.** 🎧 W-01-03

❶ 男的说的是什么意思?

　　ⓐ 这双鞋太贵了。　　　　　　ⓑ 这双鞋不适合你。

　　ⓒ 这双鞋你不会喜欢。　　　　ⓓ 不管这双鞋贵不贵，我都买。

❷ 男的说的是什么意思?

　　ⓐ 我给你写信。　　　　　　　ⓑ 你不要爱我。

　　ⓒ 我跟小庆谈恋爱。　　　　　ⓓ 小庆不知道我爱她。

❸ 女的说的是什么意思?

　　ⓐ 我们是姐妹。　　　　　　　ⓑ 我们不是姐妹。

　　ⓒ 我们长得很像。　　　　　　ⓓ 我们长得不像。

❹ 从他们的对话，我们可以知道什么?

　　ⓐ 男的现在谈恋爱了。　　　　ⓑ 男的以前谈过恋爱。

　　ⓒ 男的现在感觉很孤单。　　　ⓓ 男的现在不谈恋爱了。

3 어법

(1) **다음은 틀린 문장입니다. 바르게 고쳐 보세요.**

❶ 我下课了，马上就去买礼物。

→ _____

❷ 只要站在她面前，就你脸红。

→ _____

❸ 今天我见面她。

→ _____

(2) **빈칸에 들어갈 알맞은 단어를 괄호 안에서 골라 보세요.**

❶ 你别总是单恋别人，要(　　　)起勇气表白。 (立 / 出 / 鼓)

❷ 我想送给她一(　　　)手表。 (把 / 件 / 块)

❸ 快把这个消息告诉大家吧，(　　　)让大家高兴高兴。 (好 / 趁 / 却)

(3) **밑줄에 들어갈 알맞은 단어를 박스 안에서 골라 써 보세요.**

> 就　　　才　　　总

❶ 只有我_____能听懂他在说什么。

❷ 我们见面，_____是他请客。

❸ 只要韩国有卖的，我_____可以买到。

4 독해

• 중국어 문장을 해석해 보세요.

❶ 昨天我和女朋友吵架了。我们交往已经两年多了，可是这以前我们从来没吵
过架。今天我的心情非常不好，什么都不想做，只想快点儿和她和好。

→ _____

_____。

❷ 昨天雨林拿着花儿来找我。他告诉我他一直爱着我。其实我也一直爱着他，
只不过没有勇气表白。他说请我做他的女朋友，我很高兴。

→ _____

_____。

❸ 娜贤是我最好的朋友。我们俩常常在一起。可是娜贤有了男朋友以后，她常
常和她的男朋友在一起。看着他们幸福的样子，我又孤独，又羡慕。

→ _____

_____。

5 작문

• 문장의 밑줄 친 부분을 중국어로 바꿔 보세요.

> 金敏浩有了女朋友，感觉特别幸福。今天是女朋友的生日，金敏浩找大
> 明商量后，여자 친구에게 손목시계를 하나 선물하기로 결정했다 ❶。看到敏浩幸福
> 的样子，大明非常羡慕。사실 그는 샤오칭에게 첫눈에 반했지만 계속 고백할 용기가
> 없었다 ❷。敏浩告诉大明 용기를 내서 고백해야만 샤오칭의 마음을 얻을 수 있다 ❸。

❶ _____

❷ _____

❸ _____

제1과와 관련된 단어를 추가로 익혀 보세요! 🎧 W-01-04

- 情侣 qínglǚ 커플
- 三角关系 sānjiǎo guānxì 삼각관계
- 情人节 Qíngrén Jié 밸런타인데이
- 热恋 rèliàn 열애하다
- 异性朋友 yìxìng péngyou 이성 친구
- 相亲 xiāngqīn 맞선을 보다

- 求婚 qiúhūn 청혼하다
- 订婚 dìnghūn 약혼하다
- 结婚 jiéhūn 결혼하다
- 离婚 líhūn 이혼하다
- 结婚证 jiéhūnzhèng 혼인 증명서
- 婚姻登记 hūnyīn dēngjì 혼인 신고

- 接吻 jiēwěn 키스하다
- 夫妻 fūqī 부부
- 拥抱 yōngbào 포옹하다
- 失恋 shīliàn 실연하다, 사랑을 잃다
- 花束 huāshù 꽃다발
- 戒指 jièzhi 반지
- 女朋友 nǚ péngyou 여자 친구
- 男朋友 nán péngyou 남자 친구

02 你想做什么样的发型?

어떤 헤어스타일로 하실 거예요?

 예습하기 ••••••••••••••••••••••••••••••••

다음은 제2과에 나오는 단어입니다. 각 단어를 여러 번 써 보며 한어병음과 의미를 익혀 보세요.

头发
tóufa 머리카락

波浪
bōlàng 파도, 물결, (머리) 웨이브

剪
jiǎn (가위 등으로) 자르다, 깎다

卷发
juǎnfà 파마머리

短
duǎn 짧다

吹风
chuīfēng 헤어드라이어로 머리를 말리다

显得
xiǎnde ~하게 보이다, ~인 것처럼 보이다

嫌
xián 싫어하다, 꺼리다

故意
gùyì 고의로, 일부러

顾
gù 주의하다, 돌보다

讨
tǎo 초래하다

依
yī ~에 따라, ~에 근거하여

发型
fàxíng 헤어스타일

要不
yàobù 그렇지 않으면

真心话
zhēnxīnhuà 참말, 진실한 말

美发厅
měifàtīng 미용실

留
liú (머리카락이나 수염을) 기르다

开业
kāiyè 개업하다

适合
shìhé 어울리다

技术
jìshù 기술

不妨
bùfáng (~하는 것도) 괜찮다

美发师
měifàshī 미용사

烫
tàng (머리를) 파마하다

刘海
liúhǎi 앞머리

着呢
zhene [형용사의 뒤에 쓰여 정도를 강조함]

洗头
xǐtóu 머리를 감다

 **복습하기** •••

단어. 듣기. 어법. 독해. 작문 파트의 문제로 제2과에서 배운 내용을 복습해 보세요.

1 단어

(1) 빈칸을 알맞게 채워 넣어 보세요.

한자	병음	뜻
❶	tóufa	머리카락
适合	shìhé	❷
波浪	❸	파도, 물결, (머리) 웨이브
吹风	chuīfēng	❹
❺	měifàtīng	미용실
洗头	❻	머리를 감다
刘海	liúhǎi	❼
❽	jiǎn	(가위 등으로) 자르다, 깎다

(2) 위에서 복습한 단어 중에서 알맞은 단어를 넣어 문장을 완성해 보세요.

❶ 洗头后要_____、要管理，你不嫌麻烦？

❷ 你也挺_____剪短发。

❸ _____不要剪得太短。

❹ 不如我也像她那样烫个大_____卷发，怎么样？

2 듣기

(1) 녹음을 듣고 문장을 완성해 보세요. 🎧 W-02-01

❶ 我每天_____，早上哪有时间顾头发啊！

❷ 我可是觉得这_____不怎么好。

❸ 这倒也是，_____我也剪个短发？

❹ 我剪发的那家美发厅刚_____，正在打折。

12

(2) **녹음을 듣고 질문에 알맞은 답을 골라 보세요.** 🎧 W-02-02

    ❶ 这句话是什么意思?

        ⓐ 我去找过他。   ⓑ 我有时间去找他。

        ⓒ 我不知道他在哪儿。   ⓓ 我没有时间去找他。

    ❷ 从这句话，我们可以知道什么?

        ⓐ 女的要染头。   ⓑ 女的要剪发。

        ⓒ 女的要换个发型。   ⓓ 女的觉得自己的发型很不错。

    ❸ 从这句话，我们可以知道什么?

        ⓐ 小庆很想烫头。   ⓑ 小庆以前留过长发。

        ⓒ 小庆不喜欢她现在的发型。   ⓓ 小庆的新发型不太适合她。

(3) **녹음의 대화를 듣고 질문에 알맞은 답을 골라 보세요.** 🎧 W-02-03

    ❶ 男的做什么了?

        ⓐ 染发   ⓑ 洗头

        ⓒ 吹风   ⓓ 剪发

    ❷ 男的说的是什么意思?

        ⓐ 我不跟你说了。   ⓑ 你也买过这本书。

        ⓒ 你不要忘记买书。   ⓓ 你一说，我才想起来。

    ❸ 男的说的是什么意思?

        ⓐ 我去找他吧。   ⓑ 你去找他吧。

        ⓒ 我给他打电话。   ⓓ 你给他打电话。

    ❹ 女的要做什么?

        ⓐ 她要烫头。   ⓑ 她要剪发。

        ⓒ 她要染发。   ⓓ 她要洗头。

3 어법

(1) **다음은 어순이 잘못된 문장입니다. 바르게 고쳐 보세요.**

❶ 不要剪刘海得太短。

→ _____

❷ 今天我遇到了雨林在路上。

→ _____

❸ 我想改变自己的发型一下。

→ _____

(2) **빈칸에 들어갈 알맞은 단어를 괄호 안에서 골라 보세요.**

❶ 既然有人说出来了，我(　　　　)就告诉大家吧！(不仅 / 不妨 / 不想)

❷ 白老师留的作业难(　　　　)。　(着 / 来着 / 着呢)

❸ 看(　　　　)，这次旅游我妈是不会同意让我去的。　(出来 / 起来 / 上去)

(3) **밑줄에 들어갈 알맞은 단어를 박스 안에서 골라 써 보세요.**

> 显得　　　　要不　　　　不嫌

❶ 可以给他打个电话，_____你就自己跑一趟。

❷ 今天你_____很开心，是不是有什么好事？

❸ 下了班，还要去补习班，你_____累？

14

4 독해

• 중국어 문장을 해석해 보세요.

❶ 今天娜贤把头发梳了起来，看起来又年轻又可爱。所以，我也想快点儿把头发留长梳起来。

→ _____

_____ 。

❷ 今天是她和我约会的日子。所以今天她打扮得非常漂亮，发型很时髦，衣服的款式和颜色也很好看。

→ _____

_____ 。

❸ 今天她烫发了。可是她不适合烫发，看起来年纪显得很大。但又因为怕她伤心，所以我对她说这个发型很适合她。

→ _____

_____ 。

5 작문

• 문장의 밑줄 친 부분을 중국어로 바꿔 보세요.

李正民在路上遇到了刘小庆，샤오칭이 머리를 자른 후에 어리고 귀여워진 것을 보고 ❶，정민이도 자신의 헤어스타일을 좀 바꾸고 싶어졌다 ❷，사실 정민이도 이미 긴 머리에 싫증이 났었다 ❸。因为小庆的头发剪得很漂亮，还打了折，所以正民决定第二天就去小庆去的那家美发厅剪个短发。

❶ _____

❷ _____

❸ _____

제2과와 관련된 단어를 추가로 익혀 보세요! 🎧 W-02-04

- 剪发 jiǎnfà 머리를 자르다
- 染发 rǎnfà 염색하다
- 烫发 tàngfà 파마하다
- 洗发 xǐfà 샴푸하다
- 脱发 tuōfà 탈모
- 长发 chángfà 긴 머리

- 短发 duǎnfà 짧은 머리
- 平头 píngtóu 스포츠머리, 상고머리
- 光头 guāngtóu 대머리
- 白发 báifà 백발
- 喷雾 pēnwù 스프레이
- 摩丝 mósī 무스

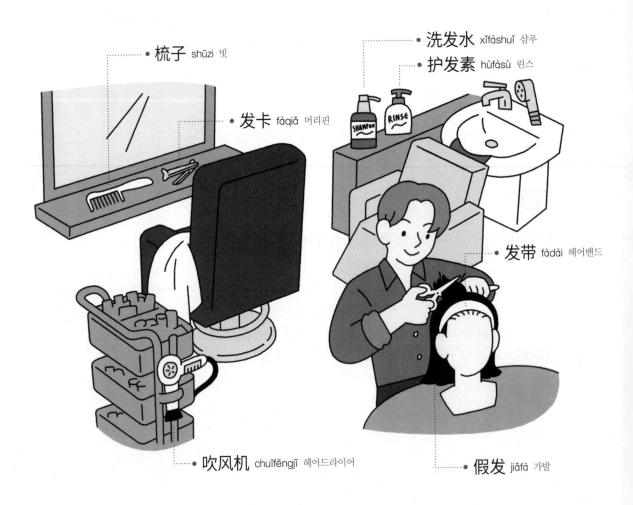

- 梳子 shūzi 빗
- 发卡 fàqiǎ 머리핀
- 洗发水 xǐfàshuǐ 샴푸
- 护发素 hùfàsù 린스
- 发带 fàdài 헤어밴드
- 吹风机 chuīfēngjī 헤어드라이어
- 假发 jiǎfà 가발

03 手机和电脑都坏了。

휴대전화와 컴퓨터가 모두 고장 났어.

예습하기

다음은 제3과에 나오는 단어입니다. 각 단어를 여러 번 써 보며 한어병음과 의미를 익혀 보세요.

电子邮件
diànzǐ yóujiàn 이메일(E-mail)

回信
huíxìn 답장/답장하다

别提
biétí 말하지(도) 마라

坏
huài 고장 나다, 망가지다

修理
xiūlǐ 수리하다

维修店
wéixiūdiàn 수리점

好不容易
hǎobùróngyì 가까스로, 겨우 = 好容易(hǎoróngyì)

零件
língjiàn 부속품

到底
dàodǐ 도대체

反应
fǎnyìng 반응

困难
kùnnan 곤란하다, 어렵다

哎哟
āiyō 아이고, 어이쿠, 어머나

染
rǎn 감염되다

病毒
bìngdú 바이러스

杀毒
shādú (컴퓨터) 바이러스를 없애다

软件
ruǎnjiàn 소프트웨어

消除
xiāochú 없애다, 제거하다

故障
gùzhàng 고장

不知不觉
bù zhī bù jué 자기도 모르는 사이에, 부지불식간에

重新
chóngxīn 다시

启动
qǐdòng 부팅하다

升级
shēngjí 업그레이드하다

请客
qǐngkè 한턱내다, 대접하다

赶紧
gǎnjǐn 재빨리, 얼른

修车铺
xiūchēpù 자전거 수리점

售后服务
shòuhòu fúwù 애프터서비스

복습하기

단어. 듣기. 어법. 독해. 작문 파트의 문제로 제3과에서 배운 내용을 복습해 보세요.

1 단어

(1) 빈칸을 알맞게 채워 넣어 보세요.

한자	병음	뜻
❶	xiūlǐ	수리하다
病毒	bìngdú	❷
消除	❸	없애다, 제거하다
故障	gùzhàng	❹
❺	chóngxīn	다시
困难	❻	곤란하다, 어렵다
赶紧	gǎnjǐn	❼
❽	hǎobùróngyì	가까스로, 겨우

(2) 위에서 복습한 단어 중에서 알맞은 단어를 넣어 문장을 완성해 보세요.

❶ 跑了好几个地方＿＿＿＿＿＿＿才找到了一家手机维修店。

❷ 以后只要你的电脑出故障，我可要＿＿＿＿＿＿＿跑来修呀！

❸ 电脑的反应太慢，而且上网也很＿＿＿＿＿＿＿。

❹ 电脑染上病毒了，必须马上用杀毒软件＿＿＿＿＿＿＿病毒。

2 듣기

(1) 녹음을 듣고 문장을 완성해 보세요. 🎧 W-03-01

❶ 你怎么不给我＿＿＿＿＿＿＿呢?

❷ ＿＿＿＿＿＿＿了，手机和电脑都坏了。

❸ 现在重新＿＿＿＿＿＿＿一下吧。

❹ 以后要注意经常＿＿＿＿＿＿＿。

18

(2) 녹음을 듣고 질문에 알맞은 답을 골라 보세요. 🎧 W-03-02

❶ 这句话是什么意思?

ⓐ 我不能和你一起去看电影。　　ⓑ 我不知道现在几点。

ⓒ 我不知道电影什么时候开始。　　ⓓ 我不想去看电影。

❷ 这句话是什么意思?

ⓐ 今天我家来了一个人。　　ⓑ 我想请你来我家。

ⓒ 今天我请你吃晚饭。　　ⓓ 我想去你家做客。

❸ 这句话是什么意思?

ⓐ 这个问题不太难。　　ⓑ 你不能问老师这个问题。

ⓒ 老师也不能解决这个问题。　　ⓓ 你得去问老师。

(3) 녹음의 대화를 듣고 질문에 알맞은 답을 골라 보세요. 🎧 W-03-03

❶ 男的做什么了?

ⓐ 打电话。　　ⓑ 发短信。

ⓒ 去维修店。　　ⓓ 买手机。

❷ 男的说的是什么意思?

ⓐ 王明的手机坏了。　　ⓑ 王明现在在国外。

ⓒ 王明已经给你回信了。　　ⓓ 王明这个星期回来。

❸ 男的说的是什么意思?

ⓐ 要修理，得付钱。　　ⓑ 能接受免费服务。

ⓒ 电脑太旧了。　　ⓓ 现在不能修。

❹ 男的说的是什么意思?

ⓐ 想帮女的修车。　　ⓑ 不想帮女的修车。

ⓒ 想陪她去修理。　　ⓓ 不想跟女的一起出去。

3 어법

(1) **다음은 틀린 문장입니다. 바르게 고쳐 보세요.**

❶ 这句话是谁到底说的？

→ _____

❷ 因为没有零件，才明天能修。

→ _____

❸ 以后电脑出了故障，非得不可找你。

→ _____

(2) **빈칸에 들어갈 알맞은 단어를 괄호 안에서 골라 보세요.**

❶ 电脑的反应太慢，（　　　）上网也很困难。 （而且 / 反而 / 但是）

❷ 现在重新启动（　　　）吧。 （一会儿 / 一下 / 一起）

❸ 最重要的部分出了问题，修（　　　）。 （不了 / 不完 / 不到）

(3) **밑줄에 들어갈 알맞은 단어를 박스 안에서 골라 써 보세요.**

> 学会　　　这么　　　一看

❶ 后来问来问去，不知不觉就_____修理了。

❷ 真了不起！_____快就修好了？

❸ 他_____就知道问题在哪儿。

• **중국어 문장을 해석해 보세요.**

❶ 最近我的电脑总出故障，问来问去也不知道问题在哪儿。所以我打算明天去
电脑维修店看看，如果维修费太贵的话，我打算买一台新电脑。

→ _____

_____ 。

❷ 突然我的电脑不能上网了，所以我给服务中心打电话，他们告诉我可能是我
的电脑染上了病毒，还说明天他们会来我家帮我修理电脑。

→ _____

_____ 。

❸ 今天我给赵亮发了好几次短信，他也没有给我回信。我以为他出什么事了，
所以去找他。原来他的手机坏了，接不了电话。

→ _____

_____ 。

5 작문

• **문장의 밑줄 친 부분을 중국어로 바꿔 보세요.**

小庆的手机和电脑都坏了。她여러 곳을 뛰어다니다 겨우 휴대전화 수리점 하나
를 찾았다 ❶，可因为是周日，没零件，星期一才能修好。她的电脑呢? 여러 사
람을 찾아 물어 보아도 어디에 문제가 있는 건지 알지 못했다 ❷，小庆很着急。这时，
赵亮来了，他쉽게 샤오칭의 컴퓨터를 수리해 주었다 ❸，小庆非常高兴。

❶ _____

❷ _____

❸ _____

제3과와 관련된 단어를 추가로 익혀 보세요! 🎧 W-03-04

- **充电器** chōngdiànqì 충전기
- **笔记本电脑** bǐjìběn diànnǎo 노트북 컴퓨터
- **路由器** lùyóuqì 인터넷 공유기, 라우터(router)
- **电源开关** diànyuán kāiguān 전원 스위치
- **开机** kāijī 전원을 켜다(↔ 关机 guānjī)

- **光盘** guāngpán CD
- **云盘** yúnpán 클라우드
- **光标** guāngbiāo 커서(cursor)
- **电缆** diànlǎn 케이블
- **人工智能** réngōng zhìnéng 인공 지능(AI)

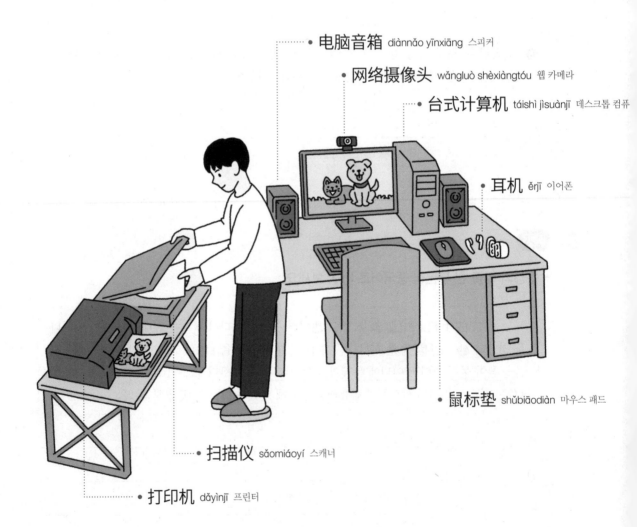

- **电脑音箱** diànnǎo yīnxiāng 스피커
- **网络摄像头** wǎngluò shèxiàngtóu 웹 카메라
- **台式计算机** táishì jìsuànjī 데스크톱 컴퓨
- **耳机** ěrjī 이어폰
- **鼠标垫** shǔbiāodiàn 마우스 패드
- **扫描仪** sǎomiáoyí 스캐너
- **打印机** dǎyìnjī 프린터

04 我把书包忘在出租车上了。

책가방을 택시에 놓고 내렸어.

🔊 예습하기

다음은 제4과에 나오는 단어입니다. 각 단어를 여러 번 써 보며 한어병음과 의미를 익혀 보세요.

出事
chūshì 사고가 발생하다

丢失
diūshī 잃어버리다

煞白
shàbái (병·공포·분노 등으로) 창백하다

倒是
dàoshi ~하기는 한데[양보를 표시]

匆匆忙忙
cōngcōng mángmáng 매우 바쁘다

犯罪
fànzuì 죄를 저지르다

连······带······
lián ······ dài ······ ~랑 ~도, ~랑 ~랑 모두

行为
xíngwéi 행위

车费
chēfèi 차비

事例
shìlì 사례, 실례

超过
chāoguò 초과하다, 넘다

派出所
pàichūsuǒ 파출소

收据
shōujù 영수증

报警
bàojǐng (경찰에) 신고하다

有用
yǒuyòng 쓸모가 있다

路费
lùfèi 교통비

车牌号
chēpáihào 차량 번호

领事馆
lǐngshìguǎn 영사관

赶
gǎn 서두르다

申报
shēnbào (세관 등의 행정 관청에) 신고하다

打车
dǎchē 택시를 타다

车祸
chēhuò 교통사고

除非
chúfēi 오직 ~하여야 (비로소)

着火
zháohuǒ 불이 나다

否则
fǒuzé 만약 그렇지 않으면

停电
tíngdiàn 정전되다

단어. 듣기. 어법. 독해. 작문 파트의 문제로 제4과에서 배운 내용을 복습해 보세요.

1 단어

(1) 빈칸을 알맞게 채워 넣어 보세요.

한자	병음	뜻
❶	chūshì	사고가 발생하다
❷	shàbái	(병·공포·분노 등으로)창백하다
❸	cōngcōng mángmáng	매우 바쁘다
报警	bàojǐng	❹
犯罪	❺	죄를 저지르다
丢失	❻	잃어버리다
车牌号	chēpáihào	❼
收据	❽	영수증

(2) 위에서 복습한 단어 중에서 알맞은 단어를 넣어 문장을 완성해 보세요.

❶ 我看你最好还是赶紧去派出所＿＿＿＿＿＿＿吧。

❷ 除非有收据，否则很难找到＿＿＿＿＿＿＿的物品。

❸ 收据上有＿＿＿＿＿＿＿和联系电话。

❹ 我朋友因为有＿＿＿＿＿＿＿才找到了忘在车上的照相机。

2 듣기

(1) 녹음을 듣고 문장을 완성해 보세요. 🎧 W-04-01

❶ 钱倒是没多少，只是没了护照真让人＿＿＿＿＿＿＿。

❷ 下次坐出租我可一定要注意拿好自己的＿＿＿＿＿＿＿。

❸ 利用别人丢失的护照进行犯罪行为的＿＿＿＿＿＿＿不少。

❹ 你现在连回家的＿＿＿＿＿＿＿也没有吧?

(2) **녹음을 듣고 질문에 알맞은 답을 골라 보세요.** 🎧 W-04-02

　❶ 这句话是什么意思？

　　ⓐ 他学习很努力。　　　　　ⓑ 这次考试，他没努力学习。

　　ⓒ 他每次考试成绩都很好。　　ⓓ 除了这次考试，他都考得很好。

　❷ 这句话是什么意思？

　　ⓐ 我借给他一百块钱。　　　　ⓑ 我跟他借了一百块钱。

　　ⓒ 我还给他一百块钱。　　　　ⓓ 他送给我一百块钱。

　❸ 上文没提到下面哪一项？

　　ⓐ 我今天迟到了。　　　　　ⓑ 我早上太忙了。

　　ⓒ 我没带报告来。　　　　　ⓓ 我今天本来要带报告来。

(3) **녹음의 대화를 듣고 질문에 알맞은 답을 골라 보세요.** 🎧 W-04-03

　❶ 女的说的是什么意思？

　　ⓐ 你不用参加比赛。　　　　ⓑ 你不想参加比赛。

　　ⓒ 只有你参加比赛，　　　　ⓓ 不管你参加不参加，
　　　 我们队才能赢。　　　　　　 我们队一定会赢。

　❷ 男的要做什么？

　　ⓐ 要叫救护车。　　　　　　ⓑ 要去洗车。

　　ⓒ 要去找人帮忙。　　　　　ⓓ 要去派出所报警。

　❸ 女的说的是什么意思？

　　ⓐ 她走路来的。　　　　　　ⓑ 她骑自行车来的。

　　ⓒ 她坐出租车来的。　　　　ⓓ 她坐公交车来的。

　❹ 男的说的是什么意思？

　　ⓐ 他不会说日语。　　　　　ⓑ 他只会说一两句日语。

　　ⓒ 他说日语说得不好。　　　ⓓ 他也不知道谁会说日语。

3 어법

(1) **다음은 틀린 문장입니다. 바르게 고쳐 보세요.**

❶ 我把房卡在房间里忘了。

→ _____。

❷ 我们以前见面过一次。

→ _____。

❸ 我把书放了书包里了。

→ _____。

(2) **빈칸에 들어갈 알맞은 단어를 괄호 안에서 골라 보세요.**

❶ (　　　　)大人带小孩一共三十块钱。　（连 / 都 / 就）

❷ 没有(　　　)天就要考试了，好好儿复习吧。　（哪 / 几 / 什么）

❸ 学校的生活倒是挺有意思的，(　　　)学习压力太大。　（也是 / 只是 / 还是）

(3) **밑줄에 들어갈 알맞은 단어를 박스 안에서 골라 써 보세요.**

> 赶快　　刚才　　已经

❶ _____你去哪儿了？

❷ 我们分手_____一年多了。

❸ 你_____跑回宿舍拿报告吧。

4 독해

- 중국어 문장을 해석해 보세요.

❶ 昨天我去商店买东西，要交钱的时候，才发现钱包不见了。我想了想，觉得
钱包不是掉在了路上，就是被人偷走了。所以我马上去派出所报警了。

　→ _____

　_____。

❷ 今天上午在去学校的路上，我发现一位老人晕倒在路边，我赶快用手机拨打
120叫了一辆救护车。

　→ _____

　_____。

❸ 我来到学校才知道今天是正民的生日。因为我带的钱不多，所以跟娜贤借了
点儿钱，买了一件礼物送给了正民。

　→ _____

　_____。

5 작문

- 문장의 밑줄 친 부분을 중국어로 바꿔 보세요.

　　　大卫早上시간에 쫓겨 지갑과 여권을 택시에 놓고 내렸다 ❶，他很着急，不知道
该怎么办。正民告诉他만약 택시 영수증이 있으면 분실한 물품을 찾을 수 있다 ❷。可
是大卫为了能快点儿去教室，没要收据。没办法，正民데이빗에게 집에 돌아갈
차비를 빌려 주었다 ❸，并陪大卫一起去派出所报警。

❶ _____

❷ _____

❸ _____

제4과와 관련된 단어를 추가로 익혀 보세요! 🎧 W-04-04

- 扒手 páshǒu 소매치기
- 小偷 xiǎotōu 도둑
- 强盗 qiángdào 강도
- 警察 jǐngchá 경찰
- 公安 gōng'ān 공안, 경찰
- 上当 shàngdàng 속다(=受骗 shòupiàn)

- 失物招领处 shīwù zhāolǐngchù 유실물센터
- 车牌 chēpái 자동차 번호판
- 车号 chēhào 차 번호
- 行李箱 xínglixiāng 트렁크
- 身份证 shēnfènzhèng 신분증
- 挂失 guàshī 분실 신고를 하다

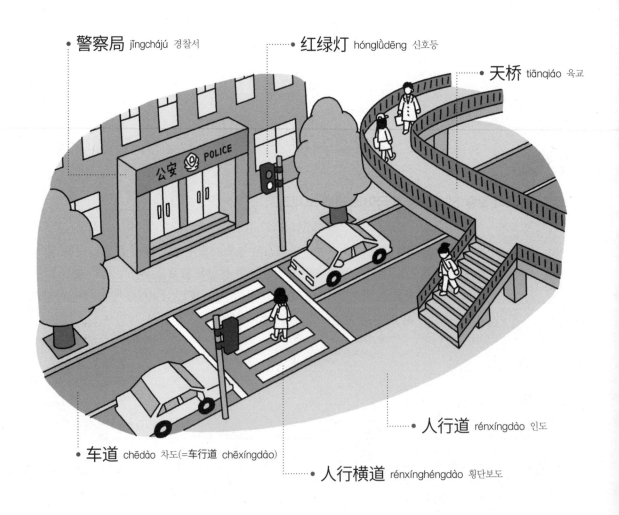

- 警察局 jǐngchájú 경찰서
- 红绿灯 hónglǜdēng 신호등
- 天桥 tiānqiáo 육교
- 人行道 rénxíngdào 인도
- 车道 chēdào 차도(=车行道 chēxíngdào)
- 人行横道 rénxínghéngdào 횡단보도

05 今天没准备什么，请大家随意。

오늘 별로 준비한 것은 없지만 모두들 많이 드세요.

예습하기

다음은 제5과에 나오는 단어입니다. 각 단어를 여러 번 써 보며 한어병음과 의미를 익혀 보세요.

邀请
yāoqǐng 초청하다

真心
zhēnxīn 진심

祝贺
zhùhè 축하하다

荣升
róngshēng 직위가 올라가다, 진급하다

帮助
bāngzhù 도움 / 돕다

表示
biǎoshì 나타내다, 표시하다

感谢
gǎnxiè 고맙(게 여기)다

随意
suíyì (자기) 생각대로 하다, 뜻대로 하다, 원하는 대로 하다

故乡
gùxiāng 고향

方面
fāngmiàn 방면, 부분

对话
duìhuà 대화하다

自学
zìxué 독학하다

结交
jiéjiāo 사귀다, 교제하다

以便
yǐbiàn ～(하기에 편리)하도록, ～하기 위하여

提高
tígāo 향상시키다, 높이다

人家
rénjia 남, 다른 사람(들)

差异
chāyì 차이, 다른 점

饮食
yǐnshí 음식

待客
dàikè 손님을 대접하다

礼仪
lǐyí 예절

引起
yǐnqǐ 불러일으키다, 야기하다

误会
wùhuì 오해

接受
jiēshòu 받아들이다

回请
huíqǐng (접대를 받은 후 초대한 사람) 답례로 초대하다

干吗
gànmá 왜, 어째서, 무엇 때문에

赚钱
zhuànqián 돈을 벌다

단어. 듣기. 어법. 독해. 작문 파트의 문제로 제5과에서 배운 내용을 복습해 보세요.

1 단어

(1) 빈칸을 알맞게 채워 넣어 보세요.

한자	병음	뜻
❶	zhùhè	축하하다
邀请	yāoqǐng	❷
❸	yǐnshí	음식
随意	suíyì	❹
提高	❺	향상시키다, 높이다
待客	❻	손님을 대접하다
❼	yǐnqǐ	불러일으키다, 야기하다
误会	wùhuì	❽

(2) 위에서 복습한 단어 중에서 알맞은 단어를 넣어 문장을 완성해 보세요.

❶ 真心＿＿＿＿＿＿＿＿你荣升科长。

❷ 今天没准备什么，请大家＿＿＿＿＿＿＿＿。

❸ 我的口语水平＿＿＿＿＿＿＿＿了很多。

❹ 中国的文化和韩国很不一样，因此很容易＿＿＿＿＿＿＿＿误会。

2 듣기

(1) 녹음을 듣고 문장을 완성해 보세요. 🎧 W-05-01

❶ 谢谢你的＿＿＿＿＿＿＿＿，真心祝贺你荣升科长。

❷ 因此我一边自学汉语，一边＿＿＿＿＿＿＿＿中国朋友。

❸ 在＿＿＿＿＿＿＿＿别人的邀请后会进行回请吗？

❹ 有你这句话＿＿＿＿＿＿＿＿了。

30

(2) **녹음을 듣고 질문에 알맞은 답을 골라 보세요.** 🎧 W-05-02

❶ 这句话是什么意思？

ⓐ 我的钱不多。

ⓒ 我找不到钱。

ⓑ 你不知道我有多少钱吗？

ⓓ 你猜我的钱在哪儿。

❷ 这句话是什么意思？

ⓐ 你很喜欢看我借来的小说。

ⓒ 我让他借来一本小说。

ⓑ 你应该看我借来的小说。

ⓓ 别人都看过那本小说。

❸ 这句话是什么意思？

ⓐ 上车前准备好零钱。

ⓒ 车上有很多零钱。

ⓑ 不要上车买票。

ⓓ 买票后上车。

(3) **녹음의 대화를 듣고 질문에 알맞은 답을 골라 보세요.** 🎧 W-05-03

❶ 男的说的是什么意思？

ⓐ 他喜欢北京的生活。

ⓒ 他还没适应北京的生活。

ⓑ 他不喜欢北京的生活。

ⓓ 他已经适应北京的生活了。

❷ 男的说的是什么意思？

ⓐ 他当然知道。

ⓒ 他不怎么喜欢送给别人礼物。

ⓑ 他想知道。

ⓓ 他也很喜欢送给别人礼物。

❸ 女的说的是什么意思？

ⓐ 钱越多越好。

ⓒ 她想赚很多钱。

ⓑ 她想买很多东西。

ⓓ 钱够用就行。

❹ 男的说的是什么意思？

ⓐ 女的汉语没有进步。

ⓒ 他的汉语没有女的好。

ⓑ 女的汉语有很大的进步。

ⓓ 他的汉语比女的好。

3 어법

(1) **다음은 틀린 문장입니다. 바르게 고쳐 보세요.**

❶ 你们都是学生，什么地方有那么多钱啊?

→ _____

❷ 敏浩来了中国很长时间了。

→ _____

❸ 他得了第一名，我对他表示祝贺。

→ _____

(2) **빈칸에 들어갈 알맞은 단어를 괄호 안에서 골라 보세요.**

❶ 其实我早就想(　　　)你们的帮助表示感谢。 (对 / 向 / 给)

❷ 我结交中国朋友，(　　　)提高口语水平。 (以为 / 以便 / 以来)

❸ 在我心中早就以北京(　　　)我的第二故乡了。 (为 / 成 / 做)

(3) **밑줄에 들어갈 알맞은 단어를 박스 안에서 골라 써 보세요.**

> 已经　　　一直　　　一定

❶ 等我们赚钱以后，_____回请你。

❷ 我早就想去韩国，可是_____没机会。

❸ 他离开北京_____三年了。

4 독해

• 중국어 문장을 해석해 보세요.

❶ 我来中国已经一年了，我的汉语水平也有了很大的提高。为了向中国朋友表示感谢，今天我请他们吃晚饭。

→ _____

_____。

❷ 刚到中国的时候，我对中国的文化不太熟悉，和中国朋友喝酒的时候，接受中国朋友邀请的时候，引起了不少误会。

→ _____

_____。

❸ 要想了解中国人，首先要了解中国的文化。中国人很喜欢送给别人礼物，在去别人家做客的时候一定要带礼物。而且中国人在接受别人邀请之后，一定进行回请。

→ _____

_____。

5 작문

• 문장의 밑줄 친 부분을 중국어로 바꿔 보세요.

敏浩来中国很长时间了，<u>이미 이곳의 생활에 적응했다</u> **❶**。为了对中国朋友们的帮助表示感谢，他<u>진작부터 사람들을 초대해 함께 식사하고 싶었다</u> **❷**，可是一直没有机会。这次，敏浩升为科长，他<u>이 기회에 중국 친구들을 자신의 집에 손님으로 초대했다</u> **❸**。按照中国的礼仪，中国朋友们给他准备了一件小礼物。

❶ _____

❷ _____

❸ _____

제5과와 관련된 단어를 추가로 익혀 보세요! 🎧 W-05-04

- **国营企业** guóyíng qǐyè 국영 기업
- **私营企业** sīyíng qǐyè 개인 기업, 사기업
- **股份公司** gǔfèn gōngsī 주식회사
- **招聘** zhāopìn 직원을 모집하다
- **应聘** yìngpìn 지원하다
- **就业** jiùyè 취업하다, 취직하다

- **人事调动** rénshì diàodòng 인사이동
- **晋升** jìnshēng 승진하다(=升职 shēngzhí)
- **升薪** shēngxīn 급여가 인상되다
- **退休** tuìxiū 퇴직하다
- **跳槽** tiàocáo 이직하다
- **停薪留职** tíngxīn liúzhí 무급으로 휴직하다

• **履历表** lǚlìbiǎo 이력서

个人履历表

• **证件照** zhèngjiànzhào 증명사진

- **姓名** xìngmíng 성명
- **性别** xìngbié 성별
- **婚姻状况** hūnyīn zhuàngkuàng 혼인 여부
- **教育经历** jiàoyù jīnglì 학력
- **工作经历** gōngzuò jīnglì 경력

06 沙尘暴越来越频繁。

황사가 갈수록 잦아지네.

예습하기

다음은 제6과에 나오는 단어입니다. 각 단어를 여러 번 써 보며 한어병음과 의미를 익혀 보세요.

落汤鸡
luòtāngjī 물에 빠진 생쥐[온몸이 푹 젖은 사람 비유]

墨镜
mòjìng 선글라스

准
zhǔn 정확하다, 틀림없다

围
wéi 에워싸다, 둘러싸다

以防万一
yǐ fáng wànyī 만일에 대비하기 위하여

头巾
tóujīn 스카프, 두건

沙尘暴
shāchénbào 황사

帽沿儿
màoyánr 모자의 테[모자의 앞 또는 둘레에 돌출된 부분을 말함]

被迫
bèipò 어쩔 수 없이 ~하다

差点儿
chàdiǎnr 하마터면, 자칫하면

延期
yánqī 늦추다, 연기하다

撞
zhuàng 부딪치다

暴雨
bàoyǔ 폭우

电线杆
diànxiàngān 전신주, 전봇대

取消
qǔxiāo 취소하다

含有
hányǒu 함유하다, 포함하다

全球变暖
quánqiú biàn nuǎn 지구 온난화

重金属
zhòngjīnshǔ 중금속

沙漠化
shāmòhuà 사막화되다

户外
hùwài 집 밖, 야외

不断
búduàn 계속해서, 끊임없이

感染
gǎnrǎn 감염되다

频繁
pínfán 잦다, 빈번하다

呼吸道
hūxīdào 호흡 기관, 호흡기

口罩
kǒuzhào 마스크

疾病
jíbìng 질병

단어. 듣기. 어법. 독해. 작문 파트의 문제로 제6과에서 배운 내용을 복습해 보세요.

1 단어

(1) 빈칸을 알맞게 채워 넣어 보세요.

한자	병음	뜻
❶	luòtāngjī	물에 빠진 생쥐 [온몸이 푹 젖은 사람을 비유]
沙尘暴	shāchénbào	❷
沙漠化	❸	사막화되다
❹	kǒuzhào	마스크
❺	mòjìng	선글라스
电线杆	diànxiàngān	❻
感染	❼	감염되다
呼吸道	❽	호흡 기관, 호흡기

(2) 위에서 복습한 단어 중에서 알맞은 단어를 넣어 문장을 완성해 보세요.

❶ 你没带雨伞？怎么成了个＿＿＿＿＿＿＿？

❷ 因为明天有＿＿＿＿＿＿＿，所以足球比赛被迫延期了。

❸ 由于全球变暖，中国的＿＿＿＿＿＿＿不断加速。

❹ 明天最好不要进行户外活动，以防＿＿＿＿＿＿呼吸道疾病。

2 듣기

(1) 녹음을 듣고 문장을 완성해 보세요. 🎧 W-06-01

❶ 只要她腿一疼，＿＿＿＿＿＿＿下雨。

❷ 上次就是因为＿＿＿＿＿＿＿，比赛被取消了，怎么这次又延期？

❸ 出去的时候一定要戴口罩、墨镜，围＿＿＿＿＿＿＿。

❹ 中国的沙尘暴比韩国可厉害得多，简直是＿＿＿＿＿＿＿。

녹음을 듣고 질문에 알맞은 답을 골라 보세요. 🎧 W-06-02

❶ 今天的天气怎么样?

ⓐ 雨后变晴。　　　　　　　　ⓑ 晴后有雨。
ⓒ 整天阴天。　　　　　　　　ⓓ 整天下雨。

❷ 这句话是什么意思?

ⓐ 我赶上火车了。　　　　　　ⓑ 我没赶上火车。
ⓒ 我敢上火车。　　　　　　　ⓓ 我不敢上火车。

❸ 这句话是什么意思?

ⓐ 谁都知道他们会分手。　　　ⓑ 我不知道谁和谁分手了。
ⓒ 我不知道他们已经分手了。　ⓓ 谁也想不到他们会分手。

(3) **녹음의 대화를 듣고 질문에 알맞은 답을 골라 보세요.** 🎧 W-06-03

❶ 下面哪一个是对的?

ⓐ 男的带伞了。　　　　　　　ⓑ 女的带伞了。
ⓒ 女的觉得雨下得不太大。　　ⓓ 男的觉得雨不会下得太久。

❷ 现在是几月?

ⓐ 二月　　　　　　　　　　　ⓑ 四月
ⓒ 六月　　　　　　　　　　　ⓓ 八月

❸ 今天的天气怎么样?

ⓐ 下大雨　　　　　　　　　　ⓑ 下大雪
ⓒ 刮大风　　　　　　　　　　ⓓ 有沙尘暴

❹ 女的说的是什么意思?

ⓐ 我同意你的意见。　　　　　ⓑ 我不同意你的意见。
ⓒ 我汉语说得也很好。　　　　ⓓ 我不知道你说的是什么。

3 어법

(1) **다음은 틀린 문장입니다. 바르게 고쳐 보세요.**

❶ 今天下雨得真大。

→ _____

❷ 你感冒了，出去的时候一定要围口罩。

→ _____

❸ 以防被人偷走，不要把钱包放在口袋里。

→ _____

(2) **빈칸에 들어갈 알맞은 단어를 괄호 안에서 골라 보세요.**

❶ 好久没见，她已经成了( )大学生了。 (得 / 的 / 个)

❷ 我( )不是你，怎么知道你在想什么？ (又 / 再 / 也)

❸ 她送给我一( )很漂亮的雨伞。 (张 / 把 / 顶)

(3) **밑줄에 들어갈 알맞은 단어를 박스 안에서 골라 써 보세요.**

> 简直　　从来　　差点儿

❶ 我_____没喝醉过。

❷ 他汉语说得真好，_____跟中国人一样。

❸ 我_____被车撞了。

4 독해

• 중국어 문장을 해석해 보세요.

❶ 今天一直下大雨。我很喜欢这样的天气。我坐在窗边一边喝咖啡，一边欣赏窗外的雨景，一边回忆那个曾在雨中散步的他。

→ _____

_____ 。

❷ 从下星期起我们放假。这个寒假我打算去哈尔滨。大家都说哈尔滨的冬天很冷，但我不怕冷。冬天是我最喜欢的季节。

→ _____

_____ 。

❸ 最近沙尘暴越来越频繁。沙漠化是沙尘暴频繁的原因之一。为了防治沙尘暴，中国应该植树造林。

→ _____

_____ 。

5 작문

• 문장의 밑줄 친 부분을 중국어로 바꿔 보세요.

今天金敏浩没带雨伞，비에 젖어 물에 빠진 생쥐 꼴이 되었다 ❶，所以他说以后要在书包里放一把雨伞，以防万一。明天因为有沙尘暴，자오량과 민호가 참가하는 축구 시합이 연기되었다 ❷。因为沙尘暴中含有重金属，所以황사가 올 때에는 호흡기 질환에 걸리지 않도록 실외활동을 하지 않는 것이 좋다 ❸。

❶ _____

❷ _____

❸ _____

제6과와 관련된 단어를 추가로 익혀 보세요! 🎧 W-06-04

- 气象台 qìxiàngtái 기상대
- 太阳 tàiyáng 해, 태양
- 月亮 yuèliang 달
- 星星 xīngxing 별
- 闪 shǎn 번개
- 雷 léi 천둥

- 乌云 wūyún 먹구름
- 地震 dìzhèn 지진
- 洪水 hóngshuǐ 홍수
- 尾气 wěiqì 배기가스
- 臭氧层 chòuyǎngcéng 오존층
- 酸雨 suānyǔ 산성비

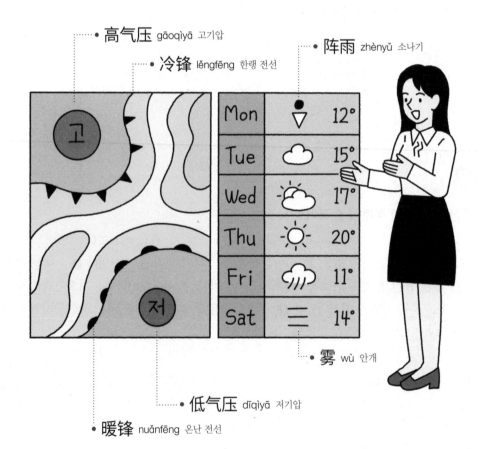

- 高气压 gāoqìyā 고기압
- 冷锋 lěngfēng 한랭 전선
- 阵雨 zhènyǔ 소나기
- 雾 wù 안개
- 低气压 dīqìyā 저기압
- 暖锋 nuǎnfēng 온난 전선

08 我开始去健身房锻炼身体了。

나는 운동하러 헬스클럽에 다니기 시작했어.

🗣 예습하기

다음은 제8과에 나오는 단어입니다. 각 단어를 여러 번 써 보며 한어병음과 의미를 익혀 보세요.

发福 fāfú 살이 찌다	**尽量** jǐnliàng 가능한 한, 되도록
好像 hǎoxiàng 마치 ~인 것 같다	**零食** língshí 간식, 군것질
似的 shìde ~와 같다, ~와 비슷하다	**向** xiàng ~에게, ~을 향하여
认 rèn 알다, 인식하다	**戒烟** jièyān 담배를 끊다
规律 guīlǜ 규율, 규칙	**一举两得** yì jǔ liǎng dé 일거양득, 일석이조
坚持 jiānchí (어떤 태도나 주장 등을) 견지하다, 고수하다	**山顶** shāndǐng 산꼭대기, 산 정상
减肥 jiǎnféi 살을 빼다, 체중을 줄이다	**强度** qiángdù 강도
跑步 pǎobù 달리다	**趁热打铁** chèn rè dǎ tiě 쇠는 달았을 때 두들겨야 한다
有氧运动 yǒuyǎng yùndòng 유산소 운동	**实施** shíshī 실시하다
健身房 jiànshēnfáng 헬스클럽	**山脚** shānjiǎo 산기슭
明显 míngxiǎn 뚜렷하다, 분명하다	**不仅** bùjǐn ~일 뿐만 아니라
健康 jiànkāng 건강하다	**调整** tiáozhěng 조정하다
重要 zhòngyào 중요하다	**作息** zuòxī 일하고 휴식하다

단어. 듣기. 어법. 독해. 작문 파트의 문제로 제8과에서 배운 내용을 복습해 보세요.

1 단어

(1) 빈칸을 알맞게 채워 넣어 보세요.

한자	병음	뜻
❶	fāfú	살이 찌다
减肥	jiǎnféi	❷
规律	❸	규율, 규칙
❹	hǎoxiàng	마치 ~인 것 같다
❺	jièyān	담배를 끊다
健身房	jiànshēnfáng	❻
一举两得	❼	일거양득, 일석이조
趁热打铁	❽	쇠는 달았을 때 두들겨야 한다

(2) 위에서 복습한 단어 중에서 알맞은 단어를 넣어 문장을 완성해 보세요.

❶ 你怎么瘦了这么多，＿＿＿＿＿＿＿换了个人似的。

❷ 我越来越胖，得＿＿＿＿＿＿＿了。

❸ 我觉得要想健康，生活有＿＿＿＿＿＿＿是十分重要的。

❹ 我从上个月起就开始去＿＿＿＿＿＿＿锻炼身体了。

2 듣기

(1) 녹음을 듣고 문장을 완성해 보세요. 🎧 W-08-01

❶ 这可是说起来容易，＿＿＿＿＿＿＿难啊！

❷ 多做一些＿＿＿＿＿＿＿，效果会比较好。

❸ 运动的＿＿＿＿＿＿＿是不是有点太大啦？

❹ 你能不能带我一起＿＿＿＿＿＿＿？

(2) 녹음을 듣고 질문에 알맞은 답을 골라 보세요. 🎧 W-08-02

① 这句话是什么意思?

ⓐ 你胖了。　　　　　　　　ⓑ 你瘦了。
ⓒ 你赚了不少钱。　　　　　ⓓ 你看起来很幸福。

② 这句话是什么意思?

ⓐ 应该锻炼身体。　　　　　ⓑ 不要去健身房。
ⓒ 应该爬山。　　　　　　　ⓓ 生活应该有规律。

③ 这句话是什么意思?

ⓐ 你的外貌变了很多。　　　ⓑ 别人替你来了。
ⓒ 你看起来身体不太好。　　ⓓ 派别人来吧。

(3) 녹음의 대화를 듣고 질문에 알맞은 답을 골라 보세요. 🎧 W-08-03

① 女的说的是什么意思?

ⓐ 应该先戒烟。　　　　　　ⓑ 做什么运动都可以。
ⓒ 运动之后再抽烟。　　　　ⓓ 不要在操场上吸烟。

② 女的为什么买了这种茶?

ⓐ 希望胖一点儿。　　　　　ⓑ 希望瘦一点儿。
ⓒ 希望高一点儿。　　　　　ⓓ 希望健康一点儿。

③ 女的说的是什么意思?

ⓐ 今天她不能打球。　　　　ⓑ 她不喜欢打球。
ⓒ 她明天才有时间。　　　　ⓓ 她的弟弟喜欢打篮球。

④ 男的找了女的多长时间?

ⓐ 一上午　　　　　　　　　ⓑ 一下午
ⓒ 很长时间　　　　　　　　ⓓ 不到一天

3 어법

(1) **다음은 틀린 문장입니다. 바르게 고쳐 보세요.**

❶ 我们没见两个月了。

→ _____

❷ 你好像换了个人似的，我都不认出来了。

→ _____

❸ 你再这样胖下来，可不行。

→ _____

(2) **빈칸에 들어갈 알맞은 단어를 괄호 안에서 골라 보세요.**

❶ 你得(　　　)我保证先戒烟。 (对 / 给 / 向)

❷ (　　　)做什么事，必须靠自己，不能靠别人。 (不管 / 虽然 / 所以)

❸ 从今天(　　　)就开始实施我们的计划吧。 (开 / 起 / 来)

(3) **밑줄에 들어갈 알맞은 단어를 박스 안에서 골라 써 보세요.**

> 比较　　　怎么　　　尽量

❶ 多做一些有氧运动，效果会_____好。

❷ 晚饭不要吃得太晚，_____少吃零食。

❸ 两个月没见，你_____瘦了这么多！

4

• 중국어 문장을 해석해 보세요.

❶ 好久没见到娜贤了。她瘦了很多，好像换了个人似的，而且还有了男朋友。我真羡慕她。

→ _____

_____ 。

❷ 我抽烟已经十年了。我的女朋友很不喜欢我抽烟。她说到了今年年底如果我还没戒烟的话，她就和我分手。

→ _____

_____ 。

❸ 最近我越来越胖了。妈妈说这是因为我生活没有规律，晚上常常喝酒造成的。从今天起，我要坚持锻炼身体，并改变我的饮食习惯。

→ _____

_____ 。

5 작문

• 문장의 밑줄 친 부분을 중국어로 바꿔 보세요.

> 今天在山脚下，大卫遇到了小庆。两个月没见，小庆瘦了很多，可大卫 오히려 살이 적잖이 쪘다 ❶。原来小庆为了自己的健康，업무와 휴식 시간을 잘 조절했을 뿐만 아니라 ❷，还一直坚持锻炼身体。为了减肥，大卫 담배를 끊고 샤오칭과 함께 운동을 하기로 결심했다 ❸。

❶ _____

❷ _____

❸ _____

제8과와 관련된 단어를 추가로 익혀 보세요! 🎧 W-08-04

- 身材 shēncái 몸매
- 减肥茶 jiǎnféichá 다이어트 차
- 苗条 miáotiao 날씬하다
- 丰满 fēngmǎn 포동포동하다
- 不胖不瘦 bú pàng bú shòu 뚱뚱하지도 마르지도 않고 적당하다
- 节食 jiéshí 식사를 줄이다
- 出汗 chūhàn 땀 흘리다
- 进行体检 jìnxíng tǐjiǎn 건강 검진을 받다
- 患有糖尿病 huàn yǒu tángniàobìng 당뇨병이 있다
- 血压高 xuèyā gāo 혈압이 높다

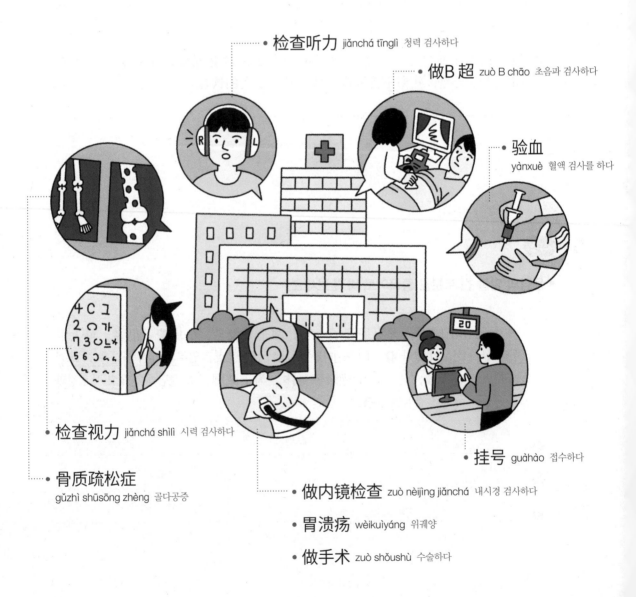

- 检查听力 jiǎnchá tīnglì 청력 검사하다
- 做B超 zuò B chāo 초음파 검사하다
- 验血 yànxuè 혈액 검사를 하다
- 检查视力 jiǎnchá shìlì 시력 검사하다
- 骨质疏松症 gǔzhì shūsōng zhèng 골다공증
- 做内镜检查 zuò nèijìng jiǎnchá 내시경 검사하다
- 胃溃疡 wèikuìyáng 위궤양
- 做手术 zuò shǒushù 수술하다
- 挂号 guàhào 접수하다

09 听说你正在上烹饪学习班?

요리 학원에 다니고 있다면서?

 예습하기 ································

다음은 제9과에 나오는 단어입니다. 각 단어를 여러 번 써 보며 한어병음과 의미를 익혀 보세요.

烹饪
pēngrèn 요리하다, 조리하다

糖
táng 설탕, 사탕

学习班
xuéxíbān 학습반

辣椒
làjiāo 고추

需要
xūyào 필요하다

葱
cōng 파

厨具
chújù 주방 도구

姜
jiāng 생강

炒勺
chǎosháo 프라이팬

蒜
suàn 마늘

蒸锅
zhēngguō 찜솥, 찜통

超市
chāoshì 슈퍼마켓

菜刀
càidāo 식칼, 부엌칼

发现
fāxiàn 발견하다

几乎
jīhū 거의

竟然
jìngrán 뜻밖에도, 놀랍게도

煮
zhǔ 삶다, 끓이다, 익히다

醋
cù 식초

炖
dùn (고기 등을) 푹 고다, 푹 삶다

炸酱面
zhájiàngmiàn 자장면

做法
zuòfǎ 만드는 방법

简单
jiǎndān 간단하다

作料
zuóliao 양념, 조미료

锅
guō 솥, 냄비

酱油
jiàngyóu 간장

切
qiē (칼로) 자르다, 썰다

단어. 듣기. 어법. 독해. 작문 파트의 문제로 제9과에서 배운 내용을 복습해 보세요.

1 단어

(1) 빈칸을 알맞게 채워 넣어 보세요.

한자	병음	뜻
❶	pēngrèn	요리하다, 조리하다
需要	❷	필요하다
几乎	jīhū	❸
作料	❹	양념, 조미료
竟然	jìngrán	❺
❻	jiǎndān	간단하다
发现	❼	발견하다
❽	zuòfǎ	만드는 방법

(2) 위에서 복습한 단어 중에서 알맞은 단어를 넣어 문장을 완성해 보세요.

❶ 听说你正在上_____学习班?

❷ 中国菜_____都是用油炸的。

❸ 中国菜常用的_____都有哪些呢?

❹ 中国菜有炸、炒、蒸、煮、炖等多种_____。

2 듣기

(1) 녹음을 듣고 문장을 완성해 보세요. 🎧 W-09-01

❶ 说着中国菜，_____还真有点儿饿。

❷ 中国人吃的醋是_____的。

❸ 有些作料_____跟韩国的不太一样。

❹ 我也_____想学做中国菜。

(2) **녹음을 듣고 질문에 알맞은 답을 골라 보세요.** 🎧 W-09-02

❶ 这句话是什么意思?

ⓐ 我想吃很多东西。 　　ⓑ 我想吃贵一点儿的。
ⓒ 我打算随便吃点儿什么。　ⓓ 你吃什么我就吃什么。

❷ 这句话是什么意思?

ⓐ 我去参加晚会了。 　　ⓑ 我忘了参加晚会。
ⓒ 我没去参加晚会。 　　ⓓ 我不知道昨天有晚会。

❸ 饭馆有多远?

ⓐ 离家很近。 　　ⓑ 离学校很近。
ⓒ 坐车要10分钟。 　　ⓓ 走着去要20分钟。

(3) **녹음의 대화를 듣고 질문에 알맞은 답을 골라 보세요.** 🎧 W-09-03

❶ 女的说的是什么意思?

ⓐ 不用买作料。 　　ⓑ 她喜欢吃炸酱面。
ⓒ 炸酱面很容易做。 　　ⓓ 她没时间吃炸酱面。

❷ 男的说的是什么意思?

ⓐ 他放错作料了。 　　ⓑ 他放酱油了。
ⓒ 那碗汤很辣。 　　ⓓ 那碗汤很甜。

❸ 女的说的是什么意思?

ⓐ 她快要上烹饪学习班了。　ⓑ 她会做中国菜。
ⓒ 她喜欢做中国菜。 　　ⓓ 她没做过中国菜。

❹ 女的说的是什么意思?

ⓐ 她非常饿。 　　ⓑ 她非常累。
ⓒ 她不想吃东西。 　　ⓓ 她不喜欢吃面。

3 어법

(1) **다음은 틀린 문장입니다. 바르게 고쳐 보세요.**

❶ 不知道需要都哪些厨具？

→ _____

❷ 今天我买酱油去超市。

→ _____

❸ 我介绍了做中国菜的厨具给他。

→ _____

(2) **빈칸에 들어갈 알맞은 단어를 괄호 안에서 골라 보세요.**

❶ 回家以后才发现买的(　　　)是醋。 （一定 / 竟然 / 也许）

❷ 对于中国菜你知道的可真(　　　)多的。 （很 / 太 / 够）

❸ 最后把切(　　　)丁的猪肉放到锅里。 （成 / 到 / 完）

(3) **밑줄에 들어갈 알맞은 단어를 박스 안에서 골라 써 보세요.**

> 越　　　就　　　稍微

❶ 学做中国菜真是越学_____有意思。

❷ 只要有炒勺、蒸锅和菜刀_____行。

❸ 把葱、姜放在锅里_____炒一炒吧。

4 독해

• 중국어 문장을 해석해 보세요.

❶ 我很喜欢烹饪。最近我对中国菜特别感兴趣，所以从上星期起我开始去烹饪学习班学做中国菜。我想在我过生日的那一天请朋友们尝尝我亲手做的中国菜。

→ _____

_____。

❷ 以前我以为中国菜都很油腻。可是来到中国以后我才发现并不是这样。因为中国菜的种类很多、味道也都不同，所以不论是谁都能找到适合自己口味的饭菜。

→ _____

_____。

❸ 今天正民请朋友们到她家做客。朋友们到了她家，才发现正民竟然亲手为大家做了很多的中国菜：麻婆豆腐、宫保鸡丁、糖醋牛肉……，大家吃后都说正民做的中国菜真够地道的。

→ _____

_____。

5 작문

• 문장의 밑줄 친 부분을 중국어로 바꿔 보세요.

大卫上烹饪学习班差不多一年了，정민도 중국 요리를 배우고 싶어한다는 것을 들었다 **❶**，大卫给正民介绍了做中国菜的厨具———炒勺、蒸锅和菜刀，还 정민에게 중국 요리를 만들 때 많이 쓰는 양념을 알려 주었다 **❷**———油、盐、酱油、糖、辣椒、葱、姜、蒜，最后他还 정민에게 중국 자장면을 만드는 방법도 가르쳐 주었다 **❸**。

❶ _____

❷ _____

❸ _____

제9과와 관련된 단어를 추가로 익혀 보세요! 🎧 W-09-04

- 餐具 cānjù 식기
- 盘子 pánzi 큰 접시, 쟁반
- 碟子 diézi 작은 접시
- 水杯 shuǐbēi 물컵
- 叉子 chāzi 포크
- 餐刀 cāndāo 나이프

- 筷子 kuàizi 젓가락
- 勺子 sháozi 숟가락
- 烹调方法 pēngtiáo fāngfǎ 조리 방법
- 涮 shuàn 데치다
- 腌 yān 설탕이나 소금에 절이다
- 削皮 xiāopí 껍질을 벗기다

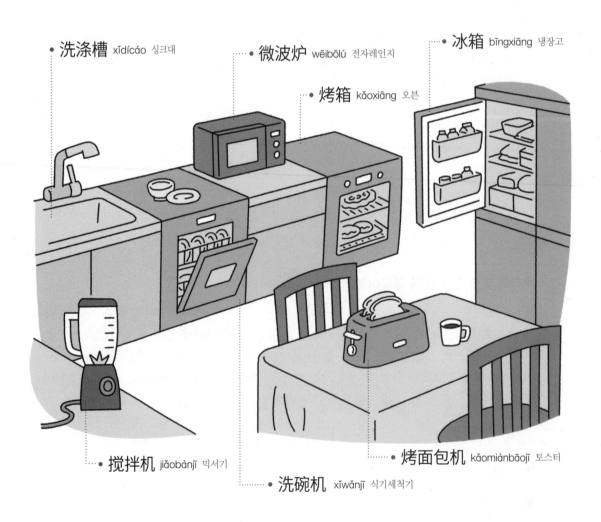

- 洗涤槽 xǐdícáo 싱크대
- 微波炉 wēibōlú 전자레인지
- 烤箱 kǎoxiāng 오븐
- 冰箱 bīngxiāng 냉장고
- 搅拌机 jiǎobànjī 믹서기
- 洗碗机 xǐwǎnjī 식기세척기
- 烤面包机 kǎomiànbāojī 토스터

10 手机拉近了人与人之间的距离。

휴대전화는 사람과 사람 사이의 거리를 가깝게 만들었어.

예습하기 ••

다음은 제10과에 나오는 단어입니다. 각 단어를 여러 번 써 보며 한어병음과 의미를 익혀 보세요.

显示屏
xiǎnshìpíng 화면, 스크린

广播
guǎngbō (라디오) 방송

薄
báo 얇다

检索
jiǎnsuǒ 검색하다, 찾다

新型
xīnxíng 신형의

信息
xìnxī 정보, 소식

外形
wàixíng 외형

记录
jìlù 기록하다

美观
měiguān 보기 좋다, 예쁘다

像素
xiàngsù 화소

随着
suízhe ~에 따라

清晰
qīngxī 뚜렷하다

科技
kējì 과학 기술

亲朋好友
qīnpéng hǎoyǒu 친척과 친한 친구

先进
xiānjìn 앞서다, 선진적이다

社交网络
shèjiāo wǎngluò 사회 연결망[소셜 네트워크]

功能
gōngnéng 기능

沟通
gōutōng 교류하다, 소통하다

齐全
qíquán 완전히 갖추다

拉近
lājìn 가까이 끌어당기다

取代
qǔdài 자리를 빼앗아 대신 들어서다

距离
jùlí 거리, 간격

闹钟
nàozhōng 알람

难道
nándào 설마 ~하겠는가

叫醒
jiàoxǐng 깨다, 깨우다

低头
dītóu 머리를 숙이다

단어. 듣기. 어법. 독해. 작문 파트의 문제로 제10과에서 배운 내용을 복습해 보세요.

1 단어

(1) 빈칸을 알맞게 채워 넣어 보세요.

한자	병음	뜻
美观	měiguān	❶
❷	xiàngsù	화소
❸	qīngxī	뚜렷하다
检索	jiǎnsuǒ	❹
❺	suízhe	~에 따라
功能	❻	기능
取代	❼	자리를 빼앗아 대신 들어서다
沟通	❽	교류하다, 소통하다

(2) 위에서 복습한 단어 중에서 알맞은 단어를 넣어 문장을 완성해 보세요.

❶ 外形＿＿＿＿＿＿＿＿＿＿，速度也很快。

❷ 写作业的时候要用电脑＿＿＿＿＿＿＿＿＿＿信息。

❸ 现在手机的＿＿＿＿＿＿＿＿＿＿非常高。

❹ 拍出的照片别提多＿＿＿＿＿＿＿＿＿＿了！

2 듣기

(1) 녹음을 듣고 문장을 완성해 보세요. 🎧 W-10-01

❶ ＿＿＿＿＿＿＿＿＿＿不小，也很薄。

❷ 真是没有比这更让人＿＿＿＿＿＿＿＿＿＿的了。

❸ 手机的功能也越来越＿＿＿＿＿＿＿＿＿＿。

❹ 手机＿＿＿＿＿＿＿＿＿＿了人与人之间的距离。

(2) **녹음을 듣고 질문에 알맞은 답을 골라 보세요.** 🎧 W-10-02

❶ 这句话是什么意思？

ⓐ 这个最让人满意。　　　　　ⓑ 别的更让人满意。

ⓒ 没有让人满意的。　　　　　ⓓ 没有一个人满意。

❷ 这句话没有说到手机的哪个功能？

ⓐ 闹钟　　　　　　　　　　　ⓑ 听广播

ⓒ 拍照片　　　　　　　　　　ⓓ 听音乐

❸ 这句话是什么意思？

ⓐ 没有手机，也可以做事。　　ⓑ 做什么事都需要用手机。

ⓒ 别的东西可以取代手机。　　ⓓ 没有人不会用手机做事。

(3) **녹음의 대화를 듣고 질문에 알맞은 답을 골라 보세요.** 🎧 W-10-03

❶ 女的说的是什么意思？

ⓐ 今天没能看邮箱。　　　　　ⓑ 王明的电子邮件还没到呢。

ⓒ 今天没时间发邮件。　　　　ⓓ 她会给王明回信的。

❷ 男的说的是什么意思？

ⓐ 他想买这台电脑。　　　　　ⓑ 这台电脑太贵了。

ⓒ 这台电脑的外形不怎么样。　ⓓ 这台电脑的速度太慢。

❸ 男的说的是什么意思？

ⓐ 他很喜欢这台电脑。　　　　ⓑ 他觉得这台电脑太贵了。

ⓒ 他不想买这台电脑。　　　　ⓓ 他的电脑出故障了。

❹ 男的说的是什么意思？

ⓐ 照相机拍得更清晰。　　　　ⓑ 他忘了带照相机来。

ⓒ 可以用手机拍照片。　　　　ⓓ 有了手机，还需要照相机。

3 어법

(1) **다음은 틀린 문장입니다. 바르게 고쳐 보세요.**

❶ 那个人是男还是女?

→ _____

❷ 随着科技的发展，电子产品越先进。

→ _____

❸ 如果有要记录下来，用手机一拍就行。

→ _____

(2) **빈칸에 들어갈 알맞은 단어를 괄호 안에서 골라 보세요.**

❶ ( )我给你写错电子邮件地址了吗? （别提 / 难道 / 难得）

❷ ( )科技的发展，只要有一个手机，没有不能解决的问题。
（随着 / 跟着 / 按照）

❸ 上课了，快把手机收( )吧。（下去 / 起来 / 出来）

(3) **밑줄에 들어갈 알맞은 단어를 박스 안에서 골라 써 보세요.**

```
   取代      一直      通过
```

❶ 现在和我聊天，却_____在看手机。

❷ 智能手机的出现，_____了很多电子产品。

❸ 可以_____各种社交网络和别人沟通交流。

4 독해

- 중국어 문장을 해석해 보세요.

❶ 王明来韩国已经一个星期了。今天我陪他去买了一个手机。有了手机，王明就可以和中国的亲朋好友们进行视频聊天了，所以他很高兴。

→ _____

_____。

❷ 有了智能手机，我们的生活变得更方便了。使用手机，我们可以查找各种信息，可以买东西，还可以和朋友们面对面地聊天。

→ _____

_____。

❸ 今天网络突然出了故障。我给网络服务中心打电话，他们告诉我明天才能来修。没有网络，什么都做不成。网络是我们生活中不可缺少的一部分。

→ _____

_____。

5 작문

- 문장의 밑줄 친 부분을 중국어로 바꿔 보세요.

> 　　大明换了一部新型手机，这部手机<u>외관이 예쁠 뿐만 아니라, 방수도 된다</u> ❶，大明十分满意。现在生活中，<u>무엇을 하든지 휴대전화가 없으면 안 된다</u> ❷。用手机可以听音乐、买东西、拍照片等。手机拉近了人与人之间的距离，不过如果每个人都只低头看手机，那么也可以说<u>휴대전화는 사람과 사람 간의 거리를 더 멀어지게 했다</u> ❸。

❶ _____

❷ _____

❸ _____

제10과와 관련된 단어를 추가로 익혀 보세요! 🎧 W-10-04

- **上载** shàngzài 업로드하다
- **下载** xiàzài 다운로드하다
- **发送文件** fāsòng wénjiàn 파일을 전송하다
- **垃圾邮件** lājī yóujiàn 스팸 메일
- **网络钓鱼** wǎngluò diàoyú 인터넷 피싱
- **收到电子邮件** shōudào diànzǐ yóujiàn 이메일을 받다

- **附件** fùjiàn 첨부 파일
- **打开信箱** dǎkāi xìnxiāng 메일함을 열다
- **邮箱地址簿** yóuxiāng dìzhǐbù 메일 주소록
- **链接** liànjiē 링크
- **单击** dānjī 클릭하다
- **双击** shuāngjī 더블클릭하다

连接互联网 liánjiē hùliánwǎng 인터넷에 접속하다

网站 wǎngzhàn 웹 사이트

视频聊天 shìpín liáotiān 화상 채팅하다

黑客 hēikè 해커

安装 ānzhuāng 설치하다, 인스톨하다

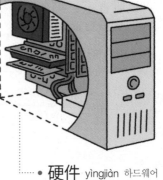

硬件 yìngjiàn 하드웨어

11 韩国的电视剧的确让人着迷。

한국의 TV 드라마는 정말 사람을 빠져들게 해.

예습하기

다음은 제11과에 나오는 단어입니다. 각 단어를 여러 번 써 보며 한어병음과 의미를 익혀 보세요.

连续剧
liánxùjù 연속극, 드라마 = 电视剧 diànshìjù

的确
díquè 확실히, 분명히

集
jí (영화의) 편

着迷
zháomí 몰두하다, 빠져들다

火遍
huǒbiàn 전역을 열광시키다

内容
nèiróng 내용

韩剧
Hánjù 한국 드라마

注重
zhùzhòng 중시하다, 중점을 두다

哪怕
nǎpà 설령 ~라 해도

趣味性
qùwèixìng 흥미성

下载
xiàzài 다운로드하다

原因
yuányīn 원인

主题曲
zhǔtíqǔ 주제곡

台词
táicí 대사

手机铃
shǒujī líng 휴대전화 벨

情侣
qínglǚ 연인

收入
shōurù 수입, 소득

场面
chǎngmiàn 장면, 신(scene)

上映
shàngyìng 방영하다, 상영하다

浪漫
làngmàn 로맨틱하다, 낭만적이다

清静
qīngjìng 조용하다, 고요하다

乘坐
chéngzuò (자동차·비행기 등을) 타다

收视率
shōushìlǜ 시청률

游轮
yóulún 유람선

上下
shàngxià 내외, 쯤 [수량사 뒤에 쓰여 어림수를 나타냄]

亲眼
qīnyǎn 제 눈으로, 직접

단어. 듣기. 어법. 독해. 작문 파트의 문제로 제11과에서 배운 내용을 복습해 보세요.

1 단어

(1) 빈칸을 알맞게 채워 넣어 보세요.

한자	병음	뜻
❶	shǒujī líng	휴대전화 벨
着迷	❷	몰두하다, 빠져들다
❸	làngmàn	로맨틱하다, 낭만적이다
上映	❹	방영하다, 상영하다
游轮	yóulún	❺
❻	Shǒu'ěr	서울
连续剧	❼	연속극, 드라마
情侣	qínglǚ	❽

(2) 위에서 복습한 단어 중에서 알맞은 단어를 넣어 문장을 완성해 보세요.

❶ 韩国的电视剧的确让人＿＿＿＿＿＿＿＿。

❷ 你还可以乘坐汉江＿＿＿＿＿＿＿＿，欣赏首尔美丽的风景。

❸ 到了＿＿＿＿＿＿＿＿《大长今》的时间，路上都变得十分清静。

❹ 原来中国人真的很喜欢看韩国的＿＿＿＿＿＿＿＿！

2 듣기

(1) 녹음을 듣고 문장을 완성해 보세요. 🎧 W-11-01

❶ 情侣们在汉江公园散步，那个＿＿＿＿＿＿＿＿特别浪漫。

❷ 韩剧在＿＿＿＿＿＿＿＿比较注重多样性和趣味性。

❸ 韩国的电视剧＿＿＿＿＿＿＿＿让人着迷。

❹ 以后有机会去韩国，一定要拍下汉江漂亮的＿＿＿＿＿＿＿＿。

(2) **녹음을 듣고 질문에 알맞은 답을 골라 보세요.** 🎧 W-11-02

❶ 这句话是什么意思?

ⓐ 大家都回家看《大长今》。
ⓑ 大家在路上看《大长今》。
ⓒ 上映《大长今》的时候，打扫马路。
ⓓ 上映《大长今》的时候，天已经黑了。

❷ 这句话是什么意思?

ⓐ 他喜欢写小说。　　　　　　ⓑ 他写的小说很受欢迎。
ⓒ 我不喜欢他的小说。　　　　ⓓ 他的小说总是让人迷路。

❸ 说话人是什么意思?

ⓐ 我去过首尔。　　　　　　　ⓑ 我看过汉江。
ⓒ 我真羡慕你们。　　　　　　ⓓ 我们也有这么美丽的河水。

(3) **녹음의 대화를 듣고 질문에 알맞은 답을 골라 보세요.** 🎧 W-11-03

❶ 女的说的是什么意思?

ⓐ 今天下大雨了。　　　　　　ⓑ 我怕今天下大雨。
ⓒ 今天我一定要去。　　　　　ⓓ 今天哪儿下大雨啦。

❷ 男的说的是什么意思?

ⓐ 这是我女朋友送给我的。　　ⓑ 我女朋友一直想买这块手表。
ⓒ 我也觉得这块手表太贵了。　ⓓ 女朋友喜欢，我就买。

❸ 女的不喜欢看什么节目?

ⓐ 新闻　　　　　　　　　　　ⓑ 连续剧
ⓒ 体育节目　　　　　　　　　ⓓ 音乐节目

❹ 下面哪一个是对的?

ⓐ 男的看过这部连续剧。　　　ⓑ 女的很喜欢男的的手机铃。
ⓒ 男的为女的下载了手机铃。　ⓓ 女的的手机铃是连续剧的主题曲。

3 어법

(1) **다음은 틀린 문장입니다. 바르게 고쳐 보세요.**

❶ 我在看了一部韩国的连续剧。

→ _____

❷ 这次我一定要拍上黄埔江的夜景。

→ _____

❸ 他家光汽车才有三辆，很有钱。

→ _____

(2) **빈칸에 들어갈 알맞은 단어를 괄호 안에서 골라 보세요.**

❶ 她三十岁(   )。 (多少 / 上下 / 前后)

❷ 请留(   )你的手机号码。 (上 / 中 / 下)

❸ 在这个问题(   )，我同意他的意见。 (上 / 中 / 下)

(3) **밑줄에 들어갈 알맞은 단어를 박스 안에서 골라 써 보세요.**

> 哪怕   比较   一定

❶ _____工作再忙，他也会每周去看父母。

❷ 那部电影特别有意思，我_____要再看一遍。

❸ 他这次写的报告_____好。

4 독해

• 중국어 문장을 해석해 보세요.

❶ 从上星期开始播放的那部连续剧真有意思。连续剧的主题曲也很好听，我把它下载为我的手机铃。

→ _____

_____ 。

❷ 我朋友很喜欢中国，也很喜欢学汉语。我本来对汉语不太感兴趣，但因为受到朋友的影响，我也开始一点一点地学习汉语了。

→ _____

_____ 。

❸ 晚上在公园灯光的照明下，女朋友看上去更加漂亮了。可是因为晚上拍照的效果不太好，所以女朋友不喜欢在晚上拍照。

→ _____

_____ 。

5 작문

• 문장의 밑줄 친 부분을 중국어로 바꿔 보세요.

> 小庆是个韩剧迷，她 <u>한국의 연속극 보는 것을 아주 좋아한다</u> ❶，连很多年前的《大长今》也看过。敏浩觉得在电视上听汉语的台词和听韩语的台词 <u>느낌이 좀 다르다</u> ❷，小庆也这么觉得，所以她 <u>열심히 한국어를 공부하고 있다</u> ❸。

❶ _____

❷ _____

❸ _____

제11과와 관련된 단어를 추가로 익혀 보세요! 🎧 W-11-04

- 频道 píndào 채널
- 动画片 dònghuàpiàn 만화 영화, 애니메이션
- 娱乐节目 yúlè jiémù 오락 프로그램
- 时事报道 shíshì bàodào 시사 프로그램
- 纪录片 jìlùpiàn 다큐멘터리 프로그램
- 音乐节目 yīnyuè jiémù 음악 프로그램

- 体育节目 tǐyù jiémù 스포츠 프로그램
- 新闻 xīnwén 뉴스
- 韩流 Hánliú 한류
- 配角 pèijué 조연, 보조역
- 字幕 zìmù 자막
- 配音 pèiyīn 더빙하다

- 临时演员 línshí yǎnyuán 엑스트라
- 导演 dǎoyǎn 감독, 연출
- 电视台 diànshìtái TV 방송국
- 主角 zhǔjué 주인공
- 明星 míngxīng 스타
- 拍连续剧 pāi liánxùjù 드라마를 찍다
- 粉丝 fěnsī 팬

12 你毕业后想做什么工作?

너는 졸업 후에 무슨 일을 하고 싶니?

예습하기

다음은 제12과에 나오는 단어입니다. 각 단어를 여러 번 써 보며 한어병음과 의미를 익혀 보세요.

贸易
màoyì 무역

过于
guòyú 지나치게, 너무

急躁
jízào (성격이) 급하다, 조급하다

再加上
zàijiāshang 게다가, ~한 데다

任何
rènhé 어떠한, 무슨

何必
hébì 구태여 ~할 필요가 있는가

强求
qiǎngqiú 강요하다

谦虚
qiānxū 겸손하다

职业
zhíyè 직업

应聘
yìngpìn 지원하다

相符
xiāngfú 서로 부합하다

失败
shībài 실패하다

改行
gǎiháng 직업[업종]을 바꾸다

面试
miànshì 면접시험

程序员
chéngxùyuán 프로그래머

伯乐
Bólè 백락[인재를 잘 알아보고 등용하는 사람을 가리키는 말]

游戏
yóuxì 게임

只不过
zhǐbúguò 다만 ~에 불과하다

有助于
yǒuzhùyú ~에 도움이 되다

运气
yùnqi 운, 운세, 운수

人气
rénqì 인기

罢了
bà le (서술문 끝에 쓰여) 단지 ~일 따름이다

丰厚
fēnghòu 두툼하다, 두둑하다

鼓励
gǔlì 격려하다

报酬
bàochou 보수, 급여

全力以赴
quánlì yǐ fù 전력투구하다, 최선을 다하다

복습하기

단어, 듣기, 어법, 독해, 작문 파트의 문제로 제12과에서 배운 내용을 복습해 보세요.

1 단어

(1) 빈칸을 알맞게 채워 넣어 보세요.

한자	병음	뜻
❶	màoyì	무역
急躁	jízào	❷
强求	❸	강요하다
丰厚	fēnghòu	❹
❺	miànshì	면접시험
改行	❻	직업[업종]을 바꾸다
鼓励	gǔlì	❼
❽	xiāngfú	서로 부합하다

(2) 위에서 복습한 단어 중에서 알맞은 단어를 넣어 문장을 완성해 보세요.

❶ 我想做_____方面的工作。

❷ 我性格比较_____。

❸ 他能得到_____的报酬。

❹ 因为性格和职业不_____，才改行的。

2 듣기

(1) 녹음을 듣고 문장을 완성해 보세요. 🎧 W-12-01

❶ 不知你_____肯去银行工作？

❷ 我想当一名_____。

❸ 我还没找到工作呢，不能_____乐观。

❹ 明天别紧张，_____会有好消息的。

(2) **녹음을 듣고 질문에 알맞은 답을 골라 보세요.** 🎧 W-12-02

❶ 这句话是什么意思?

ⓐ 我想换个工作。 ⓑ 我性格不太好。
ⓒ 我不想工作。 ⓓ 我还没找到工作。

❷ 这句话是什么意思?

ⓐ 态度应该乐观。 ⓑ 没有时间找工作。
ⓒ 今年找工作很难。 ⓓ 今年找工作比较容易。

❸ 这句话是什么意思?

ⓐ 要想通过考试可不容易。 ⓑ 不参加考试。
ⓒ 我要准备汉语水平考试。 ⓓ 我会尽全力准备这次考试的。

(3) **녹음의 대화를 듣고 질문에 알맞은 답을 골라 보세요.** 🎧 W-12-03

❶ 男的最近做什么?

ⓐ 找工作。 ⓑ 考大学。
ⓒ 参加比赛。 ⓓ 准备毕业考试。

❷ 男的说的是什么意思?

ⓐ 他想去银行取款。 ⓑ 他不想在银行工作。
ⓒ 他性格不好。 ⓓ 他现在在贸易公司工作。

❸ 男的说的是什么意思?

ⓐ 他现在不工作。 ⓑ 他已经退休了。
ⓒ 他不想在贸易公司工作。 ⓓ 他已经离开贸易公司了。

❹ 男的说的是什么意思?

ⓐ 他爸爸还在工作。 ⓑ 他爸爸换工作了。
ⓒ 他爸爸还不到五十岁。 ⓓ 他爸爸不想退休。

3 어법

(1) **다음은 틀린 문장입니다. 바르게 고쳐 보세요.**

❶ 结果还不知道怎么呢。

→ _____

❷ 以前我很感兴趣开发游戏程序。

→ _____

❸ 你的成绩很不错，肯定能找好工作。

→ _____

(2) **빈칸에 들어갈 알맞은 단어를 괄호 안에서 골라 보세요.**

❶ 宁可少挣点儿去贸易公司，(　　　)不想去银行。 （也 / 还 / 又）

❷ 任何事(　　　)不能强求，找工作也一样。 （都 / 还 / 并）

❸ 我希望能开发一些(　　　)社会发展的软件。 （帮助 / 有帮助 / 有助于）

(3) **밑줄에 들어갈 알맞은 단어를 박스 안에서 골라 써 보세요.**

呢　　了　　的

❶ 何必这么谦虚_____?

❷ 我会全力以赴_____。

❸ 上次只不过是运气不好罢_____。

4 독해

• 중국어 문장을 해석해 보세요.

❶ 我很喜欢和学生们在一起，所以毕业以后我想当一名教师。教师这一职业比较稳定，工资也不低。

→ _____

_____

❷ 我是中文系的学生。我的第二专业是企业管理。毕业以后我想在贸易公司从事有关韩中贸易方面的工作。因为我的汉语和英语都很好，所以我觉得这次应聘我肯定没问题。

→ _____

_____

❸ 就要大学毕业了。我的专业是中国文学，中国文学真是越学越有意思，所以毕业后我打算继续学习。下个月我要参加研究生考试，希望我能通过这次考试。

→ _____

_____

5 작문

• 문장의 밑줄 친 부분을 중국어로 바꿔 보세요.

大明和小庆졸업 후 구직 문제에 대해서 함께 논의했다 ❶，他们都觉得性格和职业要相符。小庆想做韩中贸易方面的工作，大明想当一名程序员，开发一些有助于社会发展的软件。明天大明要去多乐公司应聘，可是지난번에 따지(大吉)회사에 지원했다가 실패했기 때문에 ❷，所以有些紧张。小庆그에게 긴장만 하지 않으면 반드시 성공할 것이라고 말했다 ❸。

❶ _____

❷ _____

❸ _____

제12과와 관련된 단어를 추가로 익혀 보세요! 🎧 W-12-04

- 铁饭碗 tiěfànwǎn 안정적인 직업
- 打工 dǎgōng 아르바이트를 하다
- 工资 gōngzī 급여
- 就业信息 jiùyè xìnxī 취업 정보
- 个体户 gètǐhù 개인 사업자
- 钟点工 zhōngdiǎngōng
  시간제 근로자, 아르바이트

- 公务员 gōngwùyuán 공무원
- 艺人 yìrén 연예인
- 秘书 mìshū 비서
- 奖金 jiǎngjīn 보너스
- 加班费 jiābānfèi 초과 근무 수당
- 年薪 niánxīn 연봉

• 上班族 shàngbānzú 직장인, 샐러리맨

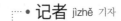
• 记者 jìzhě 기자

• 护士 hùshi 간호사

• 乘务员 chéngwùyuán 승무원

• 教授 jiàoshòu 교수

• 律师 lǜshī 변호사

13 中国的风俗文化真是越听越有趣。

중국의 풍속 문화는 정말 들을수록 재미있어.

예습하기

다음은 제13과에 나오는 단어입니다. 각 단어를 여러 번 써 보며 한어병음과 의미를 익혀 보세요.

春节
Chūn Jié 춘제(음력 설)

硬币
yìngbì 동전

过年
guònián 설을 쇠다, 새해를 맞다

预测
yùcè 예측하다

过节
guòjié 명절을 쇠다

甜蜜
tiánmì 달콤하다, 행복하다

难得
nándé (귀한 것, 기회 등을) 얻기 어렵다, ～하기 어렵다

爱情
àiqíng 남녀 간의 사랑, 애정

周到
zhōudào 세심하다

升官
shēngguān 직위가 오르다, 출세하다

走亲访友
zǒu qīn fǎng yǒu 친지나 친구의 집을 방문하다

发财
fācái 큰돈을 벌다, 부자가 되다

拜年
bàinián 세배하다, 새해 인사를 드리다

讲究
jiǎngjiu 숨은의미 / 신경을 쓰다

大人
dàren 성인, 어른

祈愿
qíyuàn 희망하다, 바라다, 기원하다

压岁钱
yāsuìqián 세뱃돈

兴旺
xīngwàng 흥성하다, 번창하다

韩服
Hánfú 한복

福
fú 복, 행운

饺子
jiǎozi 만두, 교자

相同
xiāngtóng 서로 같다, 일치하다

枣
zǎo 대추

风俗
fēngsú 풍속

年糕
niángāo (중국식) 설 떡

有趣
yǒuqù 재미있다

단어. 듣기. 어법. 독해. 작문 파트의 문제로 제13과에서 배운 내용을 복습해 보세요.

1 단어

(1) 빈칸을 알맞게 채워 넣어 보세요.

한자	병음	뜻
春节	Chūn Jié	❶
❷	bàinián	세배하다, 새해 인사를 드리다
❸	yāsuìqián	세뱃돈
过年	guònián	❹
❺	fācái	큰돈을 벌다, 부자가 되다
甜蜜	❻	달콤하다, 행복하다
相同	❼	서로 같다, 일치하다
有趣	❽	재미있다

(2) 위에서 복습한 단어 중에서 알맞은 단어를 넣어 문장을 완성해 보세요.

❶ 春节的时候，人们走亲访友，互相拜年，大人们还会给孩子_____。

❷ 糖代表_____的爱情，年糕代表升官。

❸ "倒过来"的"倒"和"到达"的"到"发音_____。

❹ 中国的风俗文化真是越听越_____。

2 듣기

(1) 녹음을 듣고 문장을 완성해 보세요. 🎧 W-13-01

❶ 大枣代表_____。

❷ 喝了_____，就会长一岁。

❸ 难得你为我想得那么_____，真太谢谢你了。

❹ 过年的时候穿韩服，_____。

(2) **녹음을 듣고 질문에 알맞은 답을 골라 보세요.** 🎧 W-13-02

❶ 这句话是什么意思?

ⓐ 我的名字很难记。　　　　　ⓑ 我还记得你的名字。

ⓒ 我们很难见面。　　　　　　ⓓ 你还记得我的名字，真不简单。

❷ 这句话是什么意思?

ⓐ 还不到下班时间。　　　　　ⓑ 已经过了下班时间。

ⓒ 时间过得真快。　　　　　　ⓓ 我不知道什么时候下班。

❸ 这句话是什么意思?

ⓐ 我不愿意帮助你。　　　　　ⓑ 我忙得帮不了你。

ⓒ 我希望你帮助我。　　　　　ⓓ 我有时间帮助你。

(3) **녹음의 대화를 듣고 질문에 알맞은 답을 골라 보세요.** 🎧 W-13-03

❶ 人们在什么时候说这句话?

ⓐ 生日　　　　　　　　　　ⓑ 春节

ⓒ 中秋节　　　　　　　　　ⓓ 圣诞节

❷ 男的说的是什么意思?

ⓐ 我也很喜欢她。　　　　　　ⓑ 其实她不喜欢我。

ⓒ 她喜不喜欢我，我不太清楚。　ⓓ 我不太清楚我喜不喜欢她。

❸ 女的说的是什么意思?

ⓐ 女的不喜欢出门。　　　　　ⓑ 女的在穿衣问题上并不讲究。

ⓒ 女的觉得颜色很重要。　　　ⓓ 女的出门前先看自己的衣服好不好看。

❹ 后天是什么日子?

ⓐ 春节　　　　　　　　　　ⓑ 端午节

ⓒ 中秋节　　　　　　　　　ⓓ 圣诞节

3 어법

(1) 다음은 틀린 문장입니다. 바르게 고쳐 보세요.

❶ 把"上"字倒过去写就是"下"字。

→ _____

❷ 韩国人以为过年的时候喝了年糕汤，就会长一岁。

→ _____

❸ 这不是我的，就是跟他借的，必须还给他。

→ _____

(2) 빈칸에 들어갈 알맞은 단어를 괄호 안에서 골라 보세요.

❶ 她真是(　　　)一见的美女。 （显得 / 难得 / 觉得)

❷ 今天下雨，去不(　　　)颐和园了。 （了 / 过 / 完)

❸ 找一个你喜欢的人再容易(　　　)了，找一个适合你的人却很难。
（不仅 / 不然 / 不过)

(3) 밑줄에 들어갈 알맞은 단어를 박스 안에서 골라 써 보세요.

> 从　　往　　为

❶ 从这儿一直_____东走，就是颐和园。

❷ 请你_____我留下。

❸ 他_____口袋里拿出来一百块钱。

4 독해

• 중국어 문장을 해석해 보세요.

❶ 雨林，真是好久不见！我们有五年没见面了吧？真没想到会在这儿见到你。难得一见，今天我们得好好儿喝一杯。

→ ______________________________

______________________________。

❷ 每年春节回家，堵车堵得都很厉害。平时开车两个小时就能到家，可春节要用五、六个小时。所以今年春节，我父母决定从老家来首尔。

→ ______________________________

______________________________。

❸ 在中国，不仅“福”字倒过来贴，就连“春”字也倒过来贴。把“春”字倒过来贴是希望春天能快点来到。中国的风俗文化真是越听越有意思。

→ ______________________________

______________________________。

5 작문

• 문장의 밑줄 친 부분을 중국어로 바꿔 보세요.

춘제가 곧 다가온다 ❶，可是因为要做的事情太多，敏浩决定春节的时候不回家。小庆邀请敏浩到自己家过年，敏浩非常高兴。중국과 한국은 모두 설을 쇨 때 친지를 방문해서 서로 세배하고 ❷，아이들에게 세뱃돈을 준다 ❸。但是中国过年的时候北方吃饺子、南方吃年糕，而韩国过年的时候喝年糕汤。

❶ ______________________________

❷ ______________________________

❸ ______________________________

제13과와 관련된 단어를 추가로 익혀 보세요! 🎧 W-13-04

- 元旦 Yuándàn 위엔딴 [양력 설]

- 元宵节 Yuánxiāo Jié 위안샤오제 [정월 대보름]

- 劳动节 Láodòng Jié 라오둥제 [노동절]

- 清明节 Qīngmíng Jié 칭밍제 [청명절]

- 端午节 Duānwǔ Jié 똰우제 [단오절]

- 中秋节 Zhōngqiū Jié 중치우제 [중추절, 추석]

- 国庆节 Guóqìng Jié 궈칭제 [국경절]

- 重阳节 Chóngyáng Jié 충양제 [중양절]

- 除夕 Chúxī 섣달 그믐

- 圣诞前夕 Shèngdàn qiánxī 크리스마스 이브

- 圣诞节 Shèngdàn Jié 크리스마스

- 七夕 qīxī 칠석

- 祭祖 jìzǔ 조상에게 제사 지내다

- 扫墓 sǎomù 성묘하다

- 放鞭炮 fàng biānpào 폭죽을 터뜨리다

- 团聚 tuánjù 가족이 한자리에 모이다

- 走亲戚 zǒu qīnqi 친척을 방문하다

- 贴福字 tiē fú zì (문이나 벽에) 福자를 붙이다

메모

다락원 홈페이지에서 MP3 파일
다운로드 및 실시간 재생 서비스

최신개정
다락원 중국어 마스터 STEP **4**
•워크북•

지은이 박정구, 백은희, 마원나, 샤오잉
펴낸이 정규도
펴낸곳 (주)다락원

기획·편집 김혜민, 이상윤
디자인 윤지영, 정규옥
일러스트 정민영, 최석현
사진 Shutterstock

다락원 경기도 파주시 문발로 211
전화 (02)736-2031 (내선 250~252 / 내선 430, 431)
팩스 (02)732-2037
출판등록 1977년 9월 16일 제406-2008-000007호

ISBN 978-89-277-2301-1 14720
         978-89-277-2287-8 (set)

www.darakwon.co.kr
다락원 홈페이지를 방문하시면 상세한 출판 정보와 함께 동영상 강좌, MP3 자료 등 다양한 어학
정보를 얻으실 수 있습니다.

최신
개정

다락원

중국어
마스터

◦워크북◦

STEP 4